「考え、議論する道徳」の

指導法と評価

西野真由美・鈴木明雄・貝塚茂樹 編

は じ め に

　教科化で道徳の授業は変わるのか。

　「変わる」という声と「変わらない」という声がある。どちらが本当なのか。

　教科化の理念として掲げられているのは、「考え、議論する道徳」への質的転換である。授業は大きく変わらなければならない、というメッセージである。だが、その一方で、教える内容はほとんど同じなのに何が変わるのか、という疑問の声も耳にする。あるいはまた、何も変える必要はない、安心して今までどおり取り組んでいけばよい、という声も。

　「道徳の授業は変わる」。それが本書で届けたいメッセージだ。本書で取り上げている実践例をお読みになれば、どの授業にも今までとは違う学びがあると実感できるだろう。「考え、議論する道徳」を実現する指導方法を充実することで、道徳に新しい可能性が開けてくる。それを示すために、本書では、「定番」とされる教材を積極的に取り上げている。変わることを恐れずに一歩踏み出してみるなら、違う景色が見えてくるはずだ。

　事実として大きく変わるのが「評価」である。もちろん、これまでも授業の評価は行われることとされていたが、「子どもが授業で何を学んだか」は評価されてこなかった。今後は、授業における学びや成長の様子を指導要録に記載するとともに、通知表などを通して、子どもや保護者へ伝えていくことになる。

　評価をめぐっては、不安や疑問の声が多く聞かれる。その多くは、評価に対する根強い誤解から生まれている。この誤解を解きたい、というのも本書の願いだ。「考え、議論する道徳」が目指すのは、他人と比べたり、「こうあるべき」という価値観を押しつけたりする評価ではない。評価に対する見方を変えることで、授業も変わる。

　本書では、「考え、議論する道徳」への質的転換を実現するため、指導法と評価のあり方を具体的に提案する。第Ⅰ部では、多様な指導方法の工夫に焦点を当て、実践例をもとに「考え、議論する道徳」の授業を実現するポイントを解説している。第Ⅱ部では、評価の基本的な考え方を踏まえ、実際に評価にどう取り組んでいくかを例示した。

　道徳授業は変わるのか。その答えは、「考え、議論する道徳」に取り組む一人ひとりの教師の実践の中にある。子どもとともに考え、議論する道徳授業の実現へ、一歩を踏み出そう。

2017年2月

西野　真由美

目　次

はじめに

序章　道徳科の設置と「考え、議論する道徳」 ……………………………………… 1

　1．道徳科の設置とその意義　　1

　2．「考え、議論する道徳」への「質的転換」　　3

　3．「考え、議論する道徳」を「考え、議論し続ける」　　6

第Ⅰ部　「考え、議論する道徳」の指導法

［総説］道徳科の指導方法 ………………………………………………………………… 8

　1．今、道徳科に求められる指導方法とは何か　　8

　2．道徳科における質の高い多様な指導方法について　　8

　3．道徳科の質を高める指導と評価　　13

1．読み物教材の登場人物の自我関与が中心の学習 ………………………………… 14

　実践例1　シャープな発問と揺さぶりの発問で「考え」を深める ……………… 14

　実践例2　輝きを失わない人の生き方に迫る学びを ……………………………… 24

　実践例3　自由な集団での話し合いから「行為を支えるもの」に向き合う ……… 36

　実践例4　役割演技を通して、自分事として体感する …………………………… 46

2．問題解決的な学習 ……………………………………………………………………… 56

　実践例5　「問題解決的・協同的な学び」がつくる、自ら考え、他と議論する授業 ……… 56

　実践例6　子どもの「問い」による「探究の対話」で学ぶ ……………………… 66

　実践例7　考え、議論する授業で道徳的態度を深く学ぶ ………………………… 76

　実践例8　スモールステップを用い、「気持ち柱」で交流する ………………… 86

　実践例9　単元学習で価値について多面的・多角的に考える …………………… 96

3．道徳的行為に関する体験的な学習 ………………………………………………… 106

　実践例10　体験の積み上げから実感を伴った道徳的価値理解で行動につなぐ …… 106

　実践例11　道徳的気付きを生むアサーション活動を取り入れた学習 …………… 116

　実践例12　内面と行為を響き合わせ、情報モラルを育む ………………………… 126

実践例へのコメント ……………………………………………………………………… 136

第Ⅱ部 「考え、議論する道徳」の評価

[総説]道徳科における評価 ··· 144

1. 何のために評価するか　144

2. 学びを「見える化」する評価　146

3. 何を評価するか　147

4. いつ、どこで評価するか　151

5. 誰が、どうやって評価するか　154

6. 評価から「考え、議論する道徳」を創る　159

道徳科における評価の実践 ·· 161

1. おおくくりの評価に向けた授業評価　162

　事例1　変容を見取る学習活動を設定する　165

2. 記録を蓄積して評価する ―通知表・指導要録における評価に向けて―　167

　事例2　学習に向かう姿の累積から子どものよさと成長を見取る　168

　事例3　記録の蓄積から変容を見取る ―エピソード記述の活用―　170

　事例4　自己評価から成長の「転機」を見取る　172

　事例5　子どものポートフォリオ評価を授業と評価に生かす　174

3. 子どもとともに創る評価へ　177

資料編 ·· 179

- 幼稚園、小学校、中学校、高等学校及び特別支援学校の学習指導要領等の改善及び必要な方策等について（答申）〈抄〉　180

- 「特別の教科 道徳」の指導方法・評価等について（報告）〈抄〉　185

- 小学校学習指導要領　第1章　総則〈抄〉　191

- 小学校学習指導要領　第3章　特別の教科 道徳〈抄〉　192

- 中学校学習指導要領　第1章　総則〈抄〉　193

- 中学校学習指導要領　第3章　特別の教科 道徳〈抄〉　194

- 小中学校の内容項目一覧　196

序章
道徳科の設置と「考え、議論する道徳」

1．道徳科の設置とその意義

(1) 道徳科設置の経緯

　2015（平成27）年３月27日、学校教育法施行規則の一部を改正する省令および学習指導要領の一部改正が告示され、従来の「道徳の時間」は「特別の教科　道徳」（以下、道徳科と略）として新たに位置づけられた。これによって、小学校は2018（平成30）年度、中学校では2019（平成31）年度から道徳科が設置され、検定教科書が使用される。戦後日本では道徳は教科として位置づけられてこなかった。そのため、道徳科の設置は戦後教育における大きな転換点となる。

　道徳科設置の直接の契機は、第二次安倍内閣のもとに設置された教育再生実行会議の提言である。教育再生実行会議は、2013（平成25）年２月に発表した「いじめ問題等への対応について（第一次提言）」で、「新たな枠組みによって教科化し、人間の強さ・弱さを見つめながら、理性によって自らをコントロールし、より良く生きるための基盤となる力を育てること」と提言した。

　「第一次提言」に基づき、同年３月、文部科学省に「道徳教育の充実に関する懇談会」（以下、懇談会と略）が設置され、道徳の教科化に向けての具体的な議論が開始された。懇談会が同年12月にまとめた「報告書」では、道徳教育の一層の充実を図るために、「道徳の時間」を「特別の教科　道徳」として教科とすることが提言された。学校教育法施行規則や「学習指導要領」において「特別の教科　道徳」と位置づけ、その目標・内容をより構造的で明確にするとともに、学校の教育活動全体を通じて行う道徳教育の要としての性格を強化し、各教科等における指導との役割分担や連携のあり方等を改善することが趣旨であった。

　懇談会による道徳の教科化の提言は、中央教育審議会専門部会での議論を経て、2014（平成26）年10月21日の中央教育審議会答申「道徳に係る教育課程の改善等について」（以下、「答申」と略）によって具体化された。「答申」は、道徳教育の充実を図るために、「道徳の時間」を「特別の教科　道徳」として新たに位置づけ、「その目標、内容、教材や評価、指導体制の在り方等を見直すとともに、『特別の教科　道徳』を要として道徳教育の趣旨

を踏まえた効果的な指導を学校の教育活動全体を通じてより確実に展開することができるよう、教育課程を改善することが必要と考える」とした。

また「答申」は、「特別の教科　道徳」が「道徳性の育成」を目標として、「道徳的価値」の理解を基軸としながら、自己を見つめ、物事を多面的・多角的に考えることで、自己の生き方や人間としての生き方についての考えを深める学習の必要性を求めた。そして、それを実現するために、検定教科書の導入と問題解決的な学習や体験的な学習を取り入れた、多様で効果的な指導法への改善を提言した。

(2) 道徳科設置の歴史的な意義

　戦後の道徳教育は、学校の教育活動全体を通じて行うという方針のもとで進められてきた。小学校では1958（昭和33）年に各学年週１単位時間の「道徳の時間」が設置され、学校における道徳教育の「要」としての役割を果たしてきた。「道徳の時間」の設置から半世紀以上の時間が経過する中で、学校や児童生徒の実態などに基づいた指導を重ねることで十分な成果を上げている学校がある一方、多くの問題点と課題が指摘されてきた。

　例えば、懇談会の「報告書」は、現在の学校には道徳教育の理念の共有や教師の指導力など多くの面で課題が存在している現状にあり、本来の「期待される姿には遠い状況にある」と指摘した。具体的には、「道徳教育の目指す理念が関係者に共有されていない」「教員の指導力が十分でなく、道徳の時間に何を学んだかが印象に残るものになっていない」「他教科に比べて軽んじられ、実際には他の教科に振り替えられていることもある」などの状況を問題視した。

　こうした道徳授業の背景には、歴史的経緯に影響されることで、道徳教育そのものを忌避しがちな傾向があったことはいうまでもない。教育の分野だけに限らず、戦後社会に「道徳教育アレルギー」ともいうべき風潮が強く作用する中では、とかく戦前の教育に対する拒否感のみが強調され、道徳教育は政治的なイデオロギー対立の争点となっていった。1958（昭和33）年の「道徳の時間」設置をめぐるいわゆる「特設道徳」論争や、1966（昭和41）年の中央教育審議会答申を契機とする「期待される人間像」論争はその典型であったといえる。

　戦後教育における議論では、道徳教育が政治的なイデオロギー対立の観点から論じられる一方で、児童生徒の直面している現実や目指すべき道徳性のあり方を考えるという教育論の観点が入り込む余地はほとんどなかった。道徳教育の内容や方法に対してではなく、道徳教育それ自体が「賛成か、反対か」の二項対立図式の中に解消されてしまう状況は、結果として道徳教育のあり方に関する本質的で生産的な議論を妨げる要因となったのであ

る。

　いうまでもなく、道徳教育は、人間教育の普遍的で中核的な構成要素であるとともに、その充実は今後の時代を生き抜く力を一人ひとりの子ども達に育成するための切実で重要な課題である。しかし、従来の道徳教育をめぐる現状は、学校が児童生徒に対する道徳教育の責任と役割を十分に果たしていないばかりでなく、「人格の完成」を目指す教育基本法の目的や学習指導要領の趣旨からも逸脱していると言わざるを得ない。

　また、戦後の道徳教育の状況は、道徳教育に対する基本的な理解と理論研究の後進性をもたらすことになった。例えば諸外国では、宗教、公民、倫理など、名称にバラエティはあるものの、価値教育を教科として行うことが一般的である。しかし、このことすら日本ではほとんど言及されることはなかった。ましてや、その具体的な制度や内容に対しても関心は低く、道徳の教科化が日本独自の制度ではなく、いわば「世界スタンダード」であることも十分に理解されていない。

　道徳の教科化が、戦後の道徳教育を政治的なイデオロギー主体の議論から解き放ち、理論的に道徳教育のあり方を議論する土俵を形成したということができる。道徳科の設置によって、児童生徒の道徳性に正面から向き合わねばならなくなり、それは必然的に政治的イデオロギーの入り込む余地を格段に減少させるからである。少なくとも、道徳科の設置によって、従来のように道徳教育を「賛成か、反対か」の二項対立図式の中に解消させてしまう論議は著しく後退し、教科書、指導法、評価のあり方に関する具体的な議論が展開され始めたことは事実である。

2．「考え、議論する道徳」への「質的転換」

(1)「主体的・対話的で深い学び」の実現

　2016（平成28）年12月21日の中央教育審議会答申「幼稚園、小学校、中学校、高等学校及び特別支援学校の学習指導要領等の改善及び必要な方策等について」（以下、答申と略）は、「これからの時代においては、社会を構成する主体である一人一人が、高い倫理観をもち、人間としての生き方や社会の在り方について、多様な価値観の存在を認識しつつ、自ら考え、他者と対話し協働しながら、よりよい方向を模索し続けるために必要な資質・能力を備えることが求められている。子供たちのこうした資質・能力を育成するためには、道徳教育はますます重要になっている」とした。

　そのうえで答申は、道徳科設置の意味と目的について「多様な価値観の、時には対立のある場合を含めて、誠実にそれらの価値に向き合い、道徳としての問題を考え続ける姿勢

こそ道徳教育で養うべき基本的資質であるという認識に立ち、発達の段階に応じ、答えが一つでない道徳的な課題を一人一人の児童生徒が自分自身の問題と捉え、向き合う『考え、議論する道徳』へと転換を図るものである」と明記した。

また今回の改訂では、社会で働く知識や力を育むために、子どもたちが「何を学ぶか」という視点に加えて、「どのように学ぶか」という学びの過程に着目してその質を高めることが重視される。この「どのように学ぶか」の鍵となるのが子どもたちの「主体的・対話的で深い学び」をいかに実現するかという学習指導改善の視点である。各教科・領域においては、それぞれの教育活動や教育課程全体で育成しようとする資質・能力とは何かという点を視野に入れた取り組みが求められるが、それは道徳科においても同様である。道徳科においては、「考え、議論する道徳」を実現することが、「主体的・対話的で深い学び」を実現することであるとされている。

(2)「考える」とはどういうことか

学習指導要領の一部改正によって、小中学校の道徳科の目標は、「道徳的諸価値についての理解をもとに、自己を見つめ物事を（広い視野から）多面的・多角的に考え、自己の（人間としての）生き方についての考えを深める」（カッコ内は中学校）学習を通して道徳性を養うこととされた。この道徳性を養うために行う道徳科における学習は、「道徳的諸価値の理解」と「自己の（人間としての）生き方についての考え」という要素に支えられているといえる。もちろん、この二つが道徳教育で目指すべき資質・能力そのものではないが、道徳科の学習では、これらが相互に関わり合い、深め合うことによって道徳性を養うことにつながる。

ところで、簡単にいえば道徳とは、「他者」との関係性（つながり）を構築するための知恵であり方法であるといえる。人間が一人では生きていくことができない存在である以上、「他者」との関わりなしに生きることはできず、人間は共同体と無関係に生活することもできない。その意味で、人間は本来的に道徳的な存在であり、「他者」との関係性が常に課題となる。

では、「他者」とつながるとはどういうことなのか。例えば、小林秀雄は、「考える」ことが不可欠である、と端的に述べている。小林によれば、「考えるということは、自分が身を以て相手と交わるということ」であり、「考えるということは、対象と私とが、ある親密な関係へ入り込むということ」であるという（「信ずることと知ること」）。つまり、「考える」ことそれ自体が「他者」とつながることであり、そもそも道徳教育は、「考える」という行為を抜きにしては成立しないということになる。

また、「考える」という行為は、「他者」とよく話し合うことでもあり、本来は対話的なものである。さまざまな「他者」との対話を繰り返す経験は、自分の考えを確認し、よりよい視点を発見するために不可欠のものである。もちろんこの「他者」には、「自己」も含まれる。「自己を見つめる」「自分が自分に自分を問う」という意味の内省や「自己内対話」は、「もう一人の自分」との出会いであり対話である。

(3)「理解」から「自覚」へ

　道徳教育の目指すものが、「道徳的諸価値の自覚」であることはいうまでもない。ただし、ここでいう「自覚」とは単純に「文字情報を使って何かを頭の中にインプットする」という意味での「知る」ことではなく、「わかる」あるいは「腑に落ちる」という経験に近いといえる（佐伯啓思『学問の力』）。例えば哲学者の上田閑照は、「自覚」という言葉は、父親としての自覚、教師としての自覚というように自分の置かれている場所と結びついて使われるとしながら、次のように述べている（『折々の思想』）。

　この場合、「父親として」の自覚ですから、「自分」の問題だけではないわけです。「父親として」というのは、家族という場所があってのことです。「教師としての自覚」も、学校という場所において、「自分」だけの問題ではなく、「教師として」生徒にどうかかわるかが問題となるわけです。つまり、他者とともにいる場所に「自分」が開かれて、場所の「開け」の中で自分が照らされる、それが自覚というものです。ですから、自覚の中には、常に、「自分」がその場所において、共にある他者に対して、自分としてどうでなければならないかという課題が含まれ、そしてその課題を果たしているかどうかという反省と、その課題を満たそうとする努力も含まれます。

　道徳的諸価値を「自覚」するためには、考えることを通じて、自分を含めた「他者」と対話し、議論することで「腑に落ちる」経験が必要である。その意味では、「理解」から「自覚」へとつなぐ（架橋する）方法が、「考え、議論する道徳」であるといえる。少なくとも「考え、議論する道徳」は「道徳的諸価値の自覚」を実現するための方法であり、道徳教育の目的ではないということを銘記する必要がある。

　「道徳の時間」から道徳科への「質的転換」を「読み物道徳」から「考え、議論する道徳」への変化として説明されることが多い。しかし、道徳教育の本質的な構造から考えれば、「考え、議論する道徳」とは決して新しい概念ではなく、道徳教育の本来的なあり方を的確に表現したものというべきである。道徳教育の充実には「主体的・対話的で深い学び」の視点が不可欠であり、同時にそれは道徳授業における学習活動の基本であるということができる。

3.「考え、議論する道徳」を「考え、議論し続ける」

　道徳科の設置によって、道徳教育を考える議論の土俵は形作られた。しかし、道徳科さえ成立すれば教育問題が一気に解消するかのような楽観論や、その裏返しである感情的な批判論も少なくない。しかし、道徳教育はそれほど単純でも簡単でもない。道徳科が設置されれば、すぐさま児童生徒が「道徳的」になるわけではない。道徳教育はそもそも難しい、という原点に立ち返って道徳教育のあり方を考察する必要がある。

　また、「考え、議論する道徳」の具体的な方法を安易に求めようとする傾向があるのも問題である。「考え、議論する道徳」のあり方について、「考えず」「議論せず」に解答を導き出そうとするのは明らかな矛盾であろう。

　そもそも「主体的・対話的で深い学び」とは、目指すべき授業改善の視点であり、「主体的・対話的で深い学び」という指導法があるわけではない。したがって、「考え、議論する道徳」を実現するためには、教師自身が「アクティブ・ラーナー」（主体的・能動的な学習者）となり、常によりよい授業のあり方と指導法を「考え、議論し続ける」ことが必要となる。

　そのためには、道徳教育の本質を見失うことなく、また、これまでのように政治的イデオロギー対立に足をすくわれることのない地道で着実な研究と議論を重ねていくことが求められる。それが児童生徒の道徳性に正面から向き合うということであり、道徳科の理念を実現するためには、道徳教育のあるべき姿を謙虚に「考え、議論し続ける」という姿勢が不可欠である。

（貝塚茂樹）

[引用文献・資料]

上田閑照『折々の思想』燈影舎、2010年

佐伯啓思『学問の力』ちくま文庫、2014年

小林秀雄「信ずることと知ること」『学生との対話』収載、新潮社、2014年

貝塚茂樹『道徳の教科化―「戦後七〇年」の対立を超えて―』文化書房博文社、2015年

松本美奈・貝塚茂樹・西野真由美・合田哲雄編『特別の教科　道徳Q＆A』ミネルヴァ書房、2016年

貝塚茂樹・関根明伸編『道徳教育を学ぶための重要項目100』教育出版、2016年

第 I 部

「考え、議論する道徳」の指導法

［総説］
道徳科の指導方法

1．今、道徳科に求められる指導方法とは何か

　教育再生実行会議、道徳教育の充実に関する懇談会（以下、懇談会）などの議論を経て、平成27年3月27日、道徳の時間を新たに「特別の教科　道徳」（以下、道徳科）として教科化が図られ、学習指導要領の改訂が行われた。そして平成28年7月22日、道徳教育に係る評価の在り方に関する専門家会議（以下、専門家会議）報告では、具体的な指導と評価の方法が示された。

　ここで注目したいことは、社会的な喫緊課題である繰り返し起きる悲惨ないじめの防止や大災害や学校内外の安全の確保、社会の持続可能な発展などの現代的な課題を道徳科の教科書検定基準とした点である。そして揺らぐ規範意識の育成をはじめ、教育課題だけでなく広く社会問題の対応を道徳教育に期待した改革にするという指摘があったことである。

　そのため、道徳科の特質である児童生徒の内面的な資質・能力である道徳性の育成から道徳行為や実践も指導内容とし、より主体的な生き方や自分の問題として積極的に社会貢献ができる実践力のある人間育成までを求めるものになっている。例えば、問題解決的な道徳授業は、懇談会で、内面の指導をより道徳的な実践として促すキーワードとして議論され報告された。道徳科の指導の転換を図るべく質の高い多様な指導方法の確立を目指しているのである。さらに文部科学省が学習指導要領告示の際に提唱した「考え、議論する道徳」というキャッチコピーは、まさに、児童生徒が主体的に道徳科で考え、仲間と語り合い・学び合い、議論しながら、自ら道徳性を高め、より実践力を伴った志の高い生き方を期待するものと考えられる。

2．道徳科における質の高い多様な指導方法について

　道徳教育は、道徳科を要として、学校の教育活動全体を通じて行うものという指導理念は変わらない。将来の児童生徒が出あうさまざまな問題を解決していく具体的な実践力を期待しているが、道徳実践を評価する教育ではない。人間として、人間らしく生きていく結果として、よりよい行為や実践は期待されるが、道徳性の評価はそこにはおかない。

　この点を、道徳科の特質として明確にした指導内容・方法、評価を考えていかなければ

第Ⅰ部「考え、議論する道徳」の指導法

ならない。現在、新しい道徳科では、多様な指導方法・内容が実践されている。同時に評価の方法が問われている。文部科学省は、提示した質の高い多様な指導方法３点を、評価の視点も踏まえて学習形態として例示した。共通の型を持つことで指導方法の開発は進展する。一方、型から抜け新しい方法を創造していくことも重要である。このことを考慮した道徳科の授業実践を試みたい。次の３つの学習の特徴をよく理解し、児童生徒の道徳性の諸様相の実態を見きわめ、新しい自分に出あい、未来志向ができる授業を開発したい。

道徳科における質の高い多様な指導方法について
出典：道徳教育に係る評価の在り方に関する専門家会議報告「特別の教科　道徳」の指導方法・評価等について
（平成28年7月22日）

学習	読み物教材の登場人物への**自我関与**が中心の学習	**問題解決的な学習**	道徳的行為に関する**体験的な学習**
ねらい	教材の登場人物の判断や心情を自分との関わりで多面的・多角的に考えることなどを通して、道徳的諸価値の理解を深める。	問題解決的な学習を通して、道徳的な問題を多面的・多角的に考え、児童生徒が生きる上で出会う様々な問題や課題を主体的に解決するために必要な資質・能力を養う。	役割演技などの疑似体験的な表現活動を通して、道徳的価値の理解を深め、様々な課題や問題を主体的に解決するために必要な資質・能力を養う。

(1) 読み物教材の登場人物への自我関与が中心の学習

　教材の登場人物が意味のある人間（some people）であり、児童生徒がその人間性への共感が高まるならば、自分への振り返りが起きやすいと考えられる。

　自我関与＝ある事柄を自分のもの、あるいは自分に関係があるものとして考えること（心理学用語：大辞泉）ととらえるならば、ここでの学習は「児童生徒が教材の登場人物に自我を投影し、自我を自我関与させ、

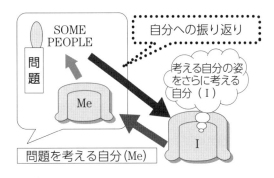

自分を見つめ、振り返り、道徳的諸価値の理解を深めていく授業」となる。道徳科の特質そのものを追究した授業である。

　ではなぜ質の高い指導として、自我関与の学習が今求められるのか。これは道徳科が自己を見つめる学習とすれば、自分の心を見つめ、他者の意見を聴き、道徳性は個々の人間

としての生き方の羅針盤として理解され深まっていくはずであるが、その指導過程が十分ではないと考えられているのである。

　児童生徒の自我関与が起きるための必要条件としては、①目的成就や失敗にかかわらず人間的な魅力を伴う登場人物が教材に描かれている　②指導する担任などがその教材に惚れ込み、指導構想が十分に練られている　③計画的・継続的・発展的な指導をよく実践していて「考え、議論する」学習スタイルに学級が慣れている　④自由に互いに忌憚のない意見交換ができる学級の温かい雰囲気（自他に開かれた関係性）が考えられる。

　この意味で、道徳科の授業展開では、自分への振り返りは道徳科の特質である。「自分ならどう考えるか、どう実践するか」と児童生徒が自分事化としていく学習は、人間としての生き方を志向していく道徳教育では大切である。このため、ここでの指導のねらいは、教材の登場人物の判断や心情を自分との関わりで考えて、多面的・多角的に考えることなどを通して、道徳的諸価値の理解を深めることになるのである。

(2) 道徳科における問題解決的な学習の工夫

　問題解決的な学習とは、「児童生徒が学習主題として何らかの問題を自覚し、その解決法についても主体的・能動的に取り組み、考えていくことにより学んでいく学習」である。主体的な学びは、英語ではアクティブ・ラーニング（AL）で、パッシブ（消極的）でなく、より自分で考え・実践する内面的な意志による学習である。最近、主体的・協働的な学びや深い学びも重ねた合わせたALの定義がみられるが、児童生徒の主体性を育む概念であることを確認したい。主体性の育成は現行の学習指導要領の中心的な指導理念であるが、新しい学習指導要領でも、21世紀型能力としての実践力や学びの本質として主体的・対話的で深い学びにも関わるキーワードと考えられる。この意味で、道徳科における問題解決的な学習とは、生徒一人ひとりが生きるうえで出あうさまざまな道徳上の問題や課題を多面的・多角的に考え、主体的に判断し実行し、よりよく生きていくための資質・能力を養う学習とされているのである。

　現在、教科などの指導と同じく、教材に内在している問題を児童生徒が自ら見つけていく「問題発見型」や教材の主たる問題を課題として指導者である教師が提示していく「課題提示型」などの方法がある。特に言語活動として話し合い活動では、ペア学習、4人組学習、フリースタイル学習、教師を中心として多様な意見交流を重視した一斉学習など多様な指導方法が開発されている。大切なことは、指導方法や指導形態に固執することなく、ねらいに即して、目標である道徳性を養うことに資するものでなければならない。また問題解決に適した教材開発・探索・分類に固執することなく、既存の優れた教材を従来の指

導方法から転換してみるという発想が重要である。教材の場面ごとに登場人物の気持ちの確認に終始し、主体的に考え、議論する機会のない授業で終わらせない工夫が求められる。特に小学校高学年や中学生の発達段階では、問題解決的な学習を通して、人間としてよりよく生きていくための道徳的諸価値についての理解を深めさせたい。問題解決的な学習は、生徒の学習意欲を喚起するとともに、生徒一人ひとりが生きるうえで出あうさまざまな問題や課題を主体的に解決し、よりよく生きていくための資質・能力を養うことができるからである。

　日常生活での問題を道徳上の問題として把握し、自己の生き方に関する課題に積極的に向き合い、自分の力で考え、よりよいと判断して、行為しようとする意欲を培う学習を展開したい。また児童生徒が問題意識を持って学習に臨み、ねらいとする道徳的価値を追究し、多様な感じ方や考え方によって学ぶことができるようにするためには、指導方法の工夫も多様に展開したい。例えば、主題に対する生徒の興味や関心を高める導入の工夫、他者の考えと比べ自分の考えを深める展開の工夫、主題を自分との関わりでとらえ自己を見つめ直し発展させていくことへの希望が持てるような終末の工夫などがある。

　そして問題解決的な学習では、教師と生徒、生徒相互の話し合いが十分に行われることが重要であり、児童生徒に愛情を持って実態をよくとらえた教師の発問の仕方の工夫が求められる。議論などの話し合いでは、学級会活動以上に、互いの多面的・多角的な考えを共有しやすい学習形態を工夫することで、一斉学習もペアや少人数グループなどの学習それぞれの特徴を生かすことができる。ただし、この場合、議論する場面を設定することが目的化してしまうことがないよう、ねらいに即して、取り入れられる手法が適切か否かをしっかり吟味することが大切である。また道徳科において問題解決的な学習を取り入れた場合には、その課題を自分との関わりや人間としての生き方との関わりで見つめたときに、自分にはどのようなよさがあるのか、どのような改善すべきことがあるのかなど、生徒一人ひとりが道徳上の課題に対するプラス・ワンの答えを導き出すことも必要である。

　そのためにも、授業では自分の気持ちや考えを発表するだけでなく、時間を確保してじっくりと自己を見つめ直して書くことなども有効であり、指導方法の工夫は不可欠である。

　以上から、いじめ問題、安全確保などを主体的に考え、議論すべき現代的な課題を道徳科で取り上げる際には、問題解決的な学習の活用はきわめて有効な場合が多い。

(3) 道徳的行為に関する体験的な学習

　ここでは２つの方法を確認したい。１点目は、従来の児童生徒の体験そのものを道徳科で想起させ、今考えていることについて実体験をもとに補充・深化・統合する方法である。教材の内容が実際に体験したことと結びついて、より道徳的な価値の理解が深まる効果が期待できる。現行の学習指導要領でも重視されている視点である。

　２点目は、疑似体験的な表現活動の活用である。新しい道徳科授業で、役割演技や役割交換、疑似体験的な体験活動を通して、道徳的価値の理解を一層深めていく方法が期待されている。実際に演じたり体験として行動をしたりして、さまざまな課題や問題を主体的に解決するために必要な資質・能力を養うのである。困難な問題や主体的な解決能力の育成に積極的に活用する意義があると考えられている。

　かつて全国大会の課題別研究発表で、道徳の時間の年間指導計画のすべてを良好な人間関係スキルに変えた計画を提案した自治体に批判が浴びせられたことがあった。現在はこのような混乱はなく、新学習指導要領では、道徳的諸価値の理解を目標に明記し、指導の原理として一定の理解を得られていると考えている。この点を十分理解したうえで、新しい教育課程上、疑似体験だけでなくソーシャルスキルなどを積極的に活用していく柔軟な学級マネジメントが求められていることを理解したい。例えば、話し合い活動を円滑に進めるアサーションのようなよい人間関係をつくることは学級経営として重要である。このような指導もうまく活用しながら、道徳的価値を自覚させていく指導を柔軟に実行することが求められているのである。

　いじめ防止は道徳科の教科書検定基準であるが、本来は特別活動の学級会活動で問題解決を図っていくべきものである。しかし授業時数不足や特別活動の話し合い活動や討論の指導時間の減少から、道徳科の年間指導計画に、計画的・発展的に組み込むよう期待され、新しい道徳科教科書の計画的な指導で、いじめ防止の内面的な指導を可能とする計画である。そして現在、具体的な疑似体験的な表現活動の活用には多様な方法が生まれている。

　例えば、多様な挨拶を実際に行ってみて、相手の気持ちや自分の気持ちを考える学習。「橋の上のおおかみ」のような教材の登場人物の行為を実際に演じてみて、考える学習。登場する人物などの言動を即興的に演技して考える役割演技など疑似体験的な表現活動を取り入れた学習などが考えられる。これらの方法を活用する場合は、単に体験的行為や活動そのものを目的として行うのではなく、授業の中に適切に取り入れ、体験的行為や活動を通じて学んだ内容から道徳的価値の意義などについて考えを深めるようにすることが重要である。特に体験的な学習を取り入れる際には、単に活動を行って終わるのではなく、

生徒が体験を通じて学んだことを自分の問題として振り返り、その意義について考えることが大切である。注意点は、生活経験の問題の話し合いやスキル的な指導に終始することなく、ねらいとする道徳的価値の理解が十分深まるような授業構想を常に考えたい。

また読み物教材「二人の弟子」（文部科学省『私たちの道徳　中学校』2014年）のような人間の弱さ醜さを乗り越える人間のすばらしさを体得させてみるような高度な役割演技の実践も生まれている。挫折して寺に戻ってきた修行僧を自分は心では決して許せない。ところが演じてはじめて、師匠である上人の心と自分の心の違いを感じ取る。生徒は語り合ったり議論したりしながら、難しい道徳的な価値を真剣な態度で自分事としてとらえていたのである。

読み物教材では、主人公の心情の変容を場面ごとに問うことが多いが、道徳的行為に関する体験的な学習の活用から、自分の問題としてより考えを深めていく効果が期待される。そして真剣に自分ならどういう行動をとるかという問題解決のための役割演技を通して、道徳的価値を実現するための実践的な資質・能力を養うことも期待できるのである。

3．道徳科の質を高める指導と評価

質の高い多様な指導を展開するにあたっては、道徳科の授業の質の確保・向上の観点から、道徳科の特質を踏まえるとともに、児童生徒の発達段階を十分に考慮することか重要である。自我関与できる年齢や問題解決的な展開で議論ができる発達段階、また道徳的諸価値の理解の指導方法や実現しようとする自分とできない自分との葛藤や複数の道徳的価値の間で揺れ動く年代の問題などの解決への探求が求められる。

評価については、多様な指導方法や授業構想の指導には適切な評価が求められる。評価には指導者が行う授業のねらい、授業構想、教材の効果、道徳科や長いスパンでの児童生徒のよき変容などの外部評価がある。これは通知表や指導要録への記述となる。一方、道徳科の授業を実施したとき、児童生徒が新しい自己に出合ったり発見したりする自己評価がある。この自己評価こそ、新しい指導を改善し補完する役割とともに、人格の完成を目指して主体的に生きていく人間を創り出していくものである。すなわち価値のある指導は常に評価と一体であるべきで、常に児童生徒に寄り添って、未来を拓く肯定評価観に立った道徳科の開発を実行していく気概と創意工夫が強く求められていると考えたい。

以上、新しい視点の道徳科の指導方法の特徴をとらえた多様な授業改善を期待している。

（鈴木明雄）

1．読み物教材の登場人物の自我関与が中心の学習

実践例 1 読み物教材の登場人物の自我関与が中心の学習　①

シャープな発問と揺さぶりの発問で「考え」を深める

1．対象学年：　小学校　第4学年

2．主題名：　本当の友達とは
内容項目：　B［友情，信頼］

3．ねらい

　間違った行いをしてしまった仲よしの友達に事実を伝えるか迷う主人公の葛藤を考えることを通して、相手のことを考えて、本当の友達として伝えようとする道徳的判断力を育てる。

4．主題の設定

(1) 指導内容について

　本教材では、友情、信頼のねらい「友達と互いに理解し、信頼し、助け合うこと」から、相手のことを考えて、本当の友達としてどうしたらよいのかを重点にして指導したい。間違った行いをしてしまった仲のよい友達に、事実を伝えるべきかどうか迷う主人公の心の葛藤を考えることを通して、仲のよい友達同士であればその状況を理解し合い、友達のことを思って、相手を信頼し伝えられることに気付かせ、よりよい友達関係を築く力を育てていきたい。

(2) 児童の実態

　友達とよい関係を築こうと言葉や態度に気をつけている姿がある。相手の立場に立って考えようと声をかけ、気持ちを理解できるよう指導しているが、児童は、仲よくしようとしている相手の悪い点を言っていいとは必ずしも思っていない。言ってしまったら関係が崩れてしまうと考えている。それでも友達に伝えたいと相談してくる児童には、伝えればわかってくれることを知らせ、いっしょに言い方を考え対応している。しかし、相談できず、我慢してしまう児童も多いのが事実だ。相手に都合のわるいことを伝えるということは大人でも難しい側面がある。本学級の児童の友達関係にも、十分当てはまっている。

14　第Ⅰ部「考え、議論する道徳」の指導法

5．教材について

教材名：「絵はがきと切手」（文部省『小学校道徳の指導資料とその利用〈3〉』1980年）

ひろ子の友人（転校した1年のときからの仲よしの正子）から来た絵はがきは、切手代が不足していた。ひろ子は、そのことを伝えるか伝えないか迷い葛藤する話である。実際、大人になり、同じ状況になったときに相手に伝える人がどれだけいるだろうか。自分視点で判断し、実行しない現実は多々あると思う。それも相手を思っての判断の場合もあるのだ。児童の友達関係の考え方の枠組みを変える状況を設定し、考えることができる教材なのである。

6．「考え、議論する道徳」を実現する工夫

(1)「心情円盤」の活用

「心情円盤」は、自分の考えを「可視化」（見えるように）して、友達と比較できるようにしたもので、議論を活性化させるのに有効な手段である。言葉で言うよりも考えの違いがわかり、相手の意見を聞いてみたくなる。自分の考え（円盤の迷いの割合）に沿って、意見表明をするようにさせる。話し合いの後にもう一度円盤を動かすことで、変容がわかるようになる。円盤を一人につき2つ準備して活用すると、さらに変容がわかりやすい。

(2) 理由を問う発問

自我関与が中心の判断力をねらいとした学習では、判断の理由を問い、さまざまな判断理由にふれさせたい。判断の根拠を明確にするため、「どのような理由からか」と問う。詳しい説明が必要な意見には、「もう少し詳しく教えてください」「どういう意味ですか」などと問い返しを行う。自分中心の視点、相手の視点、さらに相手の将来のことまで考えた視点が出てくる。児童は、どの判断がよりよい友達関係を築くことにつながっていくかを考えることになる。よい友達関係を築くためには、相手の視点に立つことが大切だということに気付かせ、より望ましい判断について考えを深めさせていきたい。状況を判断する根拠（ものの見方、考え方）を示し、比較検討することが重要となる。この比較検討する過程で、考え、議論する道徳授業を意図的に展開すれば、自分の考え方が練り上げられ、判断力は高まっていくと考える。

(3) 揺さぶりの発問

「○○で、本当にいいのか」「○○のほかには、ないか」など、多面的・多角的に考える発問をすることで思考を深められるようにしている。

7．学習指導過程

	学習活動 主な発問（○）　中心発問（◎）　予想される児童の反応（・）	指導上の留意点（・）
導入	1　価値への導入を図る。 ○友達がいてよかったと思うときは、どんなときか。 　・落としたものを拾って届けてくれたとき。 　・わからないことを教えてくれたとき。	・これまでの経験を具体的に想起させることで、教材への導入を図る。
展開	2　教材「絵はがきと切手」を読んで話し合う。 ○正子が送ってくれた絵はがきを読んで、ひろ子はどんな気持ちだったか。 　・私も蓼科高原に行ってみたいな。 　・私も返事を書こうかな。 　・忘れないでいてくれてうれしい。 ○伝えるかお礼だけ言うかを色分けし、「心情円盤」に表そう。 ◎ひろ子が伝えるか伝えないかで迷ったのは、<u>どんな理由からか。</u> <u>お礼だけ言う（青色）</u> 　・わざわざ料金不足を言わなくていい。 　・嫌われるかもしれないから。 　・嫌な気分にさせるから言わない。 <u>料金不足を伝える（黄色）</u> 　・正しいことは教えた方がいいから。 　・友達なら言った方がいい。 　・正子さんならわかってくれる。 　・ほかの人にも同じようなことをしたら、正子さんがかわいそうだから。	・正子とは、1年からの仲よしだったことを確認する。 ・絵はがきを見たときの、友達としての正子に対する思いを考えられるようにする。 ・「心情円盤」（1回目）に迷いの割合を表す。 青色（お礼だけ）・黄色（伝える） ・グループで話し合ってから全体で話し合う。「心情円盤」を見て、意図的に指名しながら、話し合うことができる。 お礼だけ→円盤半分→伝える （各割合の多い方の理由を聞く。） （円盤半分の児童の意見は、お礼だけ言う・伝えるの両方に板書する。）

16　第Ⅰ部「考え、議論する道徳」の指導法

	【揺さぶり】 「料金不足を伝える」の発言時に、揺さぶりをかける発問をする。 「○○で本当にいいのかな」「○○のほかには、ないかな」 「嫌われてしまうかもしれないよ」 自分のこと（嫌われるからなど）ではなく、相手のこと（間違ったままでは友達のためにならないなど）や将来のこと（次も同じ過ちをしてしまうなど）、<u>判断の基準が、「自分の視点」から「相手の視点」や「将来の視点」になっているかをとらえて、問い返していく。</u>
○友達の意見を聞いて、「心情円盤」がどのように変わったか。変わったのは、どんな理由からか。	・迷いを割合で表す。（2回目） （黄色が増えた児童に聞き、伝える理由を深めていきたい。）
3　この話を通して学んだ「友達」について、書いて発表し合う。 ○あなたは、これから友達とどのように関っていきたいか。 　・友達が間違ったら優しく教えてあげたい。 　・友達のことを考えて、言いにくいことでも言葉を考えて伝えていきたい。	・この話を通して、これから自分が友達に対してどのように関わっていきたいかを考え、ワークシートに書く。 ・意図的指名で当てる。 （相手の視点、将来の視点の記述ができている考えを選ぶ。）
終末　4　谷川俊太郎「友達」の詩を紹介する。	・写真や言葉をICT機器で映す。 余韻を残して終わる。

8．評　価

・自分の判断の基準を明確にできたか。（展開前段）（一部の児童）

　　主人公ひろ子さんの迷いをとらえることができたか。「心情円盤」で表しているか。

　　1回目と2回目の「心情円盤」の変容からその理由を考えることができているか。

・判断の基準が「自分の視点」から「相手の視点」「将来の視点」に高めることができたか。（ワークシート）（全児童）

　　事後指導では、学校生活の中での友達との関わりを通して、児童が自分中心の視点でなく、友達を理解し、相手の立場に立って考え、信頼し合って行動できるよう指導していく。

9．実践の手引き

(1) 授業づくりのポイント

① 根拠を問う発問を「シャープ」にする

「○○はなぜか」「○○はどうしてか」という発問はよく使われるが、この問い方はあいまいである。なぜなら、「なぜ」「どうしてか」には「どんな考えで」「どんな気持ちで」「どんな思いで」「どんな理由で」など、児童が思考する視点が多様に内在しているからである。私は、「どのような理由からか」と、根拠を問うシャープな発問を提示して判断の根拠を明確化することにした。

② 揺さぶりの発問の工夫

自分の考えの根拠や理由を見つめさせ、それで正しいのか揺さぶりをかける発問を意図的に行うこととした。具体的には、「○○で、本当にいいのかな」「○○のほかには、ないのかな」「伝えたら嫌われてしまうかもしれない」という問い返しで、自分の考えを深めさせるようにするのである。板書を活用することも有効である。板書してあるお礼だけ言う理由を使って、「料金不足を伝えたら失礼になるのではないか」「正子さんがせっかく書いたのに悲しむのではないか」など、児童の意見を活用して、さらに深く考えさせる手立てとすることができる。このような発問の仕方（理由を問うシャープな発問＋揺さぶりの発問）を工夫することによって、児童の道徳的判断力を高めることができると考える。

(2) 授業記録から

本実践は、教材「絵はがきと切手」において道徳的判断力をねらいとして2回の検証授業を行った結果、よりよい指導法の工夫を提案している。

第1次案では、「どうして・なぜ」とあいまいに問うてしまった。その反省を受け、理由を明確に問うた第2次案の指導案を作成した。授業記録は、第2次案のものであり、理由と揺さぶりによって、考えを深めていくことがわかる報告となっている。

① 導　入

児童に「友達がいてよかったと思うときは、どんなときか」と聞いた。自分にとってよいことを言ってくれたときという内容が多かった。

・けがをしたら大丈夫と言ってくれたとき。
・遊びに誘ってくれたとき。

② 展　開

読み物教材「絵はがきと切手」を紙芝居化し、ICTを活用して映しだし読み聞かせた。ひろ子と正子の関係を確認した。1年生のときからの仲よしだということを押さえた。

18　第Ⅰ部「考え、議論する道徳」の指導法

第1発問

「正子が送ってくれた絵はがきを読んで、ひろ子はどんな気持ちでしたか」と発問した。

- 私もここに行ってみたい。
- 絵はがきの写真は、すごい景色だな。
- 楽しそうだな。

「でも困ったことがありましたね」と聞き、切手の料金が不足していて、そのことを伝えるか伝えないかで迷っていることを児童から出させた。

〈「心情円盤」の活用〉

「『心情円盤』を使って、ひろ子さんの心の迷いを表して下さい。言ってあげようという人は、黄色を多くし、お礼だけでいいという人は青色を多く表して下さい。半々だなという人は、半分半分で表して下さい」

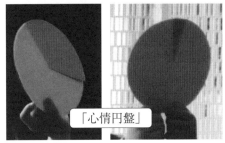

「心情円盤」

中心的な発問

「ひろ子が、伝えるかお礼だけかで迷ったのは、どんな理由からか考えてください」と問うた。3名のグループで青色と黄色の理由を話し合わせ、その後、全体での話し合いに入った。聞く順番は、「心情円盤」を見ながら意図的に指名していく。少数派から当てていくことがよい。「青色が多い→青色と黄色が半々の児童→黄色が多い」の順番で指名した。

青色が多い児童の理由（お礼だけを言う）
- せっかく送ってきてくれたのに、伝えたら失礼になるから。
- 悲しんでしまうから、お礼だけにする。

黄色が多い児童の理由（料金不足を伝える）
- 伝えたことで嫌われたくないけど、次もやらないようにするために言ってあげたい。
- もう手紙とかくれなくなるかもしれないけれど、でも1年生からの友達だから、わかってくれる。
  ※青色と黄色が半々の児童からは、両方の理由を聞き、板書する。

| 第1次案「どうして」「なぜ」と発問した。 | 第2次案「どんな理由で」と発問した。 |

　第1次案で「どうして」「なぜ」との問いが、児童には「どんな気持ちで」「どんな考えで」「どんな理由で」などと広くとらえられてしまい、判断の根拠を聞く発問があいまいになり、何を聞かれているのか迷い、意見も少なくなってしまった。第2次案では児童の意見が増えている。これは、判断の基準となる「ものの見方、考え方」を明確にすることが大切であると考え、「どんな理由で」と絞って考えさせることが効果的であったことによる。

　また、第1次案では、教師自身が「言ってあげよう」の理由の中にさまざまな判断の段階があることを意識しないまま授業を行ってしまった。そこで、ひろ子さんの判断基準が、自分だけの判断基準から相手のことを考えての判断基準に「変わった」「広まった」「気付いた」ことが重要だという観点で第2次案の授業を行うことにした。

　料金不足を伝えるという理由を聞きながら、揺さぶりをかけていった。「足りなかったことを伝えてしまって本当にいいのか」「そのほかに理由はないか」「料金が足りないことを言ったら、正子さんに嫌われてしまうかもしれない」「失礼だし、正子さんが怒ってしまうかもしれない」「兄が不足分を払ったから、わざわざ言わなくてもいいのではないか」など、このように問い返していくことで考えを深化させるようにした。

揺さぶりによって出てきた児童の発言
- 友達だからきっとわかってくれる。伝えないとほかの人にも影響が出てくるから。
- 親友がまた同じことをやってしまって困ってしまうのなら、自分が嫌われてもいい。
- 自分のことは後回しにして、ひろ子さんのことを考えた方がいい。

　揺さぶりをしたことで、自分のことより、相手のことを考える視点や広い視野から考える発言が増えていった。

第3発問

　「友達の意見を聞いて、『心情円盤』がどのように変わりましたか。変わった人は、理由を教えてください」と聞いた。「心情円盤」をほとんどの児童が動かした。変化の大きかった児童や、最初に青色が多かったが黄色が増えた児童を、意図的に指名した。自分の視点からでなく、正子さんとその友人との人間関係にまで考えを及ばせ、判断の「視野」や判断の「根拠」が広がっているととらえられる意見が出るようになった。

- 言ってあげないとまた正子さんはやってしまう。そして、その人（正子さんの友達と正子さん）との関係がだめになってしまうかもしれないから。
- 正子さんはひろ子さんのことを嫌わないで、「ありがとう」と言うと思う。
- 好き嫌いの問題でなく、これから正子さんが出あう友達に同じことをやらないためにも言った方がいいと思ったから。

　理由を聞いた後で、「今日は、授業の最初に友達について聞きました。そして、仲よしの友達に言いにくいことを伝えるか伝えないかその理由を考えることで、友達についてさらに学んできました」と言い、振り返りにつなげていった。今日の学習を通してこれから自分が友達に対してどのように関わっていきたいか考えさせ、ワークシートに書かせた。

　「あなたは、これから友達とどのように関わっていきたいですか」

　本日の友情の一側面（間違えていたら、指摘してあげられる関係）を押さえて、これから友達とどう関わっていくかについて考えている児童を意図的に指名して発言させた。

- 友達が間違ったことをしたら、嫌われたとしても、言ってあげるようにしたい。
- 間違っていたら言ってあげたい。言っても友達は、嫌いにならないと思う。もっと仲よくなって、協力し合っていきたい。
- これからは「友達だから嫌われたくない」という、ちょっと自己中心的な考えは捨てて、「友達だからわかってくれる」というように、自分のことばかりでなく、相手を考えて関わりたいと、この勉強を通して思いました。

　特に3つ目の発言は、本時のねらいとする道徳的価値についての自覚を深めていることが確認できるものであった。

終　末

　谷川俊太郎「友達」の詩を紹介した。本時のねらいに近い内容のものを含めて精選し、プロジェクターで映しだして読み聞かせた。ほかに、教師が子どもの頃、言いにくいことでも友達に伝えてよかった体験を語ることもよいだろう。

(3) 評価について

① 授業内での評価

迷いの割合を「心情円盤」に表し、その理由を発言していたか。1回目に青色が多かった児童や2回目で変化が大きかった児童を見取り、どのような判断の根拠があって変化したのか発言を記録する。特に自分視点から相手視点に変わっている児童を見取りたい。

児童A （青色が多かった→黄色が増えた）

　1回目　せっかく送ってきてくれたのに、伝えたら失礼になるから。

　2回目　失礼と思われても、正子さんが困らないようにしてあげたい。

児童B　（円盤は半分半分だった→黄色が増えた）

　1回目　嫌われたくないけど、次もやらないようにするために言ってあげたい。

　2回目　正子さんは、教えてくれてありがとうって思うと思った。言ってあげないと将来
　　　　　正子さんが困ってしまうから伝える。

---

② ワークシートから

ワークシートから評価する場合、教師が「判断の基準」を明確に持つことが重要になってくる。ワークシートの振り返りの内容が、自分のことを考えていた判断基準でなく、相手のことを思って判断しようとする記述が見られると、ねらいが達成できていると把握できる。判断力をねらいとしたワークシートを蓄積することで、道徳的判断力について児童がどのように考えてきているか評価することができる。

　　　児童C　ワークシート

1学期　自分がいやな気分になるし後かいするから友達を助けてあげたい。（友情、信頼）

2学期　友達のことを考えて、きっとわかってくれると信じて、教えてあげたい。
　　　　それが人としての友達とのかかわり方だと思うから。（友情、信頼）

3学期　自分が好きな方を選んだり、友達だからという理由で選ぶのではなく、クラスのためとか学校のためにどうしたらいいのか考えて選ぶことが不公平にならないと思う。
　　　　これからは、相手のことだけでなく、みんなのことも考えるようにしたい。（公正、公平、社会正義）

（評価記述例）

児童C　友情や公正、公平、命について、判断の理由を考えることができました。最初は、自分や相手のことを考えた発言が多かったのですが、人としてどうすべきかや、みんなのためにという観点で考えることができ、クラス全体がその発言によって新たな発見ができました。

22　第Ⅰ部「考え、議論する道徳」の指導法

③　自己評価

　ワークシートの最後に、「自己評価」のコーナーをつくる。回を重ねるごとの変容を見取ることができる。しかし、自己評価は、児童が自分自身を見て取れる力が育っていないと正確な見取りをすることが難しい。自分自身を正しく振り返って、自己評価ができるような指導をしていく必要がある。児童Dは、以下の声かけと支援で△が減り、○が増えた。

> **自己評価例（◎○△）**
>
> 1　今日の道徳で大切なことは何かわかったか。
> 2　自分の考えを友達に伝えることができた。
> 3　いろいろな考えがあるということがわかった。
> 4　今日の道徳に進んで取り組めたか。

> 児童D（自己肯定感の低い児童）
> ・授業後、黒板を見ながらどの意見に自分の考えが近かったか聞いたり、なるほどと思った考えを聞いたりする。それが自分の考えにつながっていることを知らせる。
> ・小グループでの話し合い活動では、意見を言う順番を最後にし、友達の考えをヒントに考え、発言できるようにする。
> ・児童Dが行った、本時のねらいとする価値を表現した具体的な行動を事前に準備しておき、ワークシートに書けないときに知らせてやり、認める。（日頃から学級の児童の様子を観察しておく。）

(4)　実践へのアドバイス

①　判断することで自我関与が深まる

　道徳的判断力は、心情と判断を一体として育てたい。気持ちを問うことを大切に育てながらも、道徳的判断力を養うために判断の根拠となる理由を問い続ける。ひろ子の心の中の正子のことを考えて伝えようとする心や、自分中心に考えて伝えなかったり、正子が傷つくから伝えなかったりする心などについて詳しく説明させ、心の葛藤について十分に考えさせる。そのために「理由」を問い、揺さぶりの発問で考えを深めさせてほしい。

②　判断について

　どのような判断があるのかを教師自身が明確に持つことが大切である。伝える、伝えないだけが判断ではないことを理解して授業に臨むとよい。伝える・伝えないの理由が、自分中心なのか相手意識があるのか、また、現在の感情だけで決めているのか、将来まで考えているのか、などを把握しながら授業を行うようにする。(p.166参照)

③　判断の次に、実践へ

　友達のためにも伝えようとする判断の先に、さらに、どのように正子さんに伝えたらよいかを具体的に考えさせる活動の展開が考えられる。

（中村淳子）

| 実践例 2 | 読み物教材の登場人物の自我関与が中心の学習 ② |

輝きを失わない人の生き方に迫る学びを

1．対象学年： 小学校　第6学年

2．主 題 名： 志高く、今を生きる
　　内容項目：　D［よりよく生きる喜び］

3．ねらい

　山中伸弥教授の生き方に迫る話し合いを通して、明確な目標を持って困難を乗り越えようとする姿について多面的・多角的に考え、よりよく生きる喜びを支える人間の強さや気高さについて共感的に理解を深める。

4．主題の設定

(1) 指導内容について

　「よりよく生きる喜び」について、小学校学習指導要領には、「よりよく生きようとする人間の強さや気高さを理解し、人間として生きる喜びを感じること」とある。「人間の強さや気高さ」を理解するためには、他の内容項目と関連させ、多様な側面から考えることが効果的である。［希望と勇気、努力と強い意志］や［個性の伸長］などの側面からこの内容項目について考えることで、誇りある生き方とその喜びにまで考えを深める可能性が広がる。

(2) 子どもの実態

　5年生の段階で、子どもたちは、安易な方向に流されがちな弱さが誰にもあることと、それを乗り越えようとする生き方のよさについて、具体的な生活場面を教材にして考えた。6年生では、実際の人物を教材として、その人物の生き方への自我関与を通して、自分の弱さと向き合い、それを乗り越える強さについてより深く考えることによって、内容項目への理解を深めたい。

5．教材について

教材名：「山中伸弥先生の快挙」（p.35参照。出典：『小学道徳　心つないで　6』教育出版、
　　　　2016年）

　この教材は、iPS細胞の開発でノーベル賞を受賞した山中伸弥教授が、臨床医としての
限界を感じ、医学の基礎研究を志すようになった経緯、研究を進めるうえでの挫折や迷い、
その中で、いかにしてiPS細胞の開発に至ったのかについて描かれている。

6．「考え、議論する道徳」を実現する工夫

(1) 対話的な学びによって、相互理解を基盤とした意見交流を実現する

　私の考える対話的な学びとは、問いに対して子どもたちが協働的に意見交流することに
よって、多面的、多角的に考えを深める活動である。この対話的な学びでは、自分の考え
を一方的に伝えるだけでなく、互いの考えを伝え合ったうえで、よいと思った友達の考え
を自分の考えに取り込んでいく。そうすることで、友達の考えのよさを認めるとともに、
より多様な視点から自分の考えを見つめることができる。また、自分とは異なる意見であ
っても、互いの共通点を見いだそうとすることもできる。

(2) 自分事として考えるために、「なぜ」を問う

　登場人物への自我関与が中心の学習の難しさは、登場人物の心情理解に終始するいわゆ
る読み取りの学習との違いが明確でないことにある。本時の学習においては、学習テーマ
を「生きる喜びについて考えよう」とし、「なぜ山中伸弥先生はiPS細胞の開発に打ち込
み続けることができたのだろう」という問いを設定した。登場人物である山中伸弥氏の心
情を問うのではなく、彼の生き方を支えていた思いを問うことで、山中伸弥氏の生き方に
自己を投影させて考えるとともに、彼の立場を理解し、推し量って考えることができる。
そうすることで、本時の内容項目について多様な側面から考えることが可能となる。

(3) 登場人物への理解を深めるために、事前学習に取り組む

　登場人物への自我関与のためには、登場人物への理解は欠かせない。特に、実際の人物
を扱った教材の場合、その人物のことを知らずに自己の経験だけで類推したのでは、人の
生き方の核となる部分に迫ることはできない。そこで、山中伸弥氏の人物像について、子
どもたちがより明確に持てるようにするために、教材には描ききれなかったエピソードや
言葉、年表などをワークシートにまとめ、事前学習に取り組ませる。そうすることで、山
中伸弥教授の生き方やものの考え方などに関する知識をある程度揃えるとともに、その生
き方に内在する諸価値にふれることができる。

７．学習指導過程

学習活動と内容（○主な発問　・児童の反応）	指導上の留意点
１．生きることや夢についての意識を見つめ直す。 ○「生きるっていいな」と感じるのは、どんなときだろう。 　・自分の欲しいものを手に入れたとき。 　・夢を持ってチャレンジしているとき。	１．内容項目に関する自分の考えを交流し、生きることに対する自分の考えを明らかにする。 ○今の自分に夢があるかについて子どもたちの意識を明らかにしたうえで、本時のテーマを設定する。
学習テーマ：「生きる喜び」について考えよう	
２．「山中伸弥先生の快挙」を読んで話し合う。 ○山中伸弥先生の生き方について、感想や疑問を交流しよう。 　・自分の将来に悩みながらも、「どうすれば人の２倍も３倍も研究ができるのか」を考えていたのに驚いた。 　・「うまくいくはずがない」といわれていたiPS細胞の研究を、なぜあきらめないで進められたのだろう。 ○なぜ、山中伸弥先生は、iPS細胞の開発に打ち込み続けることができたのだろう。 　・自分のことを「ジャマナカ」と呼んだ人たちを見返したかった。 　・自分の研究を人のために役立てたかった。 　・人の命を救う仕事がしたいという思いが強かった。 　・『生命だけは平等だ』という本を読んで、医学の道に進もうと決めたので、簡単にはあきらめられなかった。 ○山中伸弥先生にとっての「生きる喜び」とは、どんなことなのだろう。	２．教材文からわかることだけでなく、エピソードファイルから、考えたことも踏まえて感想を交流する。 ○感想を交流する中で、周囲から反対や批判を受けても、あきらめないで研究を続けた山中伸弥氏の姿に問題意識を持つ児童が多いと考えられるので、その部分に本時で追究する問題を焦点化する。 ○山中伸弥氏を取り巻いていた状況を踏まえ、彼の生き方に自分の思いを重ねることで、彼の判断や心情を多面的、多角的に考えられるようにする。 ○友達との対話的な学びによって自分の意見を友達と交流することで、彼の生き方を支えた思いについて、自分とは異なる見方や考え方と出あい、それぞれの意見の違いや共通点に気付くことができるようにする。 ○山中伸弥氏の生き方を支えた「努力と強い意志」「個性の伸長」「生命の尊さ」な

・ビジョンを持って困難な道を切り開いていくこと。

・自分が追い求めることに誇りを持ってやり遂げること。

・自分の研究によって、たくさんの人が幸せになること。

3.「生きる喜び」について、価値の主体化を図る。

○山中伸弥先生の生き方の中で、自分に生かせることはどんなことだろう。

・自分のやりたいことを最後までやり遂げようとすること。将来の夢を定めたら、それに向かって事をやり遂げる。

・最後までこの道を生きていたいという思い。自分が一度決めたことを貫くことで、喜びを感じることができる。

4.本時の学習のまとめをする。

○「研究成果は無限に生み出せる。それが国の非常に大きな力にもなるし、病気で苦しんでおられる方の役にも立つ」という山中伸弥先生の言葉を紹介する。

どの諸価値を、本時の中心価値を支えるものとして関連させることで、「よりよく生きる喜び」について多様な側面から考えることができるようにする。

3.山中伸弥氏の生き方から学んだことを自分に生かすための方策を具体的に考え、ワークシートに書く。

○本時の学習で学んだ「よりよく生きる喜び」について、自分の生き方にどのように生かすことができるかについて考えることで、内容項目を自分との関係でとらえ、自己内対話を深めることで、価値の主体化（価値に合わせて自己理解を深めること）を図る。

4.山中伸弥氏の言葉にこめられた思いにふれることで、本時の学習を振り返る。

8.評　価

・人間の強さや気高さを、誇りある生き方、夢や希望などの視点からとらえ直し、喜びのある生き方について考えることができたかについて、ワークシートの記述や学習中の発言から見取る。

・（事後指導における見取り）高学年として学校での活動をリードする場面で、本時の学習内容を生かして学校全体のために主体的に取り組む姿を、教師が積極的に見取る。

1．読み物教材の登場人物の自我関与が中心の学習　27

9．実践の手引き

(1) 授業づくりのポイント

① 人物教材で学ぶべきこと

道徳科における人物教材を用いた学習で間違えてはいけないと思うのは、「偉人であること」を学ぶのではなく、「偉人と称されるに至った人生の真実に迫る」ということである。そもそも、偉人であるかどうかは後世の判断であり、自ら偉人たるべしとして生きてきたわけではないだろう。人生の真実とは、その場における判断、心情、実践を支えた意志などと考えることができる。

つまり、人物教材では、

ア）人物の生き方の根幹に関わる部分（あるいは問題）について、その生き方がどのような道徳的諸価値に支えられていたのかを多様に考える

イ）そこから取り出した学習の核になる生き方に対して、自分はどのようにすればその実現が可能となるのかを考える

という２点を、学習として組織化することが重要なのである。

② 人物教材における教材研究

人物教材を扱ううえで踏まえておきたいのは、「徹底的に批判しても、なお輝きを失わない人間の生きざまにこそ、人生の真実がある」という認識を持って教材研究に臨み、学習を構想することである。教材に登場する人物をヒーローにまつりあげるのではなく、たとえ徹底的に批判したとしても輝き続ける光の源泉は何なのかを追究することに、道徳科における人物教材の学習の意味を見いだしたい。

例えば山中伸弥氏の場合、彼の光の源泉は、「医師として、現状では治すすべのない病気やけがの患者さんを、何とかして治したい。それが研究医としての道をひたすらに進む自分の喜びである」という部分にあると考える。そして、そのための方法としてiPS細胞の研究に取り組み、結果として多くの人に評価され、ノーベル賞を受賞するに至ったのだろう。臨床医としての自らの限界や努力を重ねても結果が出ないいらだち、周囲の雑音など、彼の心を揺らしたものから、肯定的もしくは批判的にアプローチをしたとしても、最後に残るのは、「自分にはこの道しかない」という意志だったと考える。同時に、彼は何の目算もなく、ただ研究に没頭したわけではないようにも思う。「困難な病気やけがの治療を可能とするために基礎医学研究の道へ進む」という自らのビジョンを常に頭に置いて、自らの置かれた状況を冷静に分析したうえでのハードワークであったのである。

人物の光の源泉をつきつめて見つめ、とらえるのが教師の教材研究である。そして、そ

れを多様なアプローチから追究、検証していくのが道徳科の学習ということになる。

　③　事前学習を組織する

　人物教材で道徳科の学習を構想する際に、ぜひとも取り入れてほしいのが「人物に関する事前学習」である。方法はいろいろあるだろうが、人物への自我関与を図るうえで、事前学習は欠くことができないものだと考える。

　私は人物教材を学習するにあたり、年表や生涯の概略、名言といった人物に関係のあるプリント集「エピソードファイル」（p.34参照）を作成する。これらのプリント集を授業前の1週間くらいをかけて宿題に出し、事前学習を行うのである。大切なのは、どのプリントにも必ず感想欄を設けておくことである。その時々に感じたことを子どもたちに書き留めさせておくことで、自分の考えを振り返ることができるとともに、自分が人の生き方のどこにこだわりを持っているかも見つめやすくなる。

　「エピソードファイル」の目的は、授業で扱う人物の生涯に関する子どもたちの知識を、一定程度揃えるところにある。また、人の生き方に内在する諸価値に、子どもたちを意識的にふれさせ、「私はこの人のこの生き方に強く共感する」というこだわりを持つことも期待している。人の生き方を俯瞰してみたとき、一つの価値で成立しているのではなく、諸価値が複雑に関連している。それを、「エピソードファイル」によって解きほぐし、子ども自身がこだわりを持った視点から人の生き方を語る道徳科の学習となる。

　④　人物教材だからこその「自我関与」

　人物教材における登場人物への自我関与は、単に自分の生活経験を重ねるだけでなく、自分の経験の外にある事象に対しても、現段階での自己の道徳的判断力や心情、諸価値の理解などを総動員して考えることが求められる。そして、表面的な判断や行動だけでなく、人の生き方を支えた思いに、自我関与を通して迫ることで見いだされた内容項目に対する深い理解を、自己の生き方に落とし込んでいくことが、道徳性の育成に資する道徳科の学習となる。事前学習さえ十分に行われていれば、登場人物への自我関与が中心の学習に、人の生き方に学ぶ人物教材はうってつけなのである。

(2) 授業記録から

> T：今読んだ教材や、これまで紹介した年表やエピソードファイルをもとに、山中伸弥先生
> 　の生き方について感想や疑問を交流しよう。
> C　ノーベル賞をもらったのに、すぐに切り替えているところがすごい。
> C　賞状やメダルをしまっておいてもう見ないのは、なぜなんだろう？
> C　今の疑問に答えるんだけれど、やるべきことをやっただけだと考えていたから、自慢を
> 　しないという気持ちだったんだと思う。
> C　研究者の道が山中先生の夢だけれど、挫折の繰り返しで大変だったと思う。
> C　ノーベル賞をもらったことはうれしかったと思うけれど、うまくいくはずがないといわ
> 　れて「うつ」状態になったこともあったのに、よく研究を続けられたなと思う。

（解説）

　感想交流で資料の人物の生き方についての感想を交流すると、子どもたちは、エピソー
ドファイルで積み重ねてきた自分の中の人物像をもとに、本時の学習で追究すべき問題を
明確にしていく。本教材の場合、「挫折の繰り返しの中でなぜ研究を続けられたのか」と
いう点に問題が焦点化された。

> T：なぜ山中先生はiPS細胞の開発に打ち込み続けることができたのだろう。山中先生の生
> 　き方を支えた思いに迫ろう。
> C　iPS細胞の開発は山中先生の夢だから、まっすぐに進みたかった。
> C　「生命だけは平等」という言葉で医師になることを決意したのだから、挫折があっても、
> 　その言葉を胸に頑張った。
> C　自分は不器用で、患者さんを直接診察する医師には向いていないと考えていたので、研
> 　究者の道をあきらめたくなかった。
> C　ただ「あきらめない」じゃなくて、ロバート・メイリーさんの「ビジョンとハードワー
> 　ク」の教えのおかげで、ビジョンというか洞察力があったからこそ頑張れた。
> C　そこに「人の命を救う仕事がしたい」という思いがあったんだと思う。
> C　今まで「ジャマナカ」と呼んだ人たちを見返したいという思いがあったかもしれない。
> 　自分が山中先生なら、そんな気持ちになる。

（解説）

　子どもたちは、山中伸弥氏の生き方を支えた思いについて、「夢」「決意」「強い意志」「生命の尊重」などの自分なりの視点から見つめた諸価値との関連で考えた。また、対話的な学びで自分の考えと友達の意見を交流させることで、自分とは違う見方や考え方にふれることができた。

　しかし、登場人物への自我関与によって、登場人物に託して自らの考えや気持ちを率直に語ることで、自分の弱さに向き合い、それを克服する生き方への受け止めが広がる一方、最後の子ども（下線の発言）のように、投影した自分の考えへのこだわりが捨てきれない様子も見られた。そこで、学習テーマに返り、「山中先生だからこそ言えること」として考えることで、内容項目への理解と一般化を図ることにした。

T：では、学習テーマに返って考えてみよう。山中先生にとっての「生きる喜び」とは、どんなことなのだろうか。
C　自分の研究で誰かの命が助かること。
C　そして、自分の研究で喜んでもらえることや、ありがとうと言われること。
C　自分のやりたいことを精一杯成し遂げることが喜びなのだと思う。
C　もっとすごいものを見つけてやるという思いが持てること。
C　毎日の研究にいそしむことが喜びなんだと思う。
C　一度決めた道だから、死ぬまでこの道を生きていたいのだと思う。

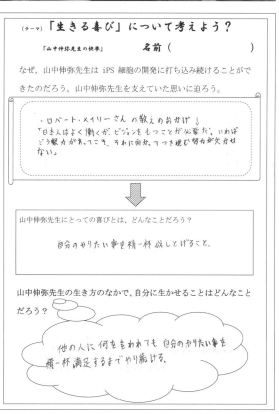

1．読み物教材の登場人物の自我関与が中心の学習　31

(解説)

「山中伸弥氏にとっての…」と限定することで、子どもたちは人物を自らの写し鏡として語るのではなく、人物の生き方の中から、より妥当性のある考えを対話的な学びを通して見いだそうとした。互いに意見を重ねていくことで、自分の弱さを乗り越えて生きる姿が「よりよく生きる喜び」として共有されていった。それは、「山中先生の生き方のなかで、自分の生き方に生かせるのはどんなことだろう？」について考え、価値の主体化を図ったワークシートの文章にも表れていた。

- 山中先生はあきらめずに生きてきた。だから、私もあきらめずにやりきりたい。みんなが喜ぶことをたくさんやって、幸せにしたい。
- 他の人に何を言われても、自分のやりたいこと、特にバスケットボールを精一杯満足するまでやり続け、目標を達成したい。
- ぼくは、どうせ無理だろうとすぐにあきらめることがある。でも山中先生の、一つのことを続ける生き方を自分に生かしてみたい。

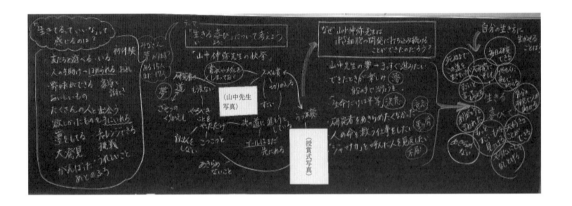

(3) 評価について

感想交流後の発問で「今まで『ジャマナカ』と呼んだ人たちを見返したいという思いがあったかもしれない」と発言したA児の学習の中での成長を記しておきたい。A児は事前学習の「エピソードファイル」でも、山中伸弥氏の不屈の精神に、最もこだわっていた。他者からの評価に敏感で、人との関わりが決して器用ではないA児は、人物に自我関与する際に、人物をモデルとして追究するのではなく、人物に自分を投影して主張しているだけだと感じた。

そこで、中心発問において、山中伸弥氏の人物像と「生きる喜び」との関連をより明確

に意識して考えた。そして、子どもたちなりの多様な意見を重ねていくことで、誰もがある程度納得できるような共通了解を、対話的な学びを通して見いだすこととした。

　山中伸弥氏の生き方をあらためて見つめる必要に迫られたＡ児は、しばらくエピソードファイルを眺めたり、教材文を読んだりしていたが、友達との対話を進めるうちに、「あっ、きっとこれだ」と言ってワークシートに向かって書き始めた。Ａ児は、「何を言われたって、あきらめないでやりたいことを最後までやることが喜びなんだと思う」と書いて友達との対話へ戻っていった。人物の生き方を見つめ、友達との対話を通して互いの共通了解を見つけようとすることで、人の生き方を自分の生き方に落とし込むための鍵を見つけることができた瞬間だった。

(4) 実践へのアドバイス

　人物の生き方を事実に基づいて理解し、その生き方を支えた思いについて多様な側面から考えることを大切にしたい。「登場人物への自我関与が中心の学習」は、「登場人物の心情を自己と重ね合わせて共感的に類推すればよい」わけではない。「登場人物への自我関与」といいながら、人物について正しく理解することを怠り、「自分はこう思うから、登場人物も同じだろう」とだけ考えたのでは、内容項目に関する新たな発見も深い学びも得られない。大切なのは、自分と同じように登場人物に自己投影した結果、自分とは異なる結論を導き出した他者の意見を受け止めることである。そして、それら異なる意見を共有し合いながらも、互いに折り合いをつけながら焦点化することが、対話的な学びの核となる部分である。ここに留意することで、子どもたちそれぞれの自我関与の総和としての内容項目の深い理解と、自らの生き方についての考えを深める道徳科の学習が実現できる。

（木原一彰）

［引用文献・資料］

京都大学iPS細胞研究所・山中 伸弥『iPS細胞が医療をここまで変える』PHP新書、2016年

山中伸弥・緑慎也『山中伸弥先生に、人生とiPS細胞について聞いてみた』講談社＋α文庫、2016年

川口淳一郎・山中伸弥『夢を実現する発想法』致知出版社、2013年

(参考)　子どもたちに配布したエピソードファイルの一部

「医学の道に進む」

　iPS細胞を開発し、ノーベル賞を受賞した山中伸弥さんが、医学の道に進むきっかけは、どんなものだったのでしょう。

　山中伸弥さんが医学の道に進もうと決めたのは、高校生のころに出合った本がきっかけでした。『生命だけは平等だ』本を読んだ山中伸弥さんは、

「お金持ちの人も、そうでない人も、命の重さには変わりはない。医者になれば、人々の命を自分の手で守ることができる。なんてすばらしいことなのだろう」

と考えました。そこで、熱心に勉強し、神戸大学の医学部に入学したのです。

　神戸大学を卒業した山中さんは、病院で整形外科（骨を折った人の治療をする）の医者として働きはじめました。学生のころラグビーや柔道をしていた山中さんは、骨を折ってしまうことも多かったからです。

　ところが、山中さんはほかの医者たちとくらべて不器用でした。先輩の医者たちから叱られることも多かったのです。「ぼくは医者には向いていないのかもしれない」

山中さんは自分の将来に悩んでしまいました。

感想
_____

_____

_____

名前（　　　　　　　　　　）

「そうだ、研究医になろう！」

　自分の将来に悩んだ山中さんは、病院をやめ、大阪の大学に入りなおし、薬や血液などについての研究をはじめました。直接患者をみる医者ではなく、病気を治療するための薬などを開発する研究医になることをめざしたのでした。

　山中さんは、「どうすれば、人の2倍、3倍の研究ができるのか」を考えながら勉強を進めました。ほとんど寝ないで研究を行うこともありました。

　しかし、山中さんのしている研究は「基礎研究」とよばれるものでした。すぐに薬をつくってお金をもうけるようなことはできませんでした。周りの人たちからは「役に立たず、お金にもならない研究をしているなんて」と、厳しく責められ、心が折れそうになるほど悩む日々が続きました。

　そんなとき、奈良科学技術大学院大学で研究をしないかという誘いがありました。研究をあきらめかけていた山中さんにとって、この誘いは最後の希望でした。そして、ここでiPS細胞が誕生するのです。

感想
_____

_____

_____

名前（　　　　　　　　　　）

教材 「山中伸弥先生の快挙」（出典：教育出版『小学道徳 心つないで 6』2016年）

山中伸弥先生の快挙

「子どもたちがもっている自由でユニークな発想をのばし、予想外の結果が出た時には、みなさんいっしょになって喜んで……。」

iPS細胞（人工多能性幹細胞）の開発で、二〇一二年にノーベル医学・生理学賞を受賞した京都大学iPS細胞研究所長・山中伸弥教授が、京都市民の表しょうを受けた式典で、多くの人々の前でこうスピーチした。

山中先生は、学生時代にじゅう道で何度も骨折したので、スポーツでけがや骨折をするかん者さんを治りょうする整形外科医になりたいと夢見ていた。

そんな折、神戸大学医学部を卒業し、医者のたまご（研修医）になった二十五才のころ、中学・高校時代の親友の手術をたん当することになった。

手ぎわのよい医者ならば十分で終わる手術が、山中先生は、一時間たっても終えることができなかったという。不器用で足手まといになることから、口の悪い先ぱい医師たちは、山中先生を「ジャマナカ」とよんだ。そんなこととも一因となり、医者をあきらめ医学の基そを追求する研究者の道を選んだ。

しかし、やっと果たしたアメリカ留学から帰国すると、なんとう状態になってしまった。山中先生の歩みは、ざせつや迷いの連続であった。

けれども、アメリカ留学で得た三つのこと、「ビジョン」と「ワークハード」はわすれたことがなかったという。

「日本人はよく働くが、ビジョンをもつことが欠かせない。」アメリカのグラッドストーン研究所・所長のロバート・メイリーさんの教えだった。そのことはいつも、きもにめいじていた。

当時の医学・生物学界では、受精卵から作られる万能細胞（ES細胞）の研究が進んでおり、山中先生もその研究に進んだが、受精卵から作られた万能細胞には、しょう来、一つの命となる可能性をもった受精卵をはかいする

そこで山中先生は、独自の方法で万能細胞を開発しようと、「ビジョン」と「ワークハード」を心にひめて他の仲間たちと努力を重ねていた。

一見むだに思えることでも、経験したこと、体験したことを積み重ねていけば、結局、むだなことは一つもないということが、じょじょにわかっていった。

そのくり返しの中で、あのうつ状態もいつのまにか解消していった。

そしてついに二〇〇六年、アメリカの学術雑誌『セル』に、山中先生と研究員・高橋和利さんの論文が発表された。

ES細胞（万能細胞）と同じようなはたらきをもつiPS細胞（人工多能性幹細胞）を開発し、世界の研究者たちをおどろかせたのであった。

山中さんが名づけたiPS細胞は、この研究のほったんとなったES細胞と同じように、本当は二文字にしたかった。

このうちのSは、幹細胞（Stem Cell）なので頭文字は決まっている。そこでもう一文字をAS細胞、BS細胞、……ZS細胞のように、Aから順にZまで調べた。が、すでになんらかの略語に使われてしまっていた。そこで三文字略語にしようと考え、当時はやりのパソコンやけい帯音楽プレイヤーをまねて小文字のiを用い、iPS細胞（induced pluripotent Stem Cell・人工多能性幹細胞）と命名した。

ノーベル賞授賞式後に、ある新聞記者から「メダルを、オリンピックの選手がよくやるように、かじってもらっていいですか……。」と、声をかけられた。すると、

「そういうことはできません。貴重なものですし……。それにいただいた賞状やメダルは、てん示せずに大切に保管しておきます。今後は、科学者としてやるべきことを静かに成しとげていきます。」

山中先生は、きっぱりと答えたという。

---

1. 読み物教材の登場人物の自我関与が中心の学習 　35

> **実践例 3** 読み物教材の登場人物の自我関与が中心の学習 ③

自由な集団での話し合いから 「行為を支えるもの」に向き合う

1．対象学年： 中学校　第3学年

2．主題名： 友情に支えられた誠実な行動

内容項目： B［友情，信頼］ A［自主，自律，自由と責任］

3．ねらい

心から信頼し、互いに高め合うことのできる望ましい友達関係について、主人公の揺れ動く心を共感的に理解することを通して、自主的に判断し、誠実に行動に移そうとする道徳的判断力を高める。

4．主題の設定

(1) 指導内容について

友達を思えば、かばったりごまかしたりするのはよくないと頭ではわかっていながらも、友達の言動や場の雰囲気に流されて判断を誤ったり、自分の気持ちを偽った言動をしてしまうことは、中学生活においてよくあることである。生徒にとって身近な状況を取り上げることによって、主人公たちの置かれた立場に共感的理解を深め、真の友情や誠実さに基づいた判断力や行動力の大切さについて考え議論したい。

(2) 子どもの実態

学校生活や部活動を通じて、いけないとわかっていながら友達に指摘できない、あるいは指摘したことによって友達関係がぎくしゃくするといったことを、生徒たちは経験してきた。筆者は教科の授業や学級活動の中でも、形式にこだわらずに自由に話し合える空間をつくって考えや意見を交流させることに注力してきた。自由な集団で話し合うことで、リラックスして発言しやすくなり、不明な点や疑問点を躊躇なく口にできる学級集団である。

5．教材について

教材名：「裏庭でのできごと」（文部省『道徳教育推進指導資料第1集　読み物資料とその利用―
　　　　　「主として自分自身に関すること」―』平成2年度）

　主人公は、判断ミスからガラスを割ってしまうが、先生への謝罪の過程で嘘を重ねてしまう。先生に正直に申し出ようとする主人公は友人に引き止められて断念するが、葛藤を重ねたうえで翌日一人で先生のところへ謝罪に行くことを決意する。

　一読すると規則の尊重にも思えるが、正しい判断力と、それに基づいた行動力の大切さ、望ましい友達関係について考えることができる教材である。資料は冒頭から、帰宅した健二が自室で葛藤する「でもなあ…でもなあ…」までを前半、3人で肩を組む写真を見て決断する健二から最後までを後半として分けて提示することとした。役割演技を取り入れたが、「この後、自分が健二だったらどうする？」といった行動ではなく、健二が正直に先生に謝罪しに行こうと決断する、その「決断の支えとなった思いは何なのか」を生徒に問いたい。

6．「考え、議論する道徳」を実現する工夫

(1) 非構成的集団と構成的集団による話し合い

　自由な立ち歩きによる話し合いを推奨している。非構成的な集団による話し合いの後、構成的集団による役割演技を行うことで、話し合うメンバーは流動的になり、より多様で多角的な意見をもとに、自分の考えを深めることができる。話し合いの間に教師が教室を回りながら補助発問を加えて議論を深めたり、生徒の意見交換をじっくり話を聴くなど、生徒一人ひとりに個別に関わる時間も増える。

(2)「行為を支える思い」に自我関与する

　授業の前段では、主人公の思考プロセスを、役割演技を通して生徒一人ひとりが追体験できるようにした。授業後段では、活性化した生徒の心の動きをもとに、話し合いや議論を重ね、判断にとどまらず、行為を支える思いにまで生徒の考えが至るように時間を確保したい。

(3) 終末の振り返りの観点を明確に

　「自分ならこうする・こう言う」という判断に終わらせたくない。1時間を通して何を学んだのか、内容項目について事前と考えが変わった点はどこか、これから自分にできそうなことは何か、など生徒が振り返る視点を明確にすることで、判断だけにとどまらず、自身の変容や成長に気付くことができるようにしたい。

1．読み物教材の登場人物の自我関与が中心の学習　37

7．学習指導過程

	学習活動	主な指示・発問	指導上の留意点
導入	• 今日の教材と登場人物を確認する。	今日の主人公はこの3人です。	• 教材のタイトルを板書し、3人の笑顔のイラストと名前を黒板に提示することで、生徒が思考を整理しながら教材を読むことができるようにする。
展開	• 教材の前半を読む。（冒頭から「でもなあ…でもなあ…」まで） • 友達と自由に相談しながらワークシートに記入する。	帰宅した後の3人の「思い」について、友達と相談しながらワークシートに書いてみましょう。「それはどういうこと？」「どうしてそう思うの？」	• 生徒の思考を邪魔しないように感情をこめず淡々と範読する。感情をこめることによって、生徒の読みが教師の読み方に流され、生徒一人ひとりが客観的に自分なりの読みができなくなる恐れがある。 • 意見交換の際の立ち歩きは自由とする。机間巡視しながら、全体で共有してみたい意見については指示し、生徒自身が自分の意見を板書する。
	• 板書をもとに、全体で考えを共有する。	今の健二に「足りないも」のは何だろう？	
	• 健二が先生に正直に謝罪するために、どのように声をかけたらよいのか、ワークシートに記入する。	この後健二は、先生のところに正直に言いに行こうと決めます。その時の3人はどんな「会話をする」だろう？　3人それぞれの立場になって考えてみよう。	• 友達と相談せずに一人で考えて書く。
	• ワークシートをもとに、全員が役割演技をする。	3人1組で役割演技をしたいと思います。全部の役を、ローテーションして、やってみましょう。	• ローテーションで、全員がすべての役割を演じてみる。ワークシートの内容を超えてアレンジしてよいことにする。

38　第Ⅰ部 「考え、議論する道徳」の指導法

	・代表グループによる役割演技をする。		・ほとんどのグループが役割演技を終えた頃合いを見計らい、全体で共有したいチーム、あるいは役を指名し、発表する。
	・教材の後半を読む。 ・友人と意見を交換し合いながらワークシートに記入する。	正直に先生に謝りに行こう、と健二に決断させたものはなんだろう。どんな思いに支えられて、健二は決断したのだろうか。	・3人で肩を組んで写真に写るイラストを掲示する。 ・自由に立ち歩いて友達と相談してよいことにする。机間指導を通して補助発問が必要な場合は個別に対応する。全体で共有したい意見については指名して生徒が板書する。
	・板書をもとに、全体で考えを共有する。		
終末	・本時の振り返りをする。	3人の行動から学んだこと、まねしたいこと、自分にできること、自分がやってみたいことなどをワークシートに書いてみよう。	・書き終えた生徒から数名指名し、発表する。

8. 評　価

　ワークシートの最後に「3人の行動から学んだこと、まねしたいこと、自分にできること、自分がやってみたいこと」を記入するスペースを設ける。この記述を読むことによって、生徒の内面に、事前にはなかったどのような考えが生まれたのか、あるいは考えを深めたり多面的・多角的に考えることができるようになったのかを知ることができる。多くの学校で、担任と生徒による日記のやりとりが行われているかと思うが、道徳の時間の翌日の記述にも授業の振り返りが書かれていることが多いであろう。日記での記述もスキャンするなどして、生徒の学習状況の評価につなげていきたい。

9．実践の手引き

(1) 授業づくりのポイント

　自分が聴きたい・話したい友人のところへ移動する「非構成的集団」と、座席をもとにした「構成的集団」と、議論する際に二つの集団を用意した。非構成的集団は、発問のつど、変化する。非構成的集団から構成的集団に話し合いの場が移ったときに、より多くの議論を背景にした考えが持ち寄られ、生徒は多様で多角的な考えにふれることができる。

　役割演技に割く時間を授業の前段に限り、後段では行為を支える思いに迫る発問を工夫し、授業のねらいに迫る思考の時間を確保する。役割演技によって、生徒の心の動きが活性化し、発言を引き出す効果がある。

(2) 授業記録から

　本時が今年度何回目の道徳の授業になるのか、休み時間のうちに板書しておく。確実に道徳授業の時数を確保するための目安にもなり、この2年ほど継続して実施している。

　教材範読の場面では、登場人物が3人いることを確認し、イラストを黒板に貼りつけて視覚的にも資料を整理しながら読むことができるようにした。ワークシートの工夫であるが、あらかじめ全発問が印刷されているものも見かけるが、最初から問いが書いてあると「生徒による『教師の思い』の読み取り道徳」に終始しかねない。そのため、問いも生徒自身が書き込むようなかたちで毎時ワークシートを提示しており、本時もそのようにした。

　意見交換の際は立ち歩きは自由とし、自分が意見を聴いてみたい友達と意見を交換したり、じっくり一人で考えたいなど、選択は生徒に任せるようにしている。後述するが、役割演技の場面では座席並びでグループを編成するので、あえて座席の離れた生徒同士が意見を交換し合うことで、より多様な見方や考え方に出会うことができる。「前の話し合いとは違う友達に意見を聴きに行ってみよう」「3人以上の人に意見を聴きに行ってみよう」といった声かけを授業者がすることによって、多様な友達との意見交換が可能になり、さまざまな角度から自分の考えを深めることができる。自由度が高いと収拾がつかなくなるのでは…といった懸念があるかもしれない。しかし、日頃から授業に取り入れることで、「そろそろみんなの意見を確認してみよう」と一言声をかけるだけでさっと自分の席に戻り、話を聴こうという雰囲気が生まれる。

　全体で考えたいあるいは共有したい考え、個性的な視点からの考えについては、机間巡視の途中に指名し、生徒自身が意見を板書するようにしている。板書が刺激となって次の議論につながることも多い。生徒が小型のホワイトボードに記述して黒板に貼りつける、という方法をとることもある。生徒が板書している時間に、指名されていない生徒同士で、

さらに話し合いをする時間を確保できるのも魅力である。この教材では登場人物3人のイラストの下に板書することで、思考を整理しながら可視化できるよう工夫した。場面緘黙の生徒や発表を苦手とする生徒には、こうした書くことによる発表の機会を意図的につくるようにしている。ここでは、右のような意見が出た。

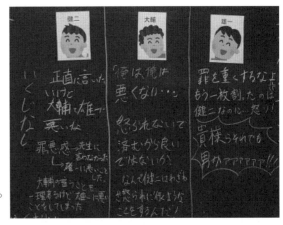

今の健二に「足りないもの」は何か、を考える場面で、「信じる心」とワークシートに書いているAさんの意見が目にとまった。「これはどういうこと？」と補助発問をすると「友達を信じる心が足りないんですよ。健二が思っていることを二人に言ったくらいで、友情は崩れたりしないのに」との答えが返ってきたので板書をするように指示した。「友達を信じる心が足りない」という意見を紹介すると、生徒たちはハッとしたような表情となり、「なるほど…」とつぶやく声も上がり、ワークシートにその意見をメ

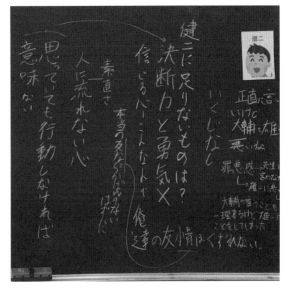

モする生徒もいた。この意見で「友情について考える」方へ授業の流れがシフトしていったように感じた。

　役割演技の場面では、構成的メンバーによる3人1組での役割演技を指示した。多くの教室では、2人ペア×3列のかたちで座席が構成されているものと思われる。本実践では、次ページの図の点線で示したように、座席の並びによって3人1組のグループをつくった。役割演技の前には、席が離れている自由なメンバーでの意見交換を経てきており、それまでの話し合いの背景がさまざまであることが、多様な役割演技となって表出する効果がある。ワークシートを手にしながら役割演技してもよいことにしたので、スムーズに活動できていた。役割演技をしながら、互いに言い方を修正したり、アドリブが入ったりと、各グループで工夫する姿が見られた。

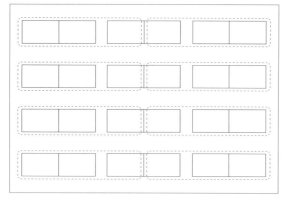

ほとんどのグループが役割演技を終えた頃合いを見計らい、一つのグループを指名し、全体の前で発表した。

健二「俺…やっぱり言いに行こうと思うんだ…大輔…その…ごめん…」

大輔「はぁ？　なんで。別に言わなくたっていいじゃねーかよ！　なっ、雄一」

雄一「いいかげんにしろ、大輔！　健二…よく言おうと思ったな。お前は本当にいい奴だ…」

前半での役割演技によって教材後半への関心を高める橋渡しができたところで、教材の後半を読み、「正直に先生に謝りに行こう、と健二に決断させたものは何なのか。どんな思いに支えられて、健二は決断したのか」を考え議論した。ここでの話し合いは、非構成的集団で行った。役割演技をしたグループとは違うメンバー同士での意見交流である。それぞれ違う役割演技をしてきたので、それぞれのグループにおける主人公の追体験を背景に、多様な視点からの意見交換がされた。

以前の授業で、2年間、何度も議長や副議長を務めてきたBさんが「意見を素直に言い合った仲間は強い」とたった一言、振り返りに書いていたのが筆者には印象的であった。「信じる

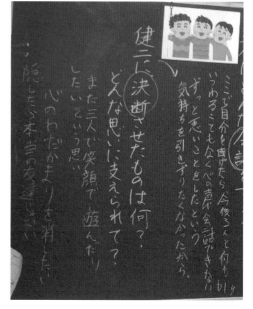

42　第Ⅰ部「考え、議論する道徳」の指導法

心が足りない。こんなことで俺たちの友情は崩れない」と発言した前述のAさんの考えを聴いて、筆者は議長を務めてきたBさんの事前の授業での考えを想起し、終末に話題に出すことにした。本時の振り返りをワークシートに記入した後で、授業者から次のような話をして授業を終えた。

　卒業すれば、自分で判断して行動しなければならない場面が、中学時代よりずっと多くなる。部活動の先輩後輩もあるだろうし、さまざまな地域から来た人との人間関係はもっと複雑になってくると思う。「何でも言い合えるクラスは強い」と（Bさん）が前に言っていたけれど、思っていることを正直に言い合える関係をつくっていくのはみんな一人ひとり。迷ったり悩んだりしたときは今日の学習を思い出してほしい。

(3) 評価について

　「信じる心が足りない。こんなことで俺たちの友情は崩れない」と発言したAさん。団体競技の中心メンバーとして活躍してきたAさんらしさがにじみ出た発言だった。2年生になって筆者が担任した当初のAさんは、道徳の時間に自分の考えを表出する、という活動に思春期特有の心理的抵抗があったのか、おちゃらけた発言をしたり、資料の挿絵に落書きをして友達を笑わせたり、といった行動が見られた。しかし、道徳の授業を重ねるうちに、自己の過去の経験と比較したりしながら考えを深めるような記述が見られるようになってきた。Aさんは、健二が正直に先生に謝りに行く決断の根本を「ここで自分を曲げたら今後3人とも何も偽ることもなく心の声で会話できないと思ったから」と指摘している。仲よくすることだけでなく「本音をぶつけ合うことで育まれる友情」について、他の生徒が考えるきっかけとなったAさんの発言であった。

　Aさんは活発な生徒であるが、教科の授業でも道徳の時間でも、自分から積極的に友達

と意見を交流させる姿はほとんど見られない。沈黙し、じっくり考え、自己を見つめ、内省したＡさんの発言が、結果として学級全体の考え議論する道徳の起爆剤となり、沈黙が、考え議論する道徳と矛盾しないことを、Ａさんの姿や発言からあらためて教えられたように思う。

(4) 実践へのアドバイス

　本実践は、話し合うメンバーを「非構成的集団」と「構成的集団」と組み合わせることで、多様な視点からの議論を可能にしようとする提案である。全員が参加でき、自由に伝え、聴くことができる時間と場を保障するよう心がけた。話し合う集団がそのつど変化することで、互いの視点や考え方の違いから、生徒それぞれの学びが深まる体験ができる。

　役割演技での問いを「お互いに、自分の思いをどんな言葉で伝えればよかったのだろう」と問うことで、「アサーションのスキルを育成する実践」として「道徳的行為に関する体験的な学習」を中心とした取り組みも可能である。

　「正直に謝りに行った方がいい、というのは生徒にとって当然の思いである」という前提で授業を構想したが、「黙っていたらバレないのに、それでも正直に謝りに行った方がいいと判断するのはなぜか」という問いの方が、これからの生徒の生活にとっては現実的なのかもしれない。

　「健二が思っていることを二人に言ったくらいで、友情は壊れたりしない」というＡさんの発言を、重要な価値の表出と筆者は受け取った。しかし、「本当にそうなのか」「信じる心があれば大丈夫なのか」といった切り返しをすれば、「信頼している相手であっても、伝え方によっては信頼が壊れてしまうことがある」「どう伝えれば、信頼を相手に示すことができるか」といった議論を深める展開が可能である。

　「自我関与」が中心の学習において大切なのは、「自分ならこうする」と簡単に判断する発問ではなく、登場人物の「行為を支えるものまで考えられるような発問である」。生徒にとってなじみのない存在や状況だったとき、あるいは偉人の場合、「自分はそういう状況にならない」「どうせ自分にはできない」といった感情が生徒に生まれないともかぎらない。判断や、目に見える行為だけでなく、「その行為を支えるもの」に自我関与させたい。

（星　美由紀）

道徳授業の記録

月　　日　　教材【　　　　　　　　　　　　　】

3年　　組　　番　　氏名

◆帰宅した三人の（　　　　　）について書いてみよう

健二	大輔	雄一

◆今の健二に（　　　　　）ものは何？

◆三人は、どう（　　　　　）？

健二	大輔	雄一

◆健二に（　　　　　）させたものは何？

(1) 授業で、今までにない考え方にふれて 　共感したことがありましたか。	たくさん あった	あった	あまり なかった	全然 なかった
(2) 三人の行動から 　学んだこと、 　まねしたいこと、 　自分にできること、 　自分がやってみたいこと 　　などを書いてみましょう。				

1．読み物教材の登場人物の自我関与が中心の学習　45

| 実 践 例 4 | 読み物教材の登場人物の自我関与が中心の学習 ④ |

役割演技を通して、自分事として体感する

1．対象学年： 中学校　第3学年

2．主 題 名： ともに支え合う社会

　　内容項目：　C［社会参画，公共の精神］

3．ねらい

　どのように社会に参画し、どのように連帯すべきかについて、主人公の心の葛藤を通して考えを深め、ともに支え合う社会を実現しようとする実践意欲と態度を育成する。

4．主題の設定

(1) 指導内容について

　「高齢化社会」や「地域との関係の希薄化」のような課題がある現代、一人ひとりがどのように社会に参画し連帯すべきか、は重要な課題といえる。生徒の多くは、職場体験や地域清掃ボランティア活動への参加により、働くことの意義を理解し、充実感を体得している。勤労を通して社会に奉仕し貢献することが、自分自身の生活の充実につながることを自覚させ、ともに支え合って生きていく社会をつくろうとする実践意欲と態度を育てることを指導のねらいとする。

(2) 子どもの実態

　中学2年生のときに、介護施設や老人ホーム等で5日間の職場体験を行っている。また、生徒会主催の清掃ボランティア活動に積極的に参加している生徒も多いため、「働く」意義について十分に理解し、勤労後の充実感を体験している生徒がほとんどである。

　本校では、「言語活動の充実」を研究テーマに、どの学習においても「個人で考える→グループで意見を交換する→個人で再度考え、深める」活動を行っている。しかし、気持ちに合った表現を組み立てられず、文章ではなく単語のみで表現するなど、自分の思いや考えを表現することを苦手に感じている生徒が多い。例えば、「うれしい」「悲しい」のよ

第Ⅰ部 「考え、議論する道徳」の指導法

うに返答した生徒へは「なぜうれしいと感じたのだろう」と切り返し、生徒の伝えたい考えや思いを教師が引き出すように発問を返し、思いを深められるように心がけている。

5．教材について

教材名：「加山さんの願い」(文部省『道徳教育推進指導資料第4集　読み物資料とその利用—「主として集団や社会とのかかわりに関すること」—』平成5年度)

　知人を孤独死させてしまったことに心を痛めた主人公が、「自分にできることはないか」と考え、ボランティア活動を始める。しかし、簡単にできると思っていたボランティア活動が思うようにいかない。訪問で知り合った二人の老人との関わりを通して、主人公の気持ちに変化がみられ、「してあげている」から、自然に相手と同じ目線になる気持ちの変容を通して、「支え合う社会」についての理解を深められる教材である。また、中学生にとってボランティア活動の経験は身近であり、自分自身の言動を振り返ることができる。

6．「考え、議論する道徳」を実現する工夫

(1) 役割演技による疑似体験

　主人公の心情が描写されている場面が多いため、単に心情を問う発問は省き、教材の読み取りで終わらないように、回想場面の主人公のセリフを考えさせる。主人公の気持ちを想像しながらも、自分の言葉で表現し、やりとりを役割演技することで、道徳的価値の意義を体感できるようにする。

(2) 体験談を語り合って、自分のこととして考える工夫

　導入部分で、ボランティア活動や職場体験での体験談を語らせる、または友人の体験談を聞くことで、教材での出来事は自分にも起こりうることだと認識して、主人公の変容を考えさせる。また、役割を演じていくうちに、自分の気持ちと同化させ、自分のことのように体感できることをねらう。

(3) 考えを交流させる場の設定

　道徳的な価値について個人で考えた後に3〜4人で意見を交換させる。違った視点の考えにふれることで自分自身の考えを広げ、再度自分はどう思うのか考え深めさせていく。「個人で考え、グループで共有し、個人で再度考え深める」ことで、自分自身と深く向き合えるようにする。

7．学習指導過程

	学習活動と主な発問	予想される生徒の反応	指導上の留意点
導入（5分）	・ボランティア活動の体験があれば、その体験の感想を聞かせてください。	・人の役に立てた気がしてうれしかった。 ・働く充実感を得られた。	●教材への動機づけとする。
展開（42分）	○教材を読む（8分） 【教材理解】 ①中井さんの予想外の反応を加山さんはどのように考えていたのだろうか。	・中井さんが変わっているだけで、ボランティアを快く思わないというのがおかしい。 ・世話をしてあげるのに、素直に受け入れない中井さんのような頑固な人にはなりたくない。	※教材理解のために①②を問う。（ワークシートに記入はせずに、数名の生徒とのやりとりで確認し、発問1につなげる。） ●加山さんが「予想外の反応の中井さんに問題がある」ととらえている点を押さえる。
	②どうして加山さんと中井さんはうちとけ、仲よくなれたのだろうか。	・「してあげている」という目線から、自然に同じ目線になったから。 ・加山さん自身が無意識に上からの言動になっていたことに気付けたから。	●中井さんの気持ちを知り、自分の言動を振り返る加山さんに気付くようにする。
	【発問1】 ・加山さんはどんなことに気付いて、田中さんに「謝らなければならない」と思ったのだろうか。	・世話してあげているという気持ちが強かった。 ・田中さんをつらそうにさせていたのは自分のせいだと気付いた。 ・自分だけがいい気分になっていた。 ・田中さんがどう感じているかを考えようともしなかったことに気付いた。	●つらそうな表情をする田中さんの思いを想像させる。 数名の生徒に発言を促し、全体で共有する。 生徒の発言のキーワードを板書する。
	【発問2】 ※加山さんが雨の中、立ち続ける場面を回想する。 （生徒に目をつぶらせる） ・加山さんは田中さんにどの	【加山さんのセリフ】 ・気持ちに気付けず、こちらこそすみません。 ・お互い様なのに、気を遣わせてしまって申し訳ないで	●教師が田中さん役となり「いつもお世話になりすみません」と言う。 加山さんの思いを想像しセリフを

48　第Ⅰ部「考え、議論する道徳」の指導法

	ような言葉をかけるだろうか、想像してみよう。	す。 ・お役に立てることはうれしく感じているのです。	考えさせる。 代表生徒に実演させる。 ●セリフだけで終わるのではなく、教師が臨機応変に言葉を返し、やりとりをする。 ●役割演技する生徒がやりとりをしていく中で、より自分の言葉が発しやすいように配慮する。
	【発問3】主題に迫る発問 ・ともに支え合う社会をつくるには、人はどのように生きていかなければならないのだろうか。 活動①：個人で考える 活動②：3～4人組で、ワークシートを回し読みして、意見交流する。 活動③：個人で考える	・多くの人々と助け合って生きていることを忘れてはいけない。 ・「お互い様」という気持ちを大切にする。 ・小さなことでも、自分にできることを探して生きていく。 ・自分中心ではなく、相手がどう思うかを皆が考えて生きていく。 ・誰とでも当たり前に対等に助け合う気持ちを持つ。	※配布するワークシートには、【発問3】は記載せず、【発問2】からの流れで問う。 ※【発問2】で道徳的価値についての生徒の理解が不十分であるときには、人としての生き方を問う発問ではなく、「ボランティア活動とは、どのようなものだろう」のように、具体的に考えやすい発問に変更するなどの対応をする。 ●考えをワークシートに記入した後に、グループで意見を交流し、さまざまな考えを知る。 ●まわりの友人の意見を聞いて、追記する。
終末 （3分）	○活動③での生徒の意見を発表する。		○ねらいとする価値に関する生徒の感想をいくつか取り上げる。

8．評　価

・ボランティア活動の意義を考え、多くの人とともに支え合って生きていくことについて前向きに考えることができたか。

・「自分に何ができるだろうか」など、自分の経験を思い出しながら、社会に参画することを意欲的に考えることができたか。

・「これから～していきたい」と、具体的な内容を記述しているか。

　（発言、ワークシート記述）

9．実践の手引き

(1) 授業づくりのポイント

　教材名「加山さんの願い」にこめられているのは、多くの人の願いであろう。教師と生徒が主人公のセリフをやりとり（疑似体験）することで、ともに自分の気持ちを語り合い、考え、言葉にして表現することが授業の大事なポイントとなる。役割演技としてやりとりをするが、自然と思いやりのある温かい言葉のやりとりが出てくると、自分のことのように気持ちがほっとする。また、演技を見ている学級の生徒も同様に心温かい気持ちになるものである。田中さん役の教師が、加山さん役の生徒の気持ちを引き出すような切り返しの問いをすることで、授業がより深まると考えられる。

　また、学級が自分の気持ちを自由に発言できる環境であれば、全体の前でやりとりする場を多く設定する。そのような環境でなければ、隣の席の生徒とのペア演技や少人数での役割演技を実施するなど、生徒が安心して気持ちを出せるように適宜工夫する。

(2) 授業記録から

　① 導　入

　生徒に「どのようなボランティア活動を知っているか」を問うと、「地域清掃」や「復興支援」などの言葉が返ってきたので、実際にボランティア活動を体験した生徒にそのときの気持ちを振り返らせた。すると、「役に立てて感謝されるとうれしかった」「終わったときに爽快な気持ちになる」などの感想が聞けた。また、2年生での職場体験を振り返らせ、そのときの勤労の充実感や苦労を思い出させた。

　② 展　開

　教材理解をしたうえで、【発問1】で「加山さんはどんなことに気付いて、田中さんに『謝らなければならない』と思ったのか」を考えさせた。生徒からは、以下のような意見が出た。

- してあげるという気持ちで田中さんに接していた自分に気付いたから。
- 自分が何かをしてあげているという上の立場にいたかもしれないと思った。
- 自分だけいい気になり、相手の気持ちを考えていなかったことに気付いたから。
- 人助けだと思っていたはずが、相手にお礼を言わせてしまっていたから。

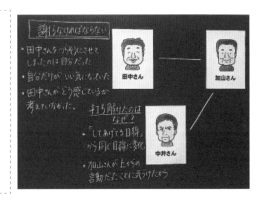

次に、【発問2】で、雨の中、主人公が立ち続ける場面を回想させ、田中さんにかける加山さんのセリフを考えさせた。生徒とのやりとりを以下に紹介する。

〈例1〉　田中さん役：教師、加山さん役：生徒

> （田中）　いつもすみませんね。
> （加山）　謝らないでください。謝らなければならないのは私の方だったと気付いたのです。気を遣わせてしまっていました。
> （田中）　いえいえ、お世話していただいて、本当にありがたいです。
> （加山）　一緒にいるのは楽しいのですよ。私の方がいつも元気をもらっているのです。そのことにやっと気付きました。

〈例2〉

> （田中）　いつもすみませんね。
> （加山）　こちらこそ、世話をしてあげている気になっていたようです。すみません。
> （田中）　いえ、実際にお世話になっていますから。
> （加山）　私は楽しんでやらせてもらっているのです。だから、お互い様なのです。

〈例3〉

> （田中）　いつもすみませんね。
> （加山）　今まで、私は自分だけが満足していたと思います。田中さんにとって、これまでの私の行いはどうでしたか。
> （田中）　いえいえ、お世話していただいてばかりで、申し訳ないだけです。
> （加山）　介護されている、しているという関係ではなく、友人のように思って声をかけてもらいたいです。
> （田中）　ありがとうございます。うれしいです。

生徒のセリフを受け、教師が合わせるように返答することで、加山さん役の生徒も田中さん役の教師も相手を気遣う言葉が出やすい。代表生徒数名に全体の前で実演させ、感想を聞くと、「対等な立場になれた気がした」や「お互い様なのだと思った」などが聞けた。また、実演することで、まわりで見ている生徒にも気持ちが伝わりやすい様子が見えた。

役割演技を取り入れることで時間がかかってしまうが、【発問2】で道徳的価値について十分に考える時

1．読み物教材の登場人物の自我関与が中心の学習　51

間をとることで、【発問3】につなげていくようにした。

最後に、「ともに支え合う社会をつくるには、人はどのように生きていかなければならないのだろうか」と投げかけ、この時間や役割演技を通して考えさせた。ワークシートには次のような記述がみられた。

- 自分のできることを進んで行う。お互いのことを理解する。
- 自分だけが満足するのではなく、相手が満足し、喜んでくれることをしていく。
- 見返りを求めずに人と接していけたらよいと思う。
- まずは近所の人だけでもいいから、相手のことを気遣って生きていく。一人から二人、三人…と広がっていって、みんなで支え合うことにつながると思うから。
- 人は一人で何でもできるわけではないから、誰か助けが必要だし、自分もまわりの人を助けて、互いに助け合いながら生きていくことを大切にしたい。

③ 終　末

【発問3】での生徒の意見をいくつか紹介し、本時の授業の感想を記入させた。

生徒A～Dからは、次のような感想が出た。

（A） 人と人とがともに支え合う社会の重要性を感じた。そういう社会をつくっていきたい。
（B） いつも相手の気持ちを考えて行動することが大切で、そういう人になりたいと思った。
（C） ボランティア活動など、身近なところから自分にできることをやって、小さなことでも誰かの助けになるようなことをしていこうと思った。
（D） 僕の老後（ちょっと遠いけど）、もし田中さんと同じような状況なら、僕も誰かを助けたいし、誰かに助けてもらいたい。助け合える社会ならいいなと思った。

授業の中で数名の感想を読みコメントする。また、全員の感想を紙面にまとめ、次回配布し、共有するようにしている。

「加山さんの願い」

❶加山さんはどんなことに気付いて、田中さんに「謝らなければならない」と思っただろうか。

加山さんが田中さんにかける言葉はどのような言葉だろうか。想像して記入しよう。

❷

友人の意見…

★感想

_____年_____組_____番　名前_____

1.　読み物教材の登場人物の自我関与が中心の学習　53

※生徒が、道徳的価値に結びつけることを意識しすぎないように、【発問2】はワークシートには記載せず、授業の流れに合わせて、「ともに支え合う社会をつくるには、人はどのように生きていかなければならないだろうか」と発問する。

【板書】

(3) 評価について

　生徒の学習状況の評価は、授業中の教師の観察とワークシートの記述から行った。現代の課題である高齢化社会や地域関係の希薄さを踏まえながら、生徒が自分にできることについて前向きに考え、実践しようとする気持ちを認め励ます評価を行う。これらの評価はワークシートに記述して生徒に返却している。

　生徒A、Bは授業への意欲はあるが、深く考え表現することが苦手な生徒である。また、生徒C、Dはさまざまな角度から考え、自分のこととして考えることができる生徒である。上記の生徒A～Dの感想に対しての記述を以下に示す。

（生徒A）単純な振り返りにとどまる場合

人と人とがともに支え合う社会の重要性を感じた。そういう社会をつくっていきたい。	⇒支え合う社会の重要性に気付けたことが第一歩です。次は中学生の今、できることは何でしょうか。

（生徒B）人との関わりに関する感想の場合

いつも相手の気持ちを考えて行動することが大切で、そういう人になりたいと思った。	⇒相手を思う気持ちがよりよい社会をつくることに気付けましたね。支えられる人になりたいですね。

（生徒C）具体的に行動に移したいと感じている記述の場合

ボランティア活動など、身近なところから自分にできることをやって、小さなことでも誰かの助けになるようなことをしていこうと思った。	⇒小さなことでも自分にできることをやろうとする気持ちが立派です。その積み重ねが、支え合う社会の実現につながることと思います。

（生徒D）自分事として想像している記述の場合

僕の老後（ちょっと遠いけど）、もし田中さんと同じような状況なら、僕も誰かを助けたいし、誰かに助けてもらいたい。助け合える社会ならいいなと思った。	⇒助けたい、助けてもらいたいと素直に言える社会をつくりたいですね。さぁ、中学生のときにできることからやってみましょう。

（4）実践へのアドバイス

　資料は、主人公と二人の老人の関係を対比して描かれているため、主人公の気持ちの変容がわかりやすい。そのため、教材理解のための発問に使う時間はなるべく短縮し、役割演技による模擬体験に十分に時間をかけたい。主人公の気持ちを想像しセリフを考え、（田中さん役の）教師とやりとりしながら、生徒が自分事として考えていくことが、本授業のポイントである。教師が生徒と語り合い、ともに考える役割演技を通して、生徒も自分の思いを素直に表現できるようになると考えられる。

　また、「人と人とが支え合う社会」をつくることを多面的・多角的に考えるために、グループで役割演技を交換して実演し、違った角度から考える時間をとってもよい。

　また、問題解決的な学習として実践する方法として、教材範読後に「加山さんの願いって何だろう」と生徒に投げかけ、登場人物の思いをそれぞれ出させ、生徒の発言から話し合わせてみるのも興味深い。ボランティアをする側、受ける側それぞれの立場から気持ちを考え、また違った社会参画の意識が深まるだろう。

（木下陽子）

2．問題解決的な学習

実践例 5 問題解決的な学習 ①

「問題解決的・協同的な学び」がつくる、自ら考え、他と議論する授業

1．対象学年：　小学校　第5学年

2．主 題 名：　「自由」は誰のもの？

　　　内容項目：　A［善悪の判断，自律，自由と責任］　C［規則の尊重］

3．ねらい

◎登場人物の言動から「自由」について具体的に考えることを通して、自由は、相手の考えを尊重し合う中にあることに気付き、責任ある行動への考えを深める。

○法や規則の意義を理解し、自他の権利を大切にし、進んで義務を守ろうとする態度を養う。

4．主題の設定

(1) 指導内容について

　自由は、誰もが求めるものであり、規則も互いの自由を守る意味があることに気付き、自由であるために、自分を律することが必要であることに気付かせていくようにする。

(2) 子どもの実態

　児童は、わがままな行動では、集団生活が円滑に進まないことを知っている。だが、自分を抑えきれずに勝手に振る舞い、周囲に迷惑をかけることもある。教材で自分の行動に伴う責任を具体的に考え、自分を律することで自由のよさがわかることに気付くようにする。

5．教材について

　教材：「うばわれた自由」（文部科学省『私たちの道徳　小学校5・6年』2014年）

　教材に力があり、読者に「自由とは？」と問いかけてくる作品だけに、問題解決的に扱うことにした。ジェラール王子とガリューの相反する人物を比べながら、「自由とは何か？」という大きなテーマに迫っていきたい。

56　第Ⅰ部「考え、議論する道徳」の指導法

6．「考え、議論する道徳」を実現する工夫

(1) 児童といっしょにつくる学習問題

　学習問題が、自分が欲する内容であれば、学習は主体性を帯びてくる。本実践では導入で、「自由にしたいことは何か？」と生活経験を引き出し、学習問題につなげていく。また、問題意識を感じるように教材の前半部分を提示し、感想を交流しながら児童と学習問題をつくっていく。生活から話題に入ることで「自由はどこまで許されるのか？」という素朴な疑問がわき上がり、教材への興味も抱くであろう。また、このような問題づくりは、児童が学習を考えるうえで自然な思考の流れをつくる。意欲を引き出すことに加えて、思考を途切れさせず、最初に抱いた疑問を学習展開でつくられる問題に生かすことにもつながる。

(2) 登場人物に自分を重ねる工夫

　「自由とは何か？」という抽象的なテーマをはっきりと理解するためには、具体的な行動や言動に置き換えることが必要である。王子とガリューの言動から二人の考えを比べ、「自由」を具体的に思い描いていく。そして、「登場人物は？」「自分だったら？」と立場を変えて考えることで、「自由」を「規律」や「責任」と結びつける大切さに気付くようにする。

(3) 児童の思考過程を大切にした展開

　次ページの指導案には、「活動」に対して、予想される児童の反応を詳しく示した。問題解決的学習のプロセスでは、児童と教師との対話が基本となり学習が進んでいく。授業設計の際に、発問に対して児童の発言を詳しく予想したり、児童の思考をねらいとする価値へと方向づけていくために、「どう切り返すのか？」と考えたりする授業準備がとても重要になる。

　指導案には、活動や発問（○）に対する児童の反応を載せながら、思考の流れを⇨で示している。王子への反発に対して、ガリューへの賞賛が予想されるが、「ガリューには自由はあるか？」などと問い返すことで、「自由」を具体的に思い描き、ねらいへと迫っていく。

　また、話し合いの場で生かすキーワードを設定した。ねらいに迫る大事な言葉を決めることで、児童一人ひとりの考えを尊重しながらも、意見の共通点を見つけ、結びつけながら、話題をつくっていく。補助発問（●）は、話し合いの流れに応じて使い分ける例である。

　このように、問題の解決に向かいながら、ねらいとする価値内容へと話題を向けていく。そこでは、教師がまず子どもの発言をじっくり聞き、理解することが何より大切である。

7．学習指導過程

	予想される活動と児童の思考の流れ（点線内はキーワード）	教師の支援（○）と評価（☆）
導入	**活動1**　「自由にしたいことは？」と問いかけ、ねらいへの関心を引き出す。 ・いつまでもゲームをしていたい。 ・夜遅くまで遊んでみたい。	○「自由にしたいこと」を発表させ、教材への興味を引き出し、問題の具体化に生かす。
展開	**活動2**　「うばわれた自由（前半）」を読んで、思ったことを出し合い、今日の問題をつくっていく。 ○感想を教えてください。考えてみたいことはありますか？ ・王子を叱るなんて、ガリューはとてもすごいと思う。 ・ガリューの忠告を素直に聞けなかったのはなぜか？ ・王子ならきまりを変えてもいいのではないか？ 　話し合いのキーワード 　　　　番人の仕事　王子　きまり　自由　勝手	○教材の前半（ガリューが捕まるまで）を提示し、互いの感想や疑問を拾い上げ、問題をつくっていく。 ☆教材に自分の疑問や考えを持てたか？
問題づくり	王子だからといって好き勝手にきまりを変えてもいいのか？　これは、本来の自由とは、違うと思うが…？ ↓ **活動3**　問題の解決に向かって話し合う。 （予想問題例） 　　　　自由にきまりはどこまで必要か？	○必要に応じて問い返し、話題をねらいへと向かわせ問題解決へ進む。左の補助発問●は例であり、子どもの反応に応じ「自由とは何か」を話し合っていく。
問題解決	●ジェラールとガリューでは、どっちが自由なのでしょうか？　また、二人の「自由」はどう違うのでしょう？ ・ジェラールは、やりたいことを好きなときにやっている。これは、わがままであって自由とはいえないと思う。 ・自由にやるといっても、好きなだけやっていいのか？ ・ガリューは、自由には自分を抑える責任もあると思っている。でも、王子に逆らうことまで仕事の責任を感じる必要はあるか？ 　話し合いのキーワード 　　　　きまり　自由　勝手　好きなだけ　まわり　責任	○ジェラールとガリューの双方の立場から話し合い、「自由」を具体化する。 ○話し合いでは、教材中のキーワードを使い、意見をつなげ話題をつくっていく。例えば、ガリューへの賞賛は

王子への疑問・反発 ・わがまま勝手が自由とは思えない。 ・自分だけの自由では、まわりが迷惑でたまらない。	ガリューへの関心・賞賛 ・門番として、王子に意見する責任感がすごい。 ・ガリューのように振る舞う責任感は持てない。

活動4　資料の後半を提示し、「自由とは何か」について自分の考えを持つ。

○涙をこぼした王子は、どんな気持ちなのでしょうか？
・ガリューの言葉を受け入れ、わがままをしなければよかったと後悔し、とても悲しがっている。
・王子だからこそ、きまりを守らなければいけなかった。

◎「本当の自由」とは、どんなことだと思いますか？
・「自由」とは、「わがまま」とは違う。自分と同じようにほかの人にも自由があると考えて行動することだと思う。
・「自由」は「責任」とセットだ。自分の行動が迷惑になってはいけないし、責任を考えて行動するのが大事。
・ついわがままを言ってしまう。友だちやまわりの人の話を聞いて、やりすぎないように考えることが大切だと思った。

活動5　学習を振り返り、学んだことをまとめる。

○今日学んだことを振り返ってみましょう。
・ほかの人といっしょにそれぞれのやりたいことを考えることが、「自由」だと気付いた。

――

「仕事への責任」ととらえ、王子への疑問は「勝手」「自由の勘違い」などと置き換えることで異なる意見とつなげ、共通の話題としていく。
○教材後半を読み、王子の後悔を考え、問題解決の助けとする。
☆自由や規則について自分の考えを持ち、話し合いに参加したか？

○「自由」について板書を参考にワークシートに書かせ、自分の考えがつくれるようにする。
☆ジェラールとガリューの二つの立場から「自由」を考え、自分の意見を持てたか。
○学習を振り返り、生活につなげていく。

8. 評価

　「自由」について、まず自分の考えを持つことが大切である。発言やワークシートなどで評価したい。特に授業後半の記述は、前半との変化をみる材料になる。本時では、書かせるときに、板書にある赤や青のキーワードを積極的に使ったり、拠って立つ人物に目を向けたりすることを勧める。話題がはっきりとし、授業での自分の考えの変容も見やすくなる。

9．実践の手引き

(1) 授業づくりのポイント

　問題解決的学習は、「自ら主体的に学ぶ姿」を目指すものの一つに掲げている。自ら答えをつかみ取ろうという意欲を持つことは、生活をよりよくしようという姿勢につながる点で意義がある。

　しかし、注意すべきことは安易な問題設定をしないという点である。授業で教材を読ませ、求めていた数名の意見を取り上げたのでは、授業はみんなのものにはならない。ある発言がねらいへと迫るものであるなら、その問題意識をまわりの子どもにどう広げるかが大事な指導のポイントとなるのである。

　同様に、「主体的に学習する」ことと「協同的な学び」にも距離がある。ただ興味半分で取り組むときは、協同作業は必要とはされない。「なぜ」との思いから、「自分だったら」と話題との接点を見つけ、自分の生き方を問う必要を感じるからこそ、他の人の考えを聞き、重ねたり、比べたりして解決への道を探らねばならない。

　授業づくりの大切な視点は、教材や事例から見いだされた問題を他人事としてではなく、児童自身の問いとして意識させることである。つまり、教材中の人物と自分、友達と自分の考えのズレを浮きだたせることで、「考えたい」という欲求が生まれ、自らの道徳観や心情も耕されるのである。

　そのために、話し合う話題が、児童にとって価値あるものになる教材選択は大切である。

　本実践の「奪われた自由」は難しいテーマだと思えるが、生活の中でも自由であるよさや不自由への抵抗は、児童は生活の中で感じ取っている。この生活との接点が生まれれば考える必要は生じてくるといえる。

　また、板書を構造的に組み立てることも重要である。「今、話題は何なのか？」「それには、どのような立場や考えがあるのか？」を示すために、学習問題を板書の中央に大きく書き、王子、ガリューの挿絵を左右の両端に置いた。

　そして、児童の発言をていねいに聞き取ることも基本である。複数の児童の意見をつないでいくうえで、「キーワードを生かし、どの話題で語っているのか？」を考えて話し合いを進めたい。詳しくは、実践記録を見ていただきたい。

　道徳的な問題は、深く考えれば自分との対話であり、それは、ほかの人と話し合い、比べ照らし合うことで考えが深まり、自身の実になるのである。だから、「問題解決的・協同的な学び」は、当然、自ら考え、他と議論する授業と重なるのである。

60　第Ⅰ部「考え、議論する道徳」の指導法

(2) 授業記録から

　授業のはじめに「自由にしてもよいといわれたら、どんなことがしたいですか？」と問いかけた。子どもたちは、自分の生活を思い返し、「不自由さ」を見つけ出した。

C　ゲームを時間も気にせず、いつまでもしていたい。勉強もしないで！
C　僕は、夜までいつまでも好きなことをしていたい。ずっと遊んでいたい。

　これらは、日常の生活の中でのきまりを示している。子どもたちは、自分に対する縛りをなくしたいと感じ、好きに振る舞えることを「自由である」とイメージした。これは、ジェラールにも通じる問題への手がかりとなりそうである。

　その後、教材を提示し、範読した。示したのは、「ガリューが捕まるまでの前半のみ」とし、教材に子どもが疑問を抱く工夫をした。感想を尋ねると…、

C　いくら番人の仕事とはいっても、王子を叱るなんて、ガリューはとてもすごいと思う。
C　でも、ガリューの忠告を王子が聞けなかったのはなぜだろうと思った。
C　それは自惚れたからだと思う。王子ならきまりを変えてもいいと思っていた。でも、それは許されないと思う。

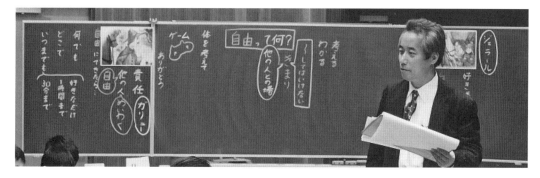

　教材から子どもたちが「自由」という価値を受け止めているのがわかった。そこで、あえて王子側からの問いを投げかける。

T　だけど、王子が国のきまりをつくったんだから、自由にしていいんじゃない？
C　いくら王子といっても、何でも許されるというわけではないと思う。ほかの人にも自由があるから…。

　王子へと目が向けられたので、ガリューの立場から「ガリューには、自由はあるか？」と問い、考えさせた。このように立場を変えて物事を見つめさせる場は、子どもに多面的な思考を身につけさせるうえで有効である。

C　あまりないと思う。やらなきゃいけないことばかりだから。心の中では、もっと自由ならいいのにと思っているんじゃないかな？

2．問題解決的な学習　61

C　私は、ガリューにも自由はあると思う。何でも好きなことができるわけではないけど、ガリューは自分で決めて行動しているから。

T　つまり、自由は好き勝手な行動をするのではなく、自分で自由の中身を考えることが必要なんだね。すると、今日考えることがみえてきましたね。「自由は、どこまで許されるのか？」ということでいいかな？

C　うん（多数がうなずく）

　教材の感想を自由に言わせたが、二つの立場からの意見を聞くことで、「自由は、好き勝手とは違う」「きまりごとばかりでは自由とはいえない」という対立軸ができてきた。ここが学習問題のつくりどころである。「自由ときまりの境界線をどこに引くのか？」という具体的な学習問題のイメージができた。

　学習問題は大きく「自由とはどのようなことをいうのか？」という流れになった。子どもたちは、「自由とは、好き勝手にやっていいということではない。責任が伴う」という考えから、「自分ばかりでなく、ほかの人にも自由はある」「ほかの人のことも考えて行動することが大事だ」とまわりにいる相手のことを語り始めた。

　こうして自分から他者へと視点を変えることは、考えを広げる反面、表面的なあいまいな内容にもなりがちである。「ほかの人にも同様に自由がある」という考えと「自分はどう行動するのか？」ということにはまだかなりの距離がある。そこで、教材へと話題を向け、より具体的に考えていった。

T　ジェラール王子はほかの人のことを考えなかったからいけなかったんだね。

C　いくら王子とはいえ、国のきまりは守らなきゃいけない。

　ここで、「きまり」ということが話題にのぼってきた。「きまり」とは、あらかじめ決められた他律である。話をより具体化するため、導入で出された「自由にしたいこと」へと話を戻す。

T　はじめに「ゲームは30分」という家のきまりが出されたね。30分でよいという人は？

C　（$\frac{1}{3}$が挙手）

C　「1時間でも足りない！」「もっと欲しい！」と思う人も大勢いるね。

C　それは…、もっと多い方がいいし、自由に好きなだけできたらなおいいよ！

T　すると、「ほかで決まったきまりを守って、自由はその中でする！」と約束できな

いね。

C　自分で決めて納得するのが大事かな？

　大人と違い子どもは言葉をイメージせずに使うことも多い。一見無駄のようにみえるこうした生活体験を語る場は、自分と問題を近づけ、「自由ときまり」をより実感あるものにする。他者の自由を認めることの難しさに注目してきた。

　この難しい話題を進めるために、教材の人物に戻り、具体的に「自由」を考えていく。教材の後半を読み聞かせ、「涙をこぼしたジェラール王子の気持ち」を考えた。後悔する気持ちを語る中で、「なぜ、ガリューの言葉を聞き入れることができなかったのか？」と問いかけると、「自分のやりたいという思いが抑えられなかった」という意見から、「自由」においては、「難しいけれど、自分で自己を振り返ることが大切」という考えがふくらんでいった。「自由」を「自律」「責任」という面から考えていったのである。

　こうして、子どもたちには、「自由」は、きまりとともにあるものという考えから離れ、自分で考えつくり出すものという視点が生まれてきた。このように、難しい問題に対して、新しい視点が生まれたときには、じっくりと自分の考えを振り返させるといい。最後に、ワークシートにじっくりと「自由とは何か」に対する考えを書かせた。どの子も一生懸命に自分の考えた「自由」について綴っていた。書かれた考えは以下のようである。

- 自由は、好き放題することではなく、自分でやりすぎない自由を考えるべき。
- 自由と勝手の間（境界線）は人によって違うから、よく自分で考えることが大事。
- ジェラールは自分にけじめがついていなかった。だから、自分勝手にならないように、自分のルールを自分で決めて、人に迷惑をかけないように行動することが大事だと思う。
- 好きなことをしているときはなかなかやめられないけど、十分だと感じたらやめたらいい。そうすれば、やりすぎたり、迷惑をかけることはないように思う。
- どこかで「やめた方がいい」というサインがあるのではないか？　その声を聞き、ストップをかけることが大切だと思った。
- 自分と同じようにほかの人にも自由はある。だから、まわりを嫌な思いにさせないようにするのが自由だと思う。
- 自由とは、きまりがあればそれを守りながらというのもあるけど、大切なのは、自分で自分を抑えたりできるように考えることだと思う。
- 自由にするというのは、ほかの人の自由も認めて大切にする責任とセットだとわかった。
- きまりや責任もあるけど、自由ということは、自分で考えてつくるものだということに気付いた。ぼくも、生活の中で自分の行動を振り返っていきたい。

最後に板書を振り返りながら、「自由」とは、わがままとは異なり、まわりのことも含め、自分で考えることを確認し授業を終えた。右頁のワークシートからわかるように、「わがままではなく、まわりに迷惑をかけない自由」という漠然とした考えが、「自分を見つめ、ときに自分を振り返り、節度を持つ」という具体的な理解へと変わっていった。「自分と他者」「他律と自律（自由ときまり）」という異なる視点から子どもたちが考えを深めたことは、自分の考え方や道徳的価値観を培い、自分の中に多角的・多面的な思考を持つことにつながると考える。

　以上のように、授業で考える問題を子どもの声からつくり、その解決に向けて教師と子どもたちがともに歩めたことが、「知りたい」「解きたい」という子どもの意欲を持続させたと考える。問題解決的学習は、子どもの主体的な学習への取り組みや多様な思考を引き出すのには、大変有効であると実感した実践であった。

(3) 評価について

　以上述べたように、問題解決的学習では、解決過程がまっすぐ進むのではなく、ときに問題から離れることもあり、教材の話題に戻ったり、児童の生活体験に置き換えたりしながら、問題の糸口を見つけ、少しずつゴールへと歩んでいくことが多い。

　本実践で、児童Aは、授業のはじめから「自由は、わがままではない。まわりの自由も尊重すべき」という考えを示していたが、意見がやや表面的なように思えた。話し合いでは、ジェラール王子やガリューの立場で考えたり、友達のゲームの話題で考えてみたりすることで、自分を抑える難しさがイメージできてきたようだ。すると、発言が、「○○すべき」「○○だ」という言い切りから、「自分のわがままが出てしまうかも…」「十分だと思ってもすぐにはやめられないかもしれない」という言い方に変わり、自己の生活と照らし合わせ、自由を「自分との対話」の中で深めていた。発言の内容ばかりでなく、右頁のワークシートにも「自由は満足の少し手前」と具体化してとらえている。話し合いに時間を割かれるので確保は難しい面はあるが、「書く活動」を短くてもいいので積極的に授業に組み込むことは、評価のうえで有効である。授業の最後に、板書を読み返しながら学習を振り返ることで、自己の学びを自ら評価することもできる。

(4) 実践へのアドバイス

　授業では、「児童と問題をつくる」ことから授業を進めた。問題解決的な学習では、学習問題を教師から与えることもあれば、児童からつくり出すこともある。前者では、与えられた問題に対して、児童自身が魅力を感じたり、「考える必要があるな」と思えることが大切である。また、後者は、教材や教師の問いかけに対して、「知りたい」「解決したい」と感じた児童の考えを、数名の個人作業ではなく、クラス全体の児童にとって「考える価値がある問題」であることを共通理解していく。この意味で、問題づくりは、その出自なのではなく、「問題を子どもたちがどうとらえるか？」という視点で授業づくりをするという教師側の課題なのである。

　その際、問題が、共有化されるためには、いくつかの前提条件が生まれてくる。

- 「一人の問題は、みんなの問題」という「友達と考える意義」を子どもたちが体験的に積み重ね、知っていること。
- 問題解決の手法（話し合い、役割演技、集団による討論など）は、一つではないことを理解し、互いに意見を出し合う中でよりよい考えを見つけ、自らの考えを広げたり、深めたりできること。
- 問題を解決する過程で、新たな問題がみえてくることに気付いていること。

　これらのことを道徳を含むすべての教科で育てていくことが、主体的に考え、協働しながら議論する道徳授業をつくるのである。

いままで王子の考えていた自由は勝手で、考えなおした後の自由は一言でいうとそのまま自由。くわしくいうと決められたはんいの中で自分で責任をもって、さらにまわりの人のことを考えて好きなように行動すること。
でも、自由と勝手のさかいめは人によってちがう。だからみんなで考えてら自由も人によってちがってもむずかしかった。自由は満足の少し手前のライン。

（星　直樹）

| 実 践 例 6 | 問題解決的な学習 ② |

子どもの「問い」による「探究の対話」で学ぶ

1．対象学年： 小学校 第6学年

2．主 題 名： 命をいとおしんで ―生命の尊重―
内容項目： D ［生命の尊さ］［よりよく生きる喜び］

3．ねらい

　子どもの問いから始まる対話を通して、生命のかけがえのなさへの理解を深め、よりよく生きることへの自分の考えを持つ。

4．主題の設定

(1) 指導内容について

　よりよく生きるためには、生きることの喜びや楽しみを感受し、生きていることへの感謝の念と自他の生命を尊重することが必要であることに気付かせる。同時に、生きることのつらさや命には限りがあることを理解し、命の重さについても深く考えさせたい。

(2) 子どもの実態

　「命はかけがえのないもの」「生きていることへの感謝の気持ちが大切であること」は、言葉としては認識しているが、「困難をどう乗り越え、どのように生きたらよいのか」については、実感を伴った理解ができていない面がある。「子どもらしい夢と希望」を持てずに、負の思考を余儀なくされている環境に育つ子どももいる。

　対話を通した学習については、これまで、国語科や総合的な学習などで取り入れており、子どもたちは対話することのよさを実感している。

5．教材について

　本時は、主題（命をいとおしんで―生命の尊重―）をめぐって、子どもたちが立てた問いと対話を中心に授業を進める。本時で使用する教材は、文部科学省『私たちの道徳 小学校5・6年』中の「3 命をいとおしんで (1) 自他の生命を尊重して」より、「自分の

命を見つめてみよう」と「かけがえのない命『命てんでんこ』」である。対話の後に「命てんでんこ」を各自が読み、本時のまとめを行う。事前に、子どもが「自分の命を見つめてみよう」の内容について家族に取材し、書き込みをすることで、本時の主題「生命の尊重」について、自然なかたちで自分を振り返り、これまでに関わってきた人々の思いを確認することができる。

6.「考え、議論する道徳」を実現する工夫

(1)「探究の対話」を活用する

> 本時は、「『私たちの道徳』による事前学習→ 問いの探究→ 教材『命てんでんこ』を読む→ まとめを書く」という流れである。家庭学習と朝自習の時間を活用した事前学習を経て、本時は対話から始める。

「探究の対話」とは、対話することによって、思考を深めていく手法である（詳細はp.69以降参照）。円座になって対話をした後に教材を読むことで新たな視点を見いだし、さらに考えを深め、自分の問いを確認し、自己解決に向かうことが可能となる。

(2) 子どもの問いから始まる問題解決的な学習

本時では、子どもの立てた第1の問いについて「探究の対話」を進め、教師の判断で第2の問いを提示する。第2の問いは、対話をより深めるための問いであり、子どもから事前に出された問いの中から選択するか、対話の流れから判断して、思考を深めるために必要であると教師が考えた問いを提示する。第1の問いを立てるのは子どもである。初めて問いをつくる際には、具体的な問いの例を示す必要がある。回数を重ねることで、自分の考えや疑問、思いを、問いのかたちに表現できるようになる。さらに、話し合う価値のある問いを選択する力がつく。

(3) ルールに守られた安心感の中での対話

子どもたちは、相手の考えを決して否定しないという「探究の対話」のルールによって保障された安心感の中で、対話を通して自己解決していく。「対話によって多様な考えを知り、自己内対話をする」ことを繰り返していくことで、本時のねらいに迫ることができる。相手の考えを受け止め、疑問に思ったことは発言したり、質問したりする。激しい議論のやりとりではないが、深い自己葛藤の表出でもある。安心感の中で生まれる多様な考えは、新しい見方として取り込まれるもので、互いの自己肯定感につながり、これは自己解決から道徳的な実践力へと移行していく際の道標となる。

7．学習指導過程

	主な学習活動	指導・支援の手立て
事前学習	〈家庭学習〉 ①自分の生い立ちについて家族に取材し『私たちの道徳』に書き込む。 〈朝自習〉 ②各自が問いを立てる。 〈ワークシート１〉 ③教師が選んだ４つの問いの中から、多数決（一人２回挙手）で本時の問いを決める。 ④本時の問いについて自分の考えを書く。	○家族に取材することで、自分の生い立ちを<u>振り返ったり</u>、自分に対する家族の思いを<u>確認したり</u>する機会になる。 ○「生命の尊重」について学習することを知らせ、クラスの友達と話してみたいことを問いとして挙げさせる。この際、なぜこの問いにしたかという<u>理由</u>を明確にさせておく。 ○４つの問いを選択するにあたっては、本時のねらいに沿っていることが大切であるが、「同じような問いが複数ある」「学級の実態から判断して話し合わせたい」「これまでと違う切り口から対話が始められ深められると予想できる」などの点も考慮に入れて決定する。毎回同じ子どもにならないように、誰が出した問いかについても把握しておくとよい。
導入	1　本時の学習を確認する。 「命をいとおしんで―生命の尊重―」 　　　　　　　　　　　　　　（板書） ◎「いとおしむ」とはどんな意味ですか。（「大切にする、心から愛する」を確認する。）	○本時の学習内容を板書し、言葉の意味を確認する。「いとおしむ」という言葉を聞くことはあり、およその意味や感覚的な印象は把握できるが、違う言葉での表現は難しい。経験を想起し「命をいとおしむ」ことと「生命の尊重」の意味を関連づけられるようにする。
展開	2　子どもたちが決めた問いをもとに「探究の対話」を行う。（問いを板書する） 　　第1の問い（例） 　命を大切にするとは 　　　　　　どういうことか。	○問いを出した子どもを指名して、対話を始める。この際、<u>問いを立てた理由</u>と問いに対する<u>自分の考え</u>もつけ加えて話すように指示する。 ○挙手をしている人、または、挙手をしていなくても考えを聞いてみたい人を次に指名するよう助言する。 ○「生きているだけで命を大切にすることになるか」「生きていて嫌になることはあるか」「その

| | 3　教師の出した第2の問いをもとに「探究の対話」を行う

┌─── 第2の問い（例）───┐
│　誰のために
│　　命を大切にするのか。
└────────────┘ | ときはどうすればよいと思うか」など<u>子どもの</u>
<u>問いとして出されたことが対話の中に生かさ</u>
<u>れる</u>よう必要に応じて発言を促す。
○対話の様子を見ながら、教師が第2の問いを出
す。「探究の対話」の方向について事前に予想
を立て、第2の問いを用意しておくが、実際の
様子に合わせて柔軟に判断する。例では、「感
謝する」という子どもの言葉が、どんな生き方
につながるのか、また自分が幸せだと実感する
ことの大切さについて、つらいことやわからな
いことも含めて深く考えさせたいということか
ら第2の問いを提示した。 |
| 終末 | 4　話し合いを振り返る。
・各自「命てんでんこ」を読んで、本時のまとめを〈ワークシート2〉に書き、感想を発表する。
・「探究の対話」の自己評価をする。 | ○誰のどんな考えで自分の考えが変わったかも書くように促す。<u>めあてに沿って深く考えていた</u>
<u>り、考えに変化があったりした</u>感想を発表させる。自己評価が低い場合は、理由を聞くことが子どもを理解することにつながる。 |

8．評　価

育てたい子どもの姿	○命を大切にすることについて経験と照らし合わせて考え、発見したことを言葉で表現する。 ○自分の考えたことを今後に生かしたいという高い意欲がある。
本時の評価視点	○「命を大切にするとはどういうことか」について、考えを深めることができたか。 ○学習から今後に生かしたいことを具体的に考えることができたか。
評価方法	○発言、表情、ワークシート、挙手による自己評価（発言できたか、友達の考えを理解できたか、「探究の対話」をして考えが深まったか。）

9．実践の手引き

(1) 授業づくりのポイント「探究の対話」について

① 「探究の対話」とは

「探究の対話（philosophy for children：子どもの哲学）」はアメリカのM.リップマンが開発した哲学対話である。仙台市立八本松小学校では、平成25年度からハワイ大学のT.ジャクソン博士による学校教育での取り組みを原型に、教育課程（国語、特別活動、生活科、道徳等）において試行的な実践を重ねてきた。

学校経営に取り入れた理由は、以下の3点である。

ア）被災した仙台の子どもたちの「生き方教育」とするため
イ）子どもの思考力を育成するため
ウ）教員同士の学びのコミュニティをつくるため

「探究の対話」の重要なエッセンスは、子どもが「問い」を立て、「問い」を探究するために、子どもと教師が円座になり、対話を通して内容を掘り下げながら、互いの考えを深めていくことにある。その学習スタイルの基盤は、「何を話しても否定されない。まわりの人がしっかり話を聞いてくれる」という安心感である。

② 「探究の対話」の学習ルール

「探究の対話」を始める前にルールを確認することは、安心感を保つことにつながる。

Ⅰ　「コミュニティーボール※」を持っている人だけが話す
Ⅱ　友達が発言しているときは、友達の気持ちを考えながら聞く
Ⅲ　意見を聞いてみたいという相手やまだ発言していない人にボールを渡す
Ⅳ　ボールをもらっても考えが浮かばないときは、次の人にパスすることもできる
Ⅴ　「探究の対話」を深める言葉を使って考えを掘り下げていく

※　コミュニティーボールとは
　　コミュニティーボールは、ラップの芯やリレー用のバトンなどに毛糸を巻きつけ、ぽんぽりを作る要領で、結束バンドでしばり、ハサミで切って作る。年度や学期のはじめなどに、一人ずつ自己紹介などをしながら、クラスのコミュニティーボールを作る。

③ 「探究の対話」を深める言葉

〇なぜですか　〇確かめたいのですが　〇本当ですか
〇もう少し詳しく話してください　〇例えばどんなことですか
〇でも〜ということもありますね

子ども同士の考えをつなぎ、理解や思考を深める役割を果たす言葉である。対話の際に

円座の真ん中に並べ、子どもが自分の考えを深めたり友達の考えに質問したりするときの手がかりとすることができる。対話の中で「質問!」と挙手するより柔らかい雰囲気をつくり出すことができると同時に、何を聞きたいのかが相手に伝わりやすいという利点がある。

④ 期待される効果
- 子どもが自ら問いを立てることから、より主体的に学ぶようになり、課題を見つける力や探究心が高まる。
- 「対話による探究」という学び方を経験することから、対話的な学びを身につけ、課題を解決する力が育つ。さらに、自己の生き方について深く考えるようになる。

⑤ 「探究の対話」を活用した学習指導過程

教材や教師の説話をどこでどのように使うかによりさらにバリエーションが考えられる。

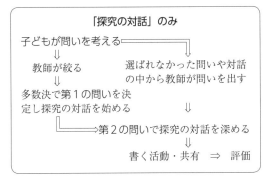
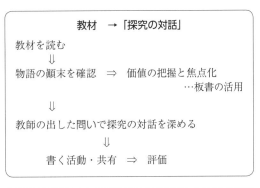
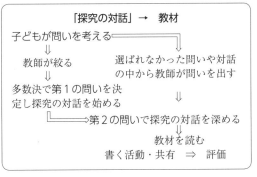
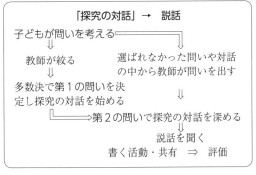

(2) 授業記録から

① 「命を大切にするとはどういうことか」(第1の問い) を子どもが決定するまで

教師の指示(朝自習など) → 回収・内容把握
　次回の道徳では、「生命の尊重」について学習します。このことについてふだん疑問に思っていることやクラスの皆と話してみたいことを〈ワークシート1〉に書いてください。

子どもから出された問いは表1に示すとおりである。これらから推察して、社会や家庭

生活上の問題があり、日常の生活の中で自己有用感を持てずにいる子どもが数人いると感じた。「命を大切にすること」「生きるすばらしさ」について夢や希望が欠けているのではないかという教師としての不安もある。しかし一方で、子どもの願いが表出したととらえることもできる。

　「生命の尊重」を学習するにあたって、「生きることへの姿勢」「不安」「希望」という子どもたちの本当の姿と向き合うことが期待できる問いを教師が4つ選び、子どもに示した。子どもたちは、多数決で第1の問い「命を大切にするとはどういうことか」を決定した。

> **〈ワークシート1〉**
>
> ### 道徳で探究の対話
>
> 　　6年　組　（　　　　　　　　）
>
> 1　学習内容…生命の尊重
> 2　テーマ…生きることのすばらしさ
> 3　問いを考える
> ○クラスの皆と話し合ってみたいことを書きましょう。（悩んでいること、考えていること、聞いてみたいことなどを理由とともに書きましょう。）

　〈ワークシート2〉に本時の問いとそれに対する自分の考えを書く。それぞれが第1の問いに対する自分の考えを持って、本時の「探究の対話」に臨むことになる。ワークシートを一度回収して、どのような意見が多いのか把握しておくことで、教師は第2の問いを想定することができる。

子どもから出された主な問い（＊下線は教師が選んだ4つの問い）

> ①生きていてすばらしいと感じたことは何か　　②生きることはなぜすばらしいのか
> ③生きることとは何なのか　　④なぜ生まれてよかったと思うのか　　⑤命はなぜ大切なのか
> ⑥生きていていいことはあるか　　　⑦生きていていやになるときはどんなときか
> ⑧人間に生まれてよかったと思うときはいつか　　⑨命を大切にするとはどういうことか
> ⑩人生を楽しく生きていこうと思うのはなぜか
> ⑪いつ殺されるかわからない状況の人のことをどう思って生きればよいのか。

②　ルールを確認して「探究の対話」を始める

　決定した問いを出した子どもから話を始める。問いを立てた理由（家族などまわりから「命を大切にしなさい」とよくいわれるが、実際にどうすることが命を大切にすることなのか、具体的にはいわれたことがないので、皆の意見を聞いて考えてみたいと思った。）と、自分の考え（いろいろな人に感謝の気持ちを持って生きていくことが命を大切にすること）を発言させ、その子どもが選んだ次の子どもにコミュニティーボールを渡した。

Ｃ：相手が傷つくようないじめをしないで、相手に親切にすることだと思います。なぜな

72　第Ⅰ部「考え、議論する道徳」の指導法

ら、相手に親切にすれば、相手は気持ちよく生きていけるからです。

C：「命を大切にする」ことは相手を支えながら生きていくことだと思います。私を生んでくれた両親や育ててくれた人が、生きていることを陰で支えてくれているおかげだからです。

C：明るく生きることだと思います。理由は、母からもらった命だから、明るく生きたら母へ感謝できます。また、明るく生きれば、嫌なことがあっても乗り越えていけます。

③　第2の問いを出す

「感謝」「親切」「周囲の支え」など、どう生きることが命を大切にすることになるのか、予想されるような意見が出揃ったところで、第2の問い「誰のために命を大切にするのだろうか」を出す。「誰かのために生きること」は大事なことであるが、それだけでよいのか、第2の問いを提示して「命を大切にすること」を自分自身の命としてとらえ直すことで、思考をさらに掘り下げたいと考えた。

C：母親など生んでくれた人への感謝のために生きるというのは、ちょっと変だと思います。死んでしまうとまず自分がそこで終わってしまうので、やっぱり自分のためだと思います。

C：未来のためだと思います。例えば、このクラスにいる25人の中で、将来未来を変えていく人が出るかもしれない。自分のためでもあるし、未来を変えるためでもあります。

C：自分のためだと思います。理由は、せっかく一つの命を授かったのだから、これから先、つらいことや楽しいことがいろいろあるだろうけれど、その気持ちを味わえるのは、その時しかないので、自分のために命を大切にしていくのだと思います。

④　各自教材を読んで、本時のまとめの感想を書き、全員で振り返りをする

教師は、どんな考えが出たかについて大まかに確認をするが、結論を一つにまとめることはしない。「命てんでんこ」を黙読させ、その感想も含めて、各自が振り返りをし、「命を大切にするとはどういうことか」についてもう一度ワークシートに書くことが大切である。教師が指名し、数名に感想を発表させた後、全員でハンドサインを使って本時の「探究の対話」についての評価も共有させる。これは、次の道徳の時間の学習の質を高めることにもつながると考えている。

(3) 評価について

子どもの感想に、「自分の考えがどのように変わったか」「どのように深まったか」そして、「今後どのように生活したいか」が具体的に書かれていることを評価したい。さらに、「探究の対話」についての自己評価も次時への参考にしたい。

A児：自分の考えを持っているが、進んで人前に出たり発言したりする子どもではない。

（感想）いろいろな人やものに感謝することが命を大切にすることだと考えていたけれど、動物や植物の命も大切に守ること、人に優しくすることなど、大切にする方法はたくさんあることがわかった。中でもMさんの悔いがないように生きるという考えが一番心に響いた。いろんな方法で命を大切にすることはできるけれど、自分が悔いのないように生きることが一番大切だと思った。私は命の終わりが来るまで命を大切にしたい。

（教師の記録）命を大切にする方法について考えを広めることができた。さらに、友達の考えをもとに悔いのない生き方をしたいという思いを持つこともできた。

B児：本時の第1の問いを立てた子どもで、ふだんは皆の前で発言することが少ない。

（感想）自分の立てた問いを皆が真剣に考えてくれてうれしかった。命を大切にするということは親戚や家族を悲しませないように自分の人生を生きていくことだとこの話し合いで思った。皆の意見を聞いて、自分のためだけではなく、父母に感謝を伝えられるように生きていきたいと思った。命を大切にすることは感謝を伝えられるように生きることだと思う。

（教師の記録）対話を通して自分の問いに答えを出すこと、さらに命を大切にする具体的な生き方について考えることができた。

教師の記録は個人別に蓄積しておおくくりの評価に生かしたい。使用したワークシートは、個人のファイルに入れておく。子どもたちは、時々ファイルを開き、これまでに書いたことを振り返る。これは皆で出した問いについて本気で考えた足跡として1年間（または6年間）の積み重ねを感じる機会になる。そして、「今ならどう答えるか」再び考えるきっかけにもなる。

〈C児のワークシート2〉

道徳で探究の対話

〈今日の問い〉
　命をたいせつにするとはどういうことか。
〈自分の考え〉
　大人に育っていくこと（病は除く）。
　理由は子どもで人生が終わってしまえばあまり大切にするとは言いにくいと感じたから。
〈探究の対話が終わって〉
　本当に命は大切なんだとあらためて実感した。親が生んでくれて本当に感謝している。みんなの意見を聞いて、自分のために生きている人もいれば、みんなのために生きているという人もいた。ぼくは、この話し合いで、本当に命を大切にし、友達に優しくしようと思った。
自己評価　①自分の考えを発表できたか（◎）
　　　　　②友達の考えを理解できたか（◎）
　　　　　③話し合いをしてよかったか（◎）

（教師の記録）日頃から、大人に育っていくことは、それほど楽なことではないと感じている子どもである。自分の環境を踏まえた中でも、さらに深く「命を大切にする」意味について考えることができた。

(4) 実践へのアドバイス

なぜ「探究の対話」を取り入れるか。⇒ 子どもと向き合い、生きることをともに考えるためである。

① 「探究の対話」で大切なことは「安心感」…聞いてもらえる、否定されない

「探究の対話」を行った教師の多くは、子どもの姿がよく見えるという感想を持つ。安心感の中で対話することで、話したい聞きたいという子ども、相手を尊重する子ども、互いの発言が思考を促し思考を深め、思考することを大切にする子ども、生きることについて真剣に考える子どもの姿を見

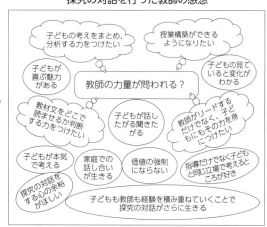

ることができる。これらは、やがて、道徳的な実践力が向上している子どもの姿と重なる。「探究の対話」のルールを尊重することが鍵である。

② 子ども自身が選んだ問いで「探究の対話」を行うことは、道徳的価値について主体的に考えようとする意欲の向上に影響する。

③ 第2の問いで子どもの主体的な思考は深められる。

第2の問いの後の発言は、「自分がどう生きるか」を本時の中で自己解決しようと問いに向き合った結果である。教師の出した第2の問いがあることでより深い思考を経て答えが導き出されるのである。第2の問いは、「切り返す」役割を持つ必要がある。

④ 教材を読み、これまでのことを家族とともに振り返ったり確かめたりする事前の学びを学習計画に設定する。高学年ともなれば、読み取りは一人読みで十分であると考える。一つの教材から読み取れる価値よりも子ども自身が問題として抱えている角度から価値をとらえ直す方が、より実感のある主体的な学びになる場合もある。

⑤「探究の対話」の後も子どもたちはその問いについて考え続ける。

「探究の対話」を取り入れたことで、子どもは「命をいとおしむ ―生命の尊重―」という道徳的価値を自分の問題としてとらえることができる。そして、その道徳的価値は子ども自身の生活の中に問いとともに生き続ける。つまり、道徳で学んだこととふだんの生活が乖離するのではなく、日々の生活の中で、時おり問いが思い出され、問いについて再び考えることが、学んだことを実際の場で生かすときの判断力となったり、行動力となったりするということである。

（砂金みどり　髙橋隆子　高橋佳子）

| 実践例 7 | 問題解決的な学習 ③ |

考え、議論する授業で道徳的態度を深く学ぶ

1. 対象学年: 中学校 第1学年

2. 主題名: 家族への敬愛の念

　　内容項目: C［家族愛，家庭生活の充実］

3. ねらい

　教材の家族愛に関する問題を発見し解決を図ることを通して、家族を大切にし、家族の一員として積極的に協力していこうとする家族愛の実現への実践意欲を高める。

4. 主題の設定

(1) 指導内容について

　自立し自分で判断し行動しようとする意欲が高まる時期が中学1年生である。そのため家族に何か忠告されると反抗したり、反面、家族は大切と思いながらもその価値に十分には気付いていなかったりする。このような時期に家族からたくさんの愛情を受けている自分に気付かせることは大切である。家族への感謝の気持ちを学級で交流し、家族の一員として自分事としてどうすべきか、個々の実践意欲を養うことを目指した指導内容である。

(2) 子どもの実態

　以前、「私の反抗期」という家族愛の教材を扱ったとき、「親や家族に反抗的になってしまうことはあるか」という質問に対し、約9割の生徒が「あまり反抗しない」と回答。一方「親とよくケンカをする」「父親とあまり話をしていない」など思春期の気持ちを率直に話す生徒がいた。生徒の一部は反抗期であるが、家族はありのままの自分を受け入れ、愛情を注いでくれることを当たり前と考えている多くの生徒の実態がある。

　したがってこの時期、家族の一員として、自分を振り返る学習は価値がある。自分と家族について再考し、具体的な家族との関わりを仲間と議論し、自分は家族のために何ができるのかという、家族愛に根ざした道徳的実践意欲を育てたい。

5．教材について

教材名：「一冊のノート」（出典：文部科学省『私たちの道徳　中学校』2014年）

教材の概要と特色：主人公は、忘れやすくなった祖母に対して強く不満を抱いている。ある日祖母が書いた一冊のノートを見つけるが、記憶が薄れてしまうもどかしさや不安、家族に対する感謝の気持ち、愛する孫たちの面倒を見なければならない自分への叱咤の言葉が綴られている。最終、庭で草むしりをする祖母に寄り添う主人公の姿が描かれている。

6．「考え、議論する道徳」を実現する工夫

(1) 問題解決的な学習として、教材にある「問題」を発見させる工夫

本教材は、場面ごとに主人公の心情が揺れ動くことから、主人公の気持ちや考えの変化に共感することでねらいとする価値に気付かせる展開が多い。本事例では、教材にある「問題」を各自で発見させ、家族における問題を自分の立場や役割で熟考したり、話し合ったりすることからねらいに迫る「問題発見・探求型」の道徳科授業を工夫した。

これは、自ら「問題」に対する問いを創ることから、より主体的に、自分の問題としてどう解決すべきか、道徳的な実践意欲を促していくためである。

(2) 考え、議論する問題発見型の授業構想の工夫

自ら問題を発見し、問いを生み出し、解決を自分で考え、仲間と議論し、解決を図るためには学校全体の取り組みが必要である。本校では全教科・領域や自治活動などすべてで汎用的な能力として問題解決能力の育成を図ってきた。飛鳥中問題解決型授業４ステップ（問題把握→自力解決→集団検討→個人のまとめ）という授業展開方式で、常に、問題発見や個人の熟考・議論というスタイルを学校マネジメントとして定着させている。

道徳科の授業でも、同様に４ステップ授業を駆使して、主体的に考えたり、級友と話し合ったりする手法を日常的に活用し、よりアクティブな授業展開を開発している。

(3) 生徒の発見した「問題」の拡散・収束とねらいを達成する工夫

生徒が教材から「問題」を発見する場合、個々の価値観の違いから、問題は多様に拡散する場合が多い。本事例でも、家族愛だけでなく、高齢福祉の問題、中学生ができる福祉ボランティアなどに拡散した。担任は、多様な問題を授業のねらいに即して、一つの問題に絞ることを提案し、議論させた。具体的には、「高齢者である祖母への接し方」に絞って、授業展開をしている。そして展開後半、一人ひとりが自我関与できるように、主人公の人間性に再度共感させるための自分を振り返る発問を設定し、ねらいを達成させている。

7．学習指導過程 （教材から問題の発見を個々の生徒が主体的に行う４ステップ授業）

時間	主な学習活動	主な発問と予想される生徒の反応（S＝生徒）	指導上の留意点
導入	1　教材の説明。（1分）	・認知症の祖母と主人公の家族の問題であることを認識させる。	・認知症の基礎知識を理解させる。
展開 問題把握（①）	2　資料を読み（範読）、教材の問題を見つける。（5分）	【発問①】 ○資料を読んで、今、中学生として話し合うべきだと考えられる「問題」を見つけよう。 S：お婆さんのような人にどう接するべきか。中学生でできることはあるか。 S：誰にもやがてやってくる老いの問題をどう考えるべきか。 S：家族である自分の祖父母などが同じ状態になったら、どうするか。 S：高齢化社会では何が大切か。	・誰にも訪れる家族の高齢化の問題である。中学1年生として、問題把握の内容は多様で拡散するが、個々のとらえを尊重する。
自力解決（②）	3　発見した問題を考える。（5分）	【発問②】 ○自分で発見した「問題」について、どう考え、どう解決ができるか考えてみよう。	
集団検討（③）	4　小集団で話し合い、考えを深める。（30分）	【発問③】 ○「問題」について、議論をしよう。解決できる問題か、解決のためには何が大切か。 （※担任が狙いに即して、問題を絞って提示） 　小集団による話し合いと書く活動 　　　　　（飛鳥中問題解決型授業の集団検討） 　1　ワークシートに自分の考えを記入する。 　2　小集団による話し合いを行う。 　3　話し合いの後、再び自分の考えをワークシートに記入する。 　4　学級全体で考えを深める。 ○グループで「問題」を話し合い、考えを発	・自分の考えた問題をもとに話し合う。 ・小集団による話し合いの中で、多様な意見を聞いたり確認したりすることにより、自分の考えを深めさせる。 ・話し合った内容を

78　第Ⅰ部「考え、議論する道徳」の指導法

		表し、自分の考えを深めよう。	学級全体で共有。
まとめ（個人）（④）	5　自分の考えを深め、ねらいとする価値を自覚させる。（5分）	【発問④】（中心発問） ◎黙って祖母と並んで草取りを始めた主人公「ぼく」は、どのような人間なのだろうか。 S：よく自分の立場と家族を考えられる人。優しく、家族を思いやれる人。 S：自分なりに自分を振り返り、考える人。 （補助発問） ○主人公は、大切な家族である祖母を、どう考えたのだろうか。	★問題を絞って考えさせているが、まとめで、変容する主人公の人間性に共感させ、ねらいとする価値を深く自覚させるために展開の後半に中心発問を設定している。
終末	6　自分を振り返る。（4分）	○今日、考えたことを振り返り、新たな自分にプラス・ワンとなったことをまとめよう。 •自分を振り返り、今後、家族とどのように生活していくかを考えるために、道徳ノート（ワークシート）にまとめる。	•多様な意見を受け止め、自分の意志で家族愛への道徳的実践意欲につなげる。

8．評　価

　ねらいと授業構想については、教材「一冊のノート」を通して、問題解決的な授業構想を試みた。生徒一人ひとりが、家族を大切にし、家族の一員として積極的に協力していこうとする家族愛の実現への実践意欲を持つことができたか。

　特に、学級の仲間との話し合い活動に積極的に参加し、問題把握をした自分の考えをより深め、実践意欲につながったか。さらに、自分で発見した「問題」の解決に向けて、具体的に自分なりの実践を思い描く意欲が生まれたか。

　事後指導の工夫としては、家族愛の問題は、高齢化社会における身近でかつグローバルな現代的な課題である。

　全体計画の別葉等で、家族愛に関する各教科等における汎用的な問題解決能力の育成について、関連した指導を工夫することも大切である。

9．実践の手引き

(1) 授業づくりのポイント

　導入では、担任は生徒に自分自身の祖父母の日常の様子を聞いている。生徒たちは身近な祖父母を思い出し、健康状態や自分を大切に思ってくれている優しさなどを答える。ねらいである家族愛について、身近な家族を考えさせることは、自分事として自分自身の考えや行動を振り返り、実践意欲に結びつけることができる。

　展開の前半では、教材の問題を発見していく問題解決型の道徳授業である。本校では、全教科・領域で４ステップの問題解決型授業構想（問題把握→自力解決→集団検討→自分でまとめ）を日常実施していることから、スムーズに各自が考え始めている。

　担任は、教材を生徒といっしょに範読後、「資料を読んで、今、中学生として話し合うべきだと考えられる『問題』を見つけよう」という発問をする。問題発見型であるため問題は多様に考えられ、考えは拡散する。このため、問題解決的な道徳科授業では、指導の教師がねらいを考慮し、予想される多様な問題から１つを「課題」として考える方法もある。ここでは問題発見型であるため、生徒の発言としては、高齢な家族への対応、もの忘れが強くなった家族への接し方、家族を大切にする意味、地域や国の高齢者福祉問題等が予想されたが、予想以上に多様な発言があった。そこで、担任は、提案の多かった「高齢者である祖母（主人公のおばあちゃん）への接し方」と問題を絞って考えることを提案。生徒はこの問題の解決を目指すことに同意し、自力解決に入った。

マグネット式の４ステップカード（全教科・領域等で活用している。）

　展開の後半では、自分の考えをもとに、集団で話し合い活動。ここでは、授業等でファシリテーター役を担っている生徒が司会進行を試みる。大切なことは、日常の教科等で話し合い活動が実施されていることにより自然で活発な意見交換ができる。さらに教材の主人公の人間性を各自に熟考させ、自分への振り返りをより強めることにした。各自で考えをまとめることでも十分ねらいを達成できるが、事前指導を試案として繰り返したところ、ねらいである家族愛の意味や自分が家族のために何が実践できるかという実践意欲まで深めるためには、主人公の心の変容や祖母の草取りに優しく寄り添うという行動変化も考えさせることで、よりねらいを達成した発言や記述から確認できることがわかった。

　本教材は、読んだ直後に涙ぐむなど、生徒は身近な家族を思い出し、すでに自分なりに新しい行動実践をしなければと思う場面が多々ある。この実践意欲を、家族を大切にし、

家族の一員として積極的に協力していこうとする道徳的態度にまで深化させていくためには、本事例のような問題発見型の道徳科授業は有効である。次期学習指導要領で求められている問題解決的で対話的な展開は主体性を育むのである。

　指導した担任は、生徒の意見で進行していく問題解決的な道徳科授業について次のように考えを述べている。「気をつけるのは中心発問の仕方。主人公の気持ちに沿って人間性を聞くことで、生徒から本音を引き出せる。生徒の答えは予想するが、生徒のすばらしい意見に納得していく場面があっていい。生徒といっしょに考える授業を創りたいからである。計画した中心発問は変えないが、授業の流れは生徒の意見で臨機応変に変えていく。生徒同士、教師と生徒がともに語り合った充実感はすばらしい人生の宝と考えている。」

(2) 授業記録から
- T（担任教師）、S（生徒）、G（グループの司会）としている。

〈導　入〉
- 最初に、身近な祖父母の問題であることを意識させている。

　T：皆さんの祖父母はどのような人ですか。
　S：とても元気。
　S：いつも優しく、家族のことを思っていてくれる。
　S：父母が共働きなので、自分が小さいときから、いろいろと世話をしてもらっている。

〈展　開〉
- 担任は本教材を範読し、場面ごとに、用意しておいたカラーの挿絵を1枚ずつ見せながら、おばあちゃんの行動と主人公の気持ちの変化を生徒と確認をする。
- そして教材の「問題」の発見を指示する。ここでは、発見した問題について問いのかたちで提案するよう指示を出している。生徒は、日常、各教科等で実践している「飛鳥中問題解決型4ステップ」授業と同じように、まず自分で考え、問題把握をしていく。

　T：この話の中で、自分たちが中学生として考えるべき「問題」を見つけよう。

- 自力解決として、個人で考えるところであるため、時間を十分に確保する。

　T：どのような「問題」を見つけましたか。
　S：笑いものになっていた祖母を無視した問題。（場面での主人公の言動に関するもの）

2．問題解決的な学習　81

S：家族を大切にする意味は何か。（家族愛に関する大きな問題）
　　S：高齢化社会で自分たちができることは何か。（高齢者問題と社会貢献のあり方）
　　S：実際、このようなおばあちゃんに出会ったとき、どう行動できるか。（実践の問題）
・このほかにも、黒板の三分の一ほどの多様な問題が並んだ。担任は1つの問題に絞って、話し合いの方向性を提案する。
　　T：提案の多かった問題から、「おばあちゃんのような身近な家族である高齢者への接し方」という問題に絞って今日は考えたいと思うが、どうだろうか。
　　S：（多くの生徒が同意の発言。）
　　T：いつものように、班になって、この問題を話し合ってみよう。
・1つの考えにまとめるのではなく、多様な考えを共有するよう指示している。司会役の生徒にも活発な話し合いになるよう指示。各グループで考えを出し合い、議論する。
　　T：「問題」について、議論をしよう。解決できる問題か、解決のためには何が大切か。

・各班の司会役は、まとめるのではなく、いろいろな考えや議論になったことを発表した。
　　G1：おばあちゃんのようなもの忘れは誰にでもあること。家族だから理解もできる。もっとこのような問題を学習し、自分なりに家族を助けることが大切だ。
　　G2：自分の家族にこのおばあちゃんのような人がいたら大変だけど、家族で協力すれば必ず乗り越えられる問題だと思った。班の人の多くの意見も同じだった。
　　G3：高齢者問題はこれからますます増える問題。でも家族が一番愛情を持った解決に向かえるはずだ。少なくとも自分の祖父母にはとても愛情をかけてもらってきた。
　　G4：家族にこのおばあちゃんのような状況があるという人がいた。自分もこの主人公のような嫌な気持ちがあった。しかし、今日、みんなで話し合って、もう少しこの主人公のような気持ちを持ちたいという人がいた。感動した。
　　T：黙って祖母と並んで草取りを始めた主人公「ぼく」は、どのような人なのだろうか。
★この主人公の人間性を考えさせることで、ねらいとする道徳的価値への理解をより深め

たいと設定した。この発問を最後に設定することで、確かにねらいに収束する考えや記述がみえた。問題発見的な授業展開の場合、生徒の心情に訴え、より主人公の意味ある人間性に共感し、自分を振り返り、深い思考ができる（自我関与）発問設定も必要な事例である。

※授業におけるの主人公の人間性に関する発言から

S：よく自分の立場と家族を考えられる人。自分なりに自分を振り返り、考える人。

S：優しい人。自分なりに家族を大切にしていくと強く考えている人。

T：主人公は、大切な家族である祖母を、どう考えたのだろうか。

※道徳ノートの記述文から

S：主人公が一冊のノートを読んで、家族や自分に対する祖母の愛情を知る姿から、自分も家族への態度を考え直そうと思った。祖父母も元気だが、主人公と同じことは起きると思う。もう一度、自分の家族への思いや、やれることを考えてみたいと思った。

S：私にも似たような家族がいる。主人公と同じような経験もした。祖父母や両親は自分にいつも愛情を持って接してくれるが、今日は、自分は本当に家族を大切に思い、行動をしているか考えさせられた。

〈終　末〉

※自分の新たな発見として、本校の道徳科では「自分にプラス・ワン」でまとめる。

T：今日考えたことを振り返り、新たな自分にプラス・ワンとなったことをまとめよう。

・自分を振り返り、今後、家族とどのように生活していくかを考えるために、道徳ノート（ワークシート）にまとめている。指導の評価として、本校では必ず自分のプラスの気付きや変化について考えさせている。ワークシートのプラス・ワンという部分である。

(3) 評価について

　道徳教育の評価は、①生徒自身による自己評価　②担任教師等による生徒評価の２つがある。自己評価は、道徳科の授業で、新しい自分に気付いたり、深まった内面的な道徳性の諸様相をもとに道徳実践への意欲や態度を確認できたりすることが考えられる。このため、自己評価カードの工夫が大切であり、本校では、ファイル式道徳ノートを活用し、生

徒自身が自分を振り返ることができることと指導者がその記述にコメントを加えることから、よりよい変容を手助けしている。具体的には、「話し合いに積極的に参加し、問題把握をした、家族の高齢者は家族みんなで支えていくことが大切という自分の考えをより深められた」「級友も同じような高齢者家族を悩み考えていたので安心した。今度相談したいと思った」などの記述があり、担任は自分の考えとともにコメントを返していた。

生徒評価は、指導の教師は、生徒がねらいとする道徳的価値を理解したかという評価と、授業構想がねらいを達成できるものであったかという検証・評価に分けて考えている。

特に、生徒の道徳性の変容は、授業内の変化だけでなく、道徳ノートの記述の分析や他教科や自治活動、部活動での変化等を電子媒体で共有記述をし、長いスパンでとらえる工夫をしている。具体的には、パソコン上に「生徒のよい考え・行動・変容フォルダ」をつくり、自由に記述し、内容を共有している。肯定評価観に立ち、複数の指導者の観察により、生徒のよい変容を観察していくことは、互いの指導観や観察眼を育てる効用がある。

(4) 実践へのアドバイス

問題解決的な道徳科授業は、日常の教科等の指導と相互補完しているものと考えている。

本校では、問題解決的な授業は全教科・領域、生徒会活動等で実施。問題を自力で発見し解決を図る。さらに仲間と忌憚のない議論を行う。最終的には自分を振り返り、自分の思考力や判断力に自信を持って、実践意欲や態度としていく学習システムを重視している。

一方、道徳科の授業で、熟考した経験や思考の仕組みは必ず生徒に根づいて、主体的な考え方や生き方となって、教科等の学力向上や生徒会自治活動、地域ボランティア活動への意欲や態度へと発展していく。本校では、学校マネジメントとして教育課程上、年間行事に組み込んで、安全確保や持続可能な社会の実現の1つとして、東日本大震災の宮城県支援拠点校への復興バザーを生徒とPTA保護者が毎年企画。同窓会や自治町会とも連携し、義援金や励ましメッセージののぼりや横断幕も自主作成し交流を図っている。問題解決的な授業は、道徳科で培った内面的な資質・能力を具体的な実践にも広げることができるものと考えている。

（鈴木明雄）

道徳ノート【ワークシート】

一冊のノート

自分の考え　　　　➡　　　　友達の意見、変化した考え

話し合いを終えて、自分の考えのまとめ、感想

★自分にプラス・ワン　※新しく発見した自分を書き留めておこう。

【自己評価】A：よくできた　B：できた　C：あまりできなかった　D：できなかった

1	授業に積極的に参加できたか。	A	B	C	D
2	「一冊のノート」の内容を理解できたか。	A	B	C	D
3	友達の意見を聞いて、新しく気付くことがあったか。	A	B	C	D
4	話し合いに積極的に参加し、考えを深めることができたか。	A	B	C	D

年　　組　　番　氏名

2．問題解決的な学習　85

| 実践例 8 | 問題解決的な学習 ④ |

スモールステップを用い、「気持ち柱」で交流する

1．対象学年： 中学校　第1学年

2．主 題 名： きまりの意義（出典：NHK for School ココロ部！・映像資料）
　　内容項目：　C［遵法精神，公徳心］　B［思いやり，感謝］

3．ねらい

　主人公の葛藤する気持ちをスモールステップで進めながら話し合う活動を通して、人間としてどのように対処することが望まれるかを判断する力を育む。

4．主題の設定

(1) 指導内容について

　社会で出あう事象は一つの価値観だけで見ることができないことが多い。本時では価値の対立する葛藤教材を学習することで、他者の意見に耳を傾け自分の考えを深く見つめることができると考えた。他人の立場に立つことや広い視野を持つこと、を深く見つめて考えることの大切さを学ばせたい。

(2) 子どもの実態

　本校では「"学級力向上"から"学力向上"へ」をテーマに取り組み、話し合い活動や道徳の授業をベースに取り組んでいる。教科指導ではグループワークの活用や思考ツールの活用を実践しており、互いに意見を出し合い、話し合うことに抵抗なく取り組めるようになってきている。

　本学級の生徒は何事にも前向きに取り組む姿勢があり、多くの生徒は自分の考えを積極的に発表することができる。しかし現状では、自分とは異なる考えに耳を傾けて深く考えること、考えを広げることや集団生活を向上させようとする態度を身につける必要がある。

5．教材について

教材名：NHK for School ココロ部！『おくれてきた客』

NHKオンラインから見ることができる10分間の映像教材である。主人公が与えられた責任と思いやりで葛藤する内容であり、あらすじや問題点がとらえやすく、ねらいとする価値について深く考えることができる。

本教材は葛藤場面に遭遇する内容であり、悩む主人公の姿を通して多面的・多角的にものの見方、考え方などを考えることができる。

6．「考え、議論する道徳」を実現する工夫

(1) さまざまな立場について考え選択することで課題意識を生む

本教材から、遅れて来た客の「入場を認める」「入場を認めるか認めないか迷う」「入場を認めない」という三つの立場について、生徒個々にそれぞれの立場から考えさせることで、一つの事象であってもさまざまな考え、立場があることを気付くようにする。次に、自分の立場を選択させることで、他者の立場も理解したうえで自己の意見を決めるとの課題意識を持つことができるようにした。

(2)「気持ち柱」を使って対話を活性化する

遅れて来た客を入れる（赤）。まよう（黄）。入れない（青）の三つの立場を表現している。色の濃さ（上下）は気持ちの強さ（濃い赤は絶対入れる。薄い赤は入れるけどまように近い）を表している。この立場を明確にすることで対話を活性化することができる。

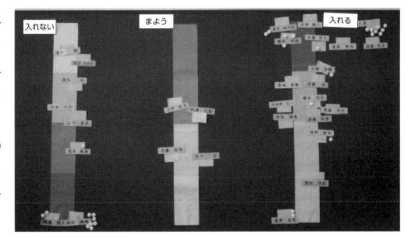

(3) スモールステップで授業の流れを掲示する

「スモールステップ」（活動の流れ）を授業の最初に提示することで、「個で考える」→「グループで聞き合う」→「学級全体で聞き合う」→そして最後に「個で考える」、という授業の流れをわかりやすく示した。これによって生徒が学習全体の流れと今何に取り組むかをとらえることができるとともに、主体的に授業に参加することができる。

7．学習指導過程（ワークシートＡ〜Ｇはワークシートの記入欄に対応している。p.93参照）

	学　習　活　動	指導上の留意点（・）と評価（◇）
導入	1　本時の授業の進め方を確認する。 (1) 資料の視聴・内容確認をする。 (2) 感想を記入する。	・スモールステップの提示。 ・映像教材を流す。 ・視聴した個々の感想の記入を指示。 （ワークシート・Ａ）
展開前段	2　三つの立場（入場させる、迷う、入場させない）から自分の考えを選択させ、意見交流する。 コジマ君は、どうしたらよいのだろうか。 (1)【個で考える】 　・三つの立場で考える。 　・立場を選択する。 (2)【グループワーク】 　・選択した立場を「ミニ気持ち柱」に示す。 　・グループ内で意見を聞き合う。 　・立場の選択を再考し決め直しを行う。 　・再考した立場で理由を記入する。 　・立場の色付箋紙に上記の理由から自分でキーワードを選び記入する。 (3)【全体交流】 　・クラス全体で意見を聞き合う。	・三つの立場から自分の考えを持たせ、資料を多面的・多角的に考えることができるようにする。 ・入場させる（赤）、迷う（黄）、入場させない（青）のそれぞれの立場から意見を書くよう指示する。　（ワークシート・Ｂ） ・三つの立場から一つを選択し、「ミニ気持ち柱」に示すよう指示する。 ・「ミニ気持ち柱」を用いてグループで意見交流を促す。　（ワークシート・Ｃ） ・グループワークを終えて再度、自分の立場の選択するよう指示する。 ①選択理由をワークシートに記入するよう指示する。 ②選択した気持ちの色付箋紙にキーワードを記入を指示する。　（ワークシート・Ｄ） ・黒板に掲示した「気持ち柱」にネームシールと色付箋紙を使って示すよう指示する。 ・自分とは異なる考えにふれさせることで、考えを深めるよう支援する。（ワークシート・Ｅ）
展開後段	3　主人公にアドバイスを書く。 コジマ君は、どうしたらよいのだろうか。	・個で考え、グループワークで再考し、全体交流で深めた考えを、生徒個々が最終的に考えたこととしてワークシートに記入を指示する。 （ワークシート・Ｆ）

88　第Ⅰ部「考え、議論する道徳」の指導法

| 終末 | 4　今日の授業をもとに、これから出あう葛藤場面を考え、今のあなたならどのように行動するか考える。 | ・世の中では価値葛藤する場面があり、自分で暫定解を決めて進まなければいけないことがあることを示す。
・「未来志向」で考えるよう指示する。これから出あう場面を考えるよう促す。
　　　　　　　　　　　　　　（ワークシート・G） |
| | 5　振り返り（評価）の記入を行う。ワークシート裏面の振り返りの記入を行う。 | ◇振り返り（評価）の記入を指示する。
　　　　　　　　　　　　　（ワークシート・裏面） |

8．評　価

　本校では、自己評価票をワークシートの裏面に印刷し、生徒が三つの振り返りができるようにしている。

①　ワークシートに記載してある22の内容項目から、この時間に考えた項目を個々の生徒に自由に選択させ、個別な振り返りができるようにした。

②　生徒が自ら本時の学習活動を振り返りやすいように、「思考」「判断」「表現」という本時の中心的な学習活動を振り返りの視点として設定し、生徒はそれぞれ4段階で自己評価できるようにした。

③　自由記述による振り返りの欄を設けて、授業で個々に考えたこと、他者の考えを聞き合う中から感じたこと、気付いたことなどを記入できるようにした。

　深く考えたこと、他者の意見から気付いたこと、道徳の授業に主体的に関わったかどうかを見取ることを、視点として設定した。ワークシートを蓄積していく中から生徒個々の姿をとらえることができると考える。

　道徳の教科化に伴い、ワークシート裏面に設定した「評価欄（振り返り）」は家庭で書かせるなど、家庭とのつながりも工夫する。

　また、学校行事が終わった後に道徳の視点で振り返らせ、生徒が振り返ったものを学級で掲示する取り組みも行っている。

9．実践の手引き

(1) 授業づくりのポイント

　①　道徳の授業が苦手な人を助ける「スモールステップ」

「道徳の授業の進め方がわからない」を解決するために、授業の流れ（学習過程）を「スモールステップ」として黒板に示してから授業を行うようにする。スモールステップにはワークシートのどこに記入するかをA～Fで示してあり、生徒の活動の手順としてもわかりやすくなっている。

　②　自己理解、他者理解、価値理解を可能にするワークシートの工夫

この実践では、「個で考え」→「グループで話し合い」→「学級全体で話し合い」→「個で考える」で活動を組み立てている。生徒は自分で考え、他者の考えを聞き、自分の考えを広げ、深めて行く中で価値について考えることができるようワークシートのステップが進んで行く。

　③　話し合いを活性化する「気持ち柱」

葛藤資料から自分の立場を選択させ、「気持ち柱」（p.92の板書参照）に示させることで、他者との違いや自己の考えについて考えやすくなっている。可視化して示されたものをもとに話し合うことができるため、話しやすさと聞きやすさを両立させた。

(2) 授業記録から

本実践では、本時の授業の流れを「スモールステップ」を使って生徒に提示し、授業全体の流れを把握させた。教材としては生徒の興味関心が高く取り組みやすいものとして映像教材（NHK for School ココロ部！）を用いた。ワークシートを工夫し、掲示した「スモールステップ」に対応してワークシートにも今どこを取り組んでいるかがわかるように、記号（A～G）で示した。以下では、ポイントとなる活動を写真とともに紹介する。

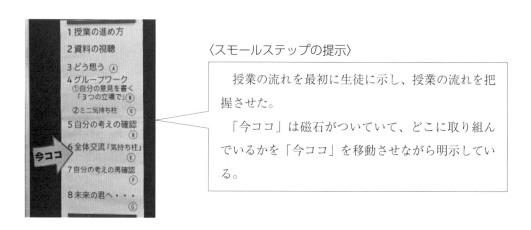

〈スモールステップの提示〉

　授業の流れを最初に生徒に示し、授業の流れを把握させた。

　「今ココ」は磁石がついていて、どこに取り組んでいるかを「今ココ」を移動させながら明示している。

〈三つの立場で考える〉

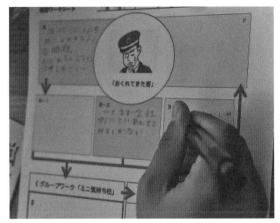

映像資料を見た最初の感想を記入した後、遅れて来た客を
"会場に入れる（赤）"
"迷う（黄）"
"入れない（青）"
の３つの立場を一人で理由づけして考えさせ、ワークシートに記入する。
（ワークシート・Ｂ）

考えた三つの立場から、今の自分ならどれを選択するかを決める。

〈グループワーク〉

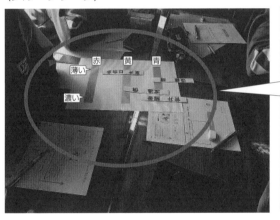

決めた立場を「ミニ気持ち柱」に、思う強さを考えてネームシールで示す。
例）濃い赤→絶対入れる
　　薄い赤→迷うけど入れる
　　濃い黄→入れるに近いけど迷う
　　薄い黄→入れないに近いけど迷う
　　濃い青→絶対に入れない
　　薄い青→迷うに近いけど入れない

グループ内で自分の考えた立場を（理由を添えて）伝え合う（聞き合う）。
他者の考えを聞き、自分の考えを広げ、深める。
（ワークシート・Ｃ）

〈全体交流〉

　グループワークを終えて（グループ内の他者の考えを聞いて）、再度、自分の考えを振り返り、立場の決め直しをする。
　再考した自分の考えを（理由を添えて）記入する。

（ワークシート・D）

　再度選んだ考えの付箋（赤、黄、青）を選び、付箋には（ワークシートに記入した）自分の考えからキーワードを記入する。

　黒板に示された「気持ち柱」に、選んだ立場や気持ちの強さを考えて位置を決め、ネームシールと（キーワードが書かれた）付箋を貼る。

　学級全体の中で付箋の貼られた立場を見て意見を聞き合う。
　（選択した）立場の異なる他者の意見を聞くことで、他者の考えを理解し、自分の考えを広げ、深める。

（ワークシート・E）

(生徒個々の振り返り)

全体交流を終えて、再び「今のあなたならどうするか」を考えさせる。
　個で考え、グループワーク、全体交流と他者の考えにふれ、最後は自己を見つめて個々に考えさせ、書かせる。
（ワークシート・F）

ワークシート

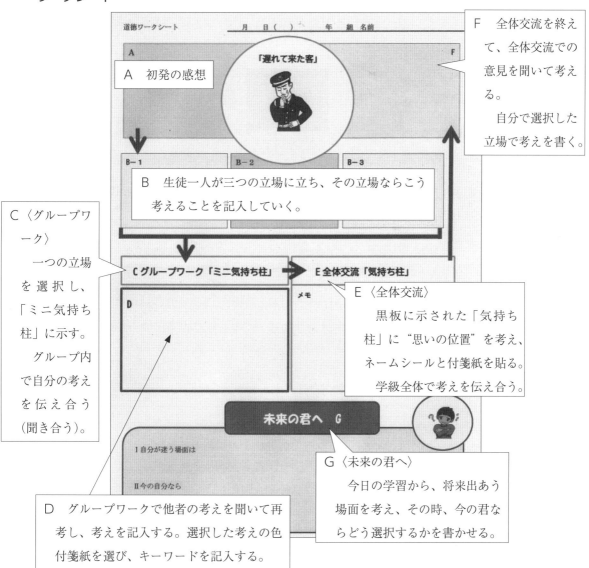

A　初発の感想

B　生徒一人が三つの立場に立ち、その立場ならこう考えることを記入していく。

C〈グループワーク〉
　一つの立場を選択し、「ミニ気持ち柱」に示す。グループ内で自分の考えを伝え合う（聞き合う）。

D　グループワークで他者の考えを聞いて再考し、考えを記入する。選択した考えの色付箋紙を選び、キーワードを記入する。

E〈全体交流〉
　黒板に示された「気持ち柱」に"思いの位置"を考え、ネームシールと付箋紙を貼る。学級全体で考えを伝え合う。

F　全体交流を終えて、全体交流での意見を聞いて考える。
　自分で選択した立場で考えを書く。

G〈未来の君へ〉
　今日の学習から、将来出あう場面を考え、その時、今の君ならどう選択するかを書かせる。

2. 問題解決的な学習　93

〈板書〉

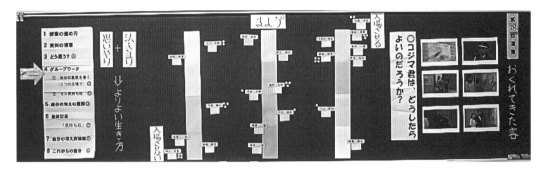

(3) 評価について（ワークシートの裏面）

　ワークシートを累積し、個々の考えや深まりをとらえていくことができると考えた。

　また、時間取りとしては、道徳の時間終了日に家に持ち帰らせて振り返らせることも考えられる。

　ワークシート裏面に三つの自己評価票を考えた。（部分抜粋）

①　今日考えてきた価値として内容項目を示した中から自由に選択させた。

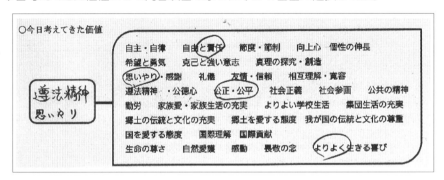

　　生徒は本教材について多面的・多角的に考えてきたことが読み取れる。他の生徒と同じ項目を選択することもあるが、個々に違いも見られる。

②　生徒に「思考」「判断」「表現」の視点から４段階評価をさせた。

　　授業に対する取り組みを見取るとともに、生徒が何を中心に考えてきたかを把握した。

③　自由記述

> 授業の感想　悩みましたが記者せいが良いこととは限らないし難しい問題だな。発言には気を付けようと思いました。

　　この授業感想は、ふだんはおとなしく物事を冷静に見ることができる女子生徒によるものである。他者の意見を聞くことで悩みながら深く考えている様子が見てとれる。

ワークシートはファイルに保存させている。振り返りをさせて、あの時にはこんな判断をした、こう考えたと生徒に授業を思い出させることで、今の自分の成長を実感させることもできると考えた。

(4) 実践へのアドバイス

①「スモールステップ」を活用することで教師の説明を減らすことができるので、極力、教師の発言、説明を減らし、生徒の考える時間を確保するとよい。

②「グループワークで話し合う」場面は、「一人 1 分の生徒個々が伝える時間」として教師がスタート・ストップをかけて行っている。グループの人数は 4 人グループとして行っている。

③話し合い、聞き合う活動をつくるには、前提として学級づくりが大切であり、話し合いの土壌が必要である。(本校では「学級力向上から学力向上へ」をテーマにした取り組みをしている。)

④本事例は葛藤教材に向いている。NHK「ココロ部！」の映像教材は、全てこのかたちで行うことができる。また、同様の展開は、葛藤教材の読み物でも可能である。

(荻野由則)

[引用文献・資料]
NHK for School ココロ部！

| 実 践 例 9 | 問題解決的な学習 ⑤ |

単元学習で価値について多面的・多角的に考える

1．対象学年：　中学校　第2学年

2．主 題 名：　自由とは何か

　　　内容項目：　A〔自主，自律，自由と責任〕

3．ねらい

　自由について多面的・多角的に考え、議論することを通して、自由について深く考え、自由とは何か、何の役に立つのかについて、自分の考えを持つ。

4．主題の設定

(1) 指導内容について

　人間は社会の中で生きている以上、個人の自由だけが大切なのではなく、異なった価値観を持つ他者の自由を尊重し共存しなければならない。個人の自由はその行為の及ぼす結果をよく考える必要があり、社会の中で自由を共有するならば自由に対して合意も必要である。また、与えられた個人の自由を、どう使うかが大切である。自由意思に基づいて判断し選択し、その結果と対峙することで人間は成長していく。よりよく生きるために自由を使うことが大切なのである。また、自由のすばらしさを感じるとともに、その自由を他者のために使うことは、人間としてのより豊かな生き方につながることをも考えさせたい。

(2) 生徒の実態

　生徒が考える「自由のイメージ」は、家で好きなだけテレビを見たり、ゲームをしたり、ケータイをしたり、ごろごろしたりなど、縛られずに一人で好きなことをするものであった。「あなたは今、自由か」との問いには、半数以上の生徒が、勉強や校則、好きなことが好きな時にできない、という理由から、自由ではないと答えている。ふだん当たり前にある自由に目が向かず、学校や家庭などによって自由が制限されていることのみに目が向いている状況であった。「自由」についての単元的な授業と並行して、校外学習での自由

と責任を実践的に考えた。学年全員での話し合いを重ね、具体的な自由の合意が形成された。また、授業では、「自由」についてさらに多面的・多角的に考えさせ、より違ったかたちの「自由」について考えていった。複数回の授業と並行して行われている校外学習の取り組みでは、クラスや学校、さらに大きな社会の中での自由について、社会的な判断を大切にしながら考えていくことができた。

5．教材について

教材名：『自由って、なに？』（オスカー・ブルニフィエ文、西宮かおり訳、朝日出版社、2007年）

この教材は、子どものための絵本である。絵本とはいっても内容は深い。「したいこと、なんでもできる？」「自由ってなんの役にたつ？」といった、多面的・多角的な視点での大問で構成されており、それに対しいくつかの答えが用意され、さらにその答えが正しいか否かを考えるヒントが書かれている。そこで、絵本の中の問いをうまく組み合わせ、数回の授業を進めていく中で、自由について多面的・多角的に考えながら、人間としてよりよく生きるために自由を考えられるように工夫した。

6．「考え、議論する道徳」を実現する工夫

(1) 合意を目指しながら話し合う

これまで道徳では個人の内面に目が向けられていたが、生徒は学級をはじめとする社会で生活している。社会的規範としての道徳と考えたとき、集団における正しさや社会的で合理的な考え方が大切で、誰もが納得できる望ましさの共有、合意を目指して話し合うことで、互いの意見を調整しながら、さらに深く考えたり議論したりすることが可能である。

(2) 多様な小グループの活用

小グループを活用した話し合いは、思考を深めるために有効であるが、他のグループの生徒と小グループを組み直して意見を交換したり、最初にそれぞれ違った題材で話し合わせた後、違う題材のグループの生徒と小グループを組み直し話し合いをしたりすることで、テーマについて多面的・多角的に考え思考を深めることが可能である。

(3) 思考ツールやホワイトボードで考えを可視化する

思考ツールは、思考を目に見えるかたちで整理することができるので話し合いが深まる。ホワイトボードは意見が可視化されるので話し合いに集中でき、意見共有にも有効である。

7．学習指導過程（3時間扱いの3時間目）

- 前時までの流れ：単元のテーマ「自由とは何か」
- 1時間目…作文、小グループでの話し合いを通し、他者を意識したルールや常識の範囲内での自由を確認し、責任の取り方についても考える。
- 2時間目…作文、小グループでの話し合いを通し、自由を多面的にとらえる。

C〔家族愛，家族生活の充実〕　B〔友情，信頼〕

	学習活動	授業の流れと生徒の反応	指導上の留意点
導入	1　前時までに学んだ自由を押さえ、本時の前提として確認する。		• 自由について、今までに考えたことで、クラス全体での了解点を確認し、本時の考え方の基盤となるものを押さえる。
展開	2　「自由って、何の役に立つ？」を読み、話し合う。	学習問題：自由は何の役に立つのか 教材に提示されている問いについて考えよう	Q「自由って何の役に立つ？」 A「なんにも。どうせ死んじゃうし。」
	①「なんにも。どうせ死んじゃうし。」という意見について考える。	○小グループでの話し合い ワークシートに自分の判断と理由を書き話し合う。 <center>賛成 ↕ 反対</center> • 自由がなければ生きていてもおもしろくない。 • 死ぬまで、いかに生きるかが問題。 <center>⇩</center>	• 賛成か反対かを判断し、ワークシートに理由とともに記入する。 • 各班で、それぞれの立場で最も納得がいく理由を発表する。 • 対立させることがねらいではなく、反対がほとんどになることを想定し、そのうえで自由が何の役に立つのかを考えるきっかけとする。
	②自由を誰のために使うか考えてみる。	<u>自由は生きるうえで役に立つ</u> • 自分の人生を充実させる。 • 誰かの幸せのために使えるかもしれない。	• 自由は生きるうえで役に立つものだという前提を押さえる。 • 人間はみんな死ぬということも大切にしながら考えさせる。
	③よりよく生きるための自由の使い方を考える。	○小グループでの話し合い よりよく生きるために、自由を自分のために使ってみよう。 よりよく生きるために、自由を他者のために使ってみよう。	

			• 教材にある別の問いを提示する。（班ごとに違った問い）
	班ごとに異なった資料を読み、よりよく生きるためにどう自由を使ったらよいかを具体的に考える。	**問1「幸せになるのに」** <u>自分のために</u> • 高校や将来の夢。 <u>人のために</u> • ボランティアをする。	• いろいろな視点で問題を深く考えさせるようにする。
		問2「自分のしたい仕事をして、意味のある人生を送るんだ。」 <u>自分のため</u> • お金を貯めて趣味に使う。 <u>人のため</u> • 人を喜ばせる。	• 方法を個人で考えて付箋に書き、班員の付箋を画用紙に張りつけながら班の考えをまとめる。（思考ツール）
	異なった問いの人と班を組み直し、意見の交換をしながら「自由は何の役に立つのか」を考える。	**問3 「自分の壁をつきぬけて、本当の僕になるために。」** <u>自分のため</u> • 夢のために勉強頑張ろう。 <u>人のため</u> • 自分の成長は人に役立つ。 **○小グループでの話し合い** 自由は何の役に立つのか ホワイトボードに書き込み、黒板に貼る。 • 将来の夢をかなえるため。 • よりよい自分になるため。 • 人の幸せのため。	• 社会的判断の基準に照らしながら考えを深めさせる。 • 本時で扱う価値を支える関連価値をとらえ、主題とする価値への理解を深める。
	3　学習の振り返り	ワークシートへ記入する。	• 3時間の振り返りとさせる。
終末	4　教師の説話	教師の実感する自由と、自由のよさについて。	

8．評価

「自由は何の役に立つのか」を考えることにより、「自由とは何か」ということについて深く考え、①自由についての見方や考え方が深まったか、②自由をどう使って生きるかについて自分なりの考えを持つことができたかを、振り返りシートの記述や発言で評価する。また、これから総合的な学習の時間で学ぶ「進路に関する学習」につなげる。

9．実践の手引き

(1) 授業づくりのポイント

「自由」について3時間扱いで、多面的・多角的に考えていくことで、「自由」に対する考えを深めていく。本時はその3時間目である。1時間の授業の中で、授業前半での小グループのメンバーと、後半での小グループのメンバーを組み替えたり、小グループにそれぞれ違った教材を提示したりして、「自由」について多面的・多角的に考えられるようにした。自分勝手は本当の自由ではないこと、自由には責任が伴うことのみでなく、自由を自分のためだけではなく、他者のために役立て人を幸せにすることができることに気付くことができれば、さらに自由について学ぶ意義があると考える。また、関連価値として、家族のこと（［家族愛，家庭生活の充実］）、友達との関係（［友情，信頼］）、思いやり（［思いやり，感謝］）の視点から多面的に考えることで、まさに自由は個人だけのものではなく、他者との関わりの中でつながり、多くの自由に支えられて自分の自由も存在することに気がつくであろう。

(2) 授業記録から

1時間目

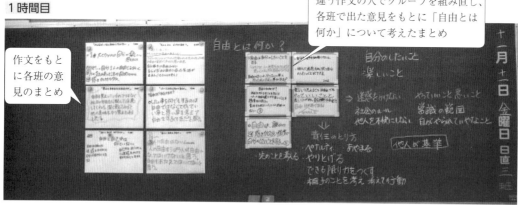

① イメージマップづくり

「自由」についてのイメージマップをつくり、自由について自分の考えを整理して明確化する。ほとんどの生徒が、自分の楽しみのみではなく、他者との関係に気付いた。自分のしたいことが相手にとって迷惑になってしまえば、それは本当の意味で自由ではないと考えることができた。

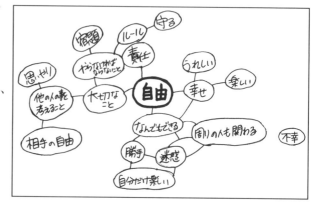

② 作　文

　各グループ違った題で作文を書き、班ごとに意見をまとめる。絵本の中に書かれている小さな問いを作文の題としている。

1班：「みんながいると自由になれない？」
2班：「大人と子ども、どっちが自由？」
3班：「禁止は自由をじゃまするものか？」
4班：「したいことを何でもするのが自由か？」
5班：「自由、自己中似ていないか？」
6班：「囚人に自由はあるか？」

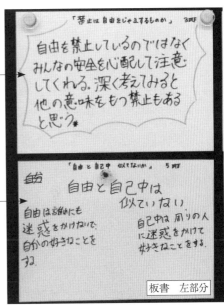

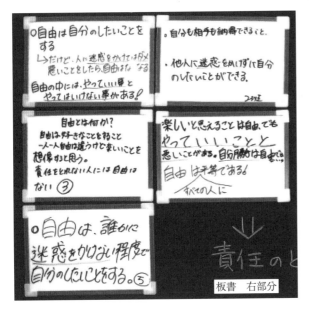

③　異なった作文題の人と班を組み直し考えを深める

　作文をもとにした、前半の小グループで吟味された意見を持ち寄り、違ったメンバーで「自由とは何か」をさらに広い視点で考え、ホワイトボードにまとめた。黒板に貼り、各班が説明を加えてクラス全体で意見を共有した。また、校外学習の取り組みで「自由と責任」について考え実践しているところであったので、責任の取り方についても考えた。これらを踏まえ、「自由」と「責任」について今日のクラスの合意が得られた。

④　1時間目の学習で得られた合意

　自由とは　　　・自分のしたいこと　・楽しいこと　・社会のルール、常識の範囲内
　　　　　　　　・他の人を不快にさせない

　責任の取り方は・自分で選択したことはやり遂げる　・力を尽くす
　　　　　　　　・先を考える　・間違ったら謝る　・ペナルティー

2時間目

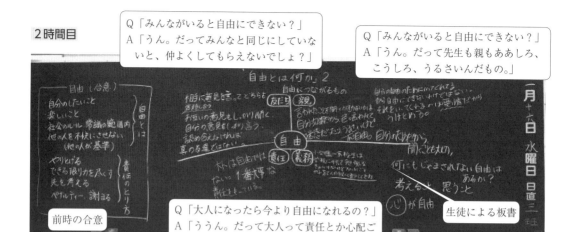

1時間目の合意を押さえ、さらに自由について考えた。本時は、「自由につながるもの」を考えることで、自由に迫った。生徒は親から、ああしろ、こうしろと言われることで自由に過ごせないと感じているなど、実態に即した資料を絵本中より選択し、自由につながる関連価値としても押さえ、自由を多面的に考えられるようにした。

① グループでの話し合い

2グループごと3つの違った絵本のページについて考えた。それぞれのページの下に書かれた考えるヒントをもとにグループで話し合った。

以下は教材からの抜粋である。

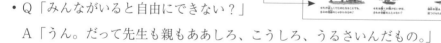

- Q「みんながいると自由にできない？」
  A「うん。だって先生も親もああしろ、こうしろ、うるさいんだもの。」
- Q「みんながいると自由にできない？」
  A「うん。だってみんなと同じにしていないと、仲よくしてもらえないでしょ？」
- Q「大人になったら今より自由になれるの？」
  A「ううん。だって大人って責任とか心配ごととかいっぱいあって、大変でしょ？」

グループで話し合われたことは板書し、意見の共有を図った。

② グループで出た意見の共有

親との関わり…言ってくれるのは親だから。愛情。受け止めよう。　C-(14)家族愛

友人関係…信頼していれば自分の気持ちは言えるはず。話をしよう。　B-(8)友情

大人との比較…大人は子どもより責任が多い。社会で人の役に立つのは大人の義務。

③ 教師からの問いについて考えてみる（「何にもじゃまされない自由はあるか？」）

考えることや思うことは自分だけの自由。心の自由。→次の授業へのつながり。

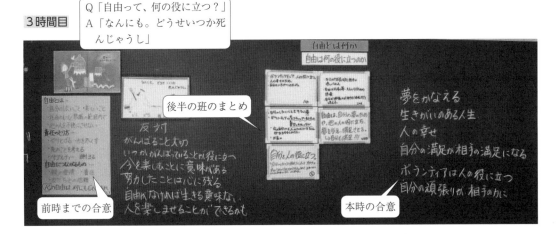

① 導入

2時間目の振り返りシートに「心が自由だと、なんとなくだけど優しくなれる気がしました」と書いた生徒がいた。本時の主価値と、関連価値を結びつけることができると判断し、この意見を紹介し授業を始めた。ほとんどの生徒は、まだこの意味が理解できないような表情であった。

② 自由は役に立つのか、立たないのか

「自由って、何の役に立つ？」「なんにも。どうせいつか死んじゃうし」という絵本中の問いに全員で考えた。役に立たないと言った生徒はゼロであった。自由がなければ生きる意味がない、頑張っていることがいつか役に立つ、という自分の視点での意見に加え、人を楽しませることができるかも、という他者を意識した意見が出たので、次の発問に自然につなげることができた。

③ 「よりよく生きるための自由の使い方」について考えてみる

2グループごと、3つの違った絵本中の問いについて、それぞれのページの下に書かれた考えるヒントをもとに、グループで、よりよく生きるために、自由を自分のために使う方法と、人のために使う方法を個人で考えて付箋に書き込み、グループでまとめた。

1、2班：「しあわせになるのに」
3、4班：「自分のしたい仕事をして、意味のある人生を送るんだ」
5、6班：「自分の壁をつきぬけて、本当の僕になるために」

次に、異なった資料の人でグループを組み直した。意見交換をするので、具体的な例などを考え、次の話し合いのためにまとめをした。4班では「美容師になりたいという夢が

2．問題解決的な学習 | 103

あるが、自分の人生も充実するし、髪の毛を切ってお客様に満足してもらえれば、他者のために自分の自由を使えることになる」という例を挙げ、次のグループの人に自分たちの考えを伝える工夫をした。

④　「自由は何の役に立つのか」について考えてみる

・自分が成長すると相手に優しくなれる。
・自由は将来の夢・大人になるための準備
・自分が頑張れば相手も「頑張るぞ！」と思える。
コメント

1回目の班での話し合いを受けて、異なった資料を読んだ生徒同士で班を組み直し意見交換をした。3種類の異なった資料によって吟味された考えを、新しいグループで交換することによって、本時の「自由は何の役に立つのか」という学習課題について多角的に考えることができ、考えが深まった。新たなボードに書き込み、各班のボードを黒板に貼り、説明を加えて発表することで全体で意見を共有することができた。どの班にも共通する意見を確認したり、特徴ある意見については取り上げたり吟味したりした。

グループでの話し合いの内容の伝達は、抽象的にならないように、具体例を入れながらわかりやすく伝えることを大切にした。例えば、「M君の夢はプロサッカー選手になることで、サッカー選手になれば自分の好きなサッカーで人生も充実するし、M君のプレーを見る子どもたちは、自分も頑張ろうと思ったり、夢をあげたりすることもできる」とか、吹奏楽部員は、「ボランティアで老人ホームに行くけれど、自分の好きな楽器を演奏することで、お年寄りを喜ばせることができる」とか、生徒会のエコキャップ収集活動を挙げ、「キャップを持ってくるのも、持ってこないのも自由に決められる。でも、持っていこうという気持ち（心の自由）は行為になり、ワクチンになって誰かの役に立っている」と自分のためにも、人のためにも自分の自由は役に立つことを説明し、話し合いを深めた。

⑤　クラスの合意と、自分がよりよく生きるための自由の使い方を考えてみる

よりよく生きるための自由の使い方の合意

・夢をかなえる　・自分の満足が相手の満足につながる　・自分の頑張りが相手の力になる　・ボランティア　・人の幸せのため

ここで再び導入の生徒の意見に戻った。導入の段階では感じることができなかったその意味が、1時間の学習を通して「自由は自分のためのものだが、使い方次第で他者との結びつきができ、相手のことを考えられる生き方、他者の喜びが自分に返ってくる喜び」ではないかということを感じることもできたと思われる。自己の振り返りでは、「自由」について自分のこととしてとらえ、自己の将来と合わせながら書く生徒が多く見られた。

(3) 評価について

1時間目のイメージマップを書いた生徒の3時間目が終わっての感想である。「私はこの授業の前までは、自由は自分が楽しいことだと思っていたけど、自由は誰かのために役立てることに気付きました。自分が満足するだけでなく、相手も満足できる自由ってステキだなと思いました。（中略）自由を他の人のために使って自分も皆も満足できるようなことをしたいです」との記述からは、自由に対する理解の深まりがみられた。

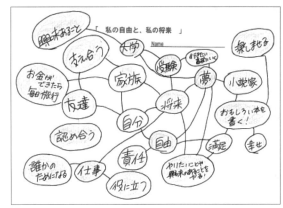

また、別の生徒の考えは、3時間で次のように変化していった。〈抜粋〉

- 1時間目はじめ…「自由というのは、したいことを何でもすることで、それ以外自由の理由がないと思います」「自由になるために仕事を頑張ってお金をもらい、好きなことに使う。働かないとお金はもらえないし、自由もない」
- 1時間目振り返り…「自由についてはとても難しかった。最初は、自由なら何でもしていいと思っていました。でも、みんなと話し合って自由には責任があることや、常識の範囲内で自分がやられて嫌なことは自由ではないということなのだとわかりました」
- 3時間目はじめ…「自由は自分のためのものだと思う」
- 3時間目振り返り…「自由とは相手のために役に立つと思いました。私は将来美容師になりたいです。お客さんの髪を切り満足してもらえたらうれしいです。自由に好きな仕事について自分が満足すると相手も満足になると考えました。私は自分の自由ができるよう努力し、相手に喜んでもらえるように頑張りたいです」

この生徒ははじめ、「髪の毛を切ることは自分の満足である」と自分中心のとらえ方であったが、グループで話し合うことによって相手の立場に立つ見方へと考えが深まり、自分の自由が相手の満足や幸せになるという考え方にまで高められることができた。

(4) 実践へのアドバイス

単元学習にしたことでダイナミックに授業が行え、自由に思考を深めていくことができた。教材の選択等の準備に時間がかかるが、小グループの組み直しは思考が広がり有効であると思われる。時間的には組み直しを行わず、全体での討論に移ることも可能である。抽象的なテーマなので意見が出にくいと思われがちであるが、中学生は抽象的なことも考えられる年齢であるので、深いテーマこそ思考が活発になり意見が出やすい。　（若林尚子）

3．道徳的行為に関する体験的な学習

実 践 例 10 道徳的行為に関する体験的な学習 ①

体験の積み上げから
実感を伴った道徳的価値理解で行動につなぐ

1．対象学年： 小学校　第1学年

2．主 題 名： 正しいと思うことを、どうやって言おうかな

　　内容項目：A［善悪の判断，自律，自由と責任］　　関連項目：B［相互理解，寛容］

3．ねらい

　実感を伴った学習を通して、正しいと思うことを判断し、相手にわかってもらえるような伝え方を理解して、表現することができる。

4．主題の設定

(1) 指導内容について

　「正しいと思うことを進んで行う」という「善悪の判断」の価値をねらうものである。積極的に行うべきよいことと、人間としてしてはならないことを正しく区別できる判断力を身につけさせるために、正しいことを相手にわかってもらえる伝え方を考えられるようにする。

(2) 子どもの実態

　児童は、学校のルールは守るものと理解しており、声をかけ合い正しく行動しようとする姿が多く見られる。一方で、掃除の時間や廊下の歩き方で友達に注意をしないといけない状況で、どのように伝えればよいかわからず、適切な声かけができない様子も見られる。本学級では、「規則の尊重」や「善悪の判断」について、継続して道徳の授業を積み重ねてきた。しかし、授業での学びが、実生活に結びついていないことがある。「頭では理解できていても、実際の行動の仕方がわからない」ということが考えられる。

5．教材について

　教材名：「学校の帰り道」(p.115参照。出典：林泰成『モラルスキルトレーニングプログラム』明

106　第Ⅰ部「考え、議論する道徳」の指導法

治図書、2008年）

　本教材は、約束を守らなければいけないとわかっているが、心の弱さや誘惑などから「少しぐらいなら」という思いで、きまりを守ることができない友達の「ゆか」に対して、「よしこ」が、勇気を出して正しいことを意思表示するという場面設定である。

　相手の気持ちになって考え、具体的な行為の実践につなげる「モラルスキルトレーニング」は、友達との関わり合いを通して、実際に道徳的な行動を演じることから、自尊感情が高まるとともに、日々の具体的な道徳的実践につながると期待できる。

6．「考え、議論する道徳」を実現する工夫

(1) モラルスキルトレーニング（ロールプレイ）の活用

　行動のスキルを重視するモラルスキルトレーニングを活用することで、具体的にどう行動した方がよいかを考え、体験的に理解することができる。その技能を身につけさせる学習を通して、自信を持って正しいことを判断し、行動しようとする意欲を高められるようにすることが重要である。また、ロールプレイは、はずかしがらず、ふざけずにやることを指導することが大切になる。そうすることで、具体的な行動場面で、その場にふさわしい道徳的な行動や実践につながると期待できる。

(2) ペープサートの活用

　視覚的に理解しやすいペープサートを使うことで、児童が興味関心を持って、集中して教材の内容を理解することができる。特に、低学年の発達段階では、話を聞くだけだと、状況把握があいまいになる。登場人物や場面の状況を把握しやすいように、教材の内容に合わせたペープサートの配置や動きを視覚的に提示することで、共通理解を図りやすくすることができる。

(3) 場面設定をイメージさせる工夫

　展開前段で「学校の帰り道」という場面設定をイメージさせることが、展開後段の体験的な学習に大きく影響する。そのため、教材を読んだ後は、登場人物双方の気持ちをていねいに確認し、迷っていた登場人物（よしこ）が、行かないと決めた理由を、すべて挙げさせた。そうすることで、展開後段のロールプレイで、どのように伝えるか考えるときの根拠となるようにする。また、場面理解をしやすいように、ペアでインタビューをし合ったり、教師がインタビュー役となってランダムに児童に聞いたりすることで、ロールプレイのウォーミングアップになる。

3．道徳的行為に関する体験的な学習

7．学習指導過程

学習過程	学習活動（○主な発問　・児童の反応）	・留意点　■評価　※支援
導　入 （気付く） （5分）	1　本時で考える内容と学習課題を知る。 ○自分が正しいと思うことが、どうすれば相手に伝わるのかを考えましょう。	・アンケートの結果をもとに、考える内容を伝える。
展開前段 （考える） （15分）	2　教材「学校の帰り道」を読み、内容を理解する。 ○ゆかさんは、よしこさんを誘ったとき、どんな気持ちだったのでしょうか。 　・早く公園に行って遊びたいな。 ○よしこさんは、ゆかさんに誘われた後、どんな気持ちだったのでしょうか。 　・ちょっとぐらいならいいかな。 　・寄り道をしたくない。 ○よしこさんは、なぜ公園に行かないことにしたのでしょうか。 　・公園に行くと、寄り道をして、先生やおうちの人との約束をやぶって怒られるから。 　・寄り道は、学校のきまりを守っていないから。	・登場人物のペープサートを活用しながら、内容を確認する。 ※よしこさんが、遊びたい気持ちと、いけないと思う気持ちがあって困っていることを押さえる。 ※公園に行かない方がよいと思った理由を押さえて板書し、ロールプレイで何と言うかを考えるときの根拠となるようにする。
展開後段 （実践につなげる） （20分）	3　ロールプレイをして、伝えるときに大事なことを考える。 【ロールプレイ①】 （教師：よしこ、児童全員：ゆか） 児童全員「よっちゃん、寄り道して遊んでいかない」 教師「頭を下げて、首を左右に振る！」 ○どうすればよかったかアドバイスをください。 　・行かないということを伝えた方がいい。 　・理由を言った方がいい。 ○よしこさん役をやってみましょう。（代表児童）	※教師がよしこさん役で、悪い例を示すことで、児童が、どのように伝えればよいかを考えやすくする。 ※考えが思い浮かばない児童には、板書を参考にするように促す。

	○よかったところやアドバイスはありますか。 　・目を見ていたのがよかったです。 ○あなたが、よしこさんだったら、ゆかさんに何 　と言いますか。ワークシートに書きましょう。 　・寄り道をしないで、帰ってからまた来よう。 【ロールプレイ②】（全児童） ○書いたことを、相手に伝わるように言ってみま 　しょう。よいところやアドバイスもしましょう。 　・目を見て優しく言うとよいと思う。 【ロールプレイ③】（全児童） ○出てきたアドバイスを使って、もう一度やって 　みましょう。 ○黒板に書いてあるよい伝え方の大事なポイント 　ができたと思う人は手を挙げてください。	・板書されていない考えが出た 　ら板書する。 ・よい伝え方を整理する。 ■正しいと思うことを判断する 　大切さに気付いている（記述、 　発言）。 ・スキルの良しあしに注目する 　だけではなく、正しいことを 　ちゃんと言える自信が持てる 　ように声かけする。 ・手が挙がらなかった児童に対 　しては、その児童が大事にし 　たことを確認する。
終　　末 （深め 広げる） （5分）	4　学習を振り返る。 ○今日の学習をもとに、よしこさん役の太田先生 　に、よい伝え方のアドバイスを書きましょう。 　・「目」を見て「わけ」も言う。 　・言葉や態度に気をつけて言う。	■正しいと思うことを相手にわ 　かってもらえるような伝え方 　を理解し、表現している（記 　述、発言）。

8．評　価

　本時のねらいを、「実感を伴った学習を通して、正しいと思うことを判断し、相手にわ
かってもらえるような伝え方を理解して、表現することができる」とする。評価の視点は、
「道徳的価値を体験的に理解し、正しいと思うことを自信を持って伝えることの大切さに
気付いているか」である。展開後段で、教師がよくない例を示すことでそれを体験した児
童は、よりよい方法を考える手立てになると考える。そして、その後の友達同士の実践と
話し合いを経て、ワークシートに「よしこさん役をした先生へよい伝え方のアドバイス」
を記述する。これを評価資料として活用する。

3．道徳的行為に関する体験的な学習　109

9．実践の手引き

(1) 授業づくりのポイント

① モラルスキルトレーニング（ロールプレイ）の活用

「めっちゃ、べんきょうになった！」——授業後の子どものつぶやきである。この授業の魅力は、なんといっても子どもたちが楽しみながら授業に参加していたことである。ポイントは、ロールプレイをスムーズに行うことにある。

ロールプレイを行う際の約束を確認することに時間がかからないように、日頃から学習上で関わり合える習慣をつくっておくことをお勧めしたい。班の座席を番号で割り振ったり、隣同士で伝え合ったりする活動を取り入れたい。ていねいにじっくりと授業を展開すると時間が足りなくなることがある。終末はあわただしくならないように努めたい。

ロールプレイは、技能の習得だけに終わらないよう、実感を伴った学習を通して、道徳的価値を自分のこととしてとらえ、道徳的価値の大切さに気付き、考えを深められるようにすることが重要である。

② 場面設定をイメージさせる工夫

ペープサートに集中する子どもたち。ペープサートを活用して教材を提示することは、低学年の発達段階では、特に有効である。なぜなら、登場人物の動きや声色を変えることで、視覚的にわかりやすく、教材の内容を理解しやすいからである。また、登場人物の心情を理解しやすいように、ペアでインタビューをし合ったり、教師がインタビュー役となってランダムに児童に聞いたりすることで、ロールプレイのウォーミングアップになる。その際に、「よしこ」には、遊びたい気持ちと、いけないと思う気持ちが混在し、困っていることを、きちんと押さえておく必要がある。迷いのある中で、正しいと判断できる力を養えるようにする。

(2) 授業記録から

　導入では、事前に実施したアンケートを活用した。アンケートの内容は、学校生活における６つの事例を挙げて、「友達にしっかり注意することができますか」と尋ねる内容である。その結果、友達にしっかり注意することが「ぜったいできる」「できそう」と答えた児童は、どの事例でもほぼ全員に達していた。児童は規範意識を持ち、みんなでよりよい学校生活を送りたいという気持ちを持って過ごしていることがわかった。導入では、正しいと思うことを本当に注意できるかどうかを聞いて揺さぶりをかけ、自分が正しいと思うことを、どうすれば相手に伝えることができるか考えることがねらいであることを確認した。

　展開前段では、ペープサートを活用して教材を提示した。子どもたちは、話に引き込まれるように聞き入っていた。提示する際には、ペープサートの動きや声色を変えながら、場面理解をしやすいように工夫した。その後、登場人物の心情を押さえるために、まず、「よしこ」を誘うときの「ゆか」の気持ちを確認した。次に、誘われたときの「よしこ」の気持ちを確認した。その際、「よしこ」が、遊びたい気持ちと、いけないと思う気持ちがあって迷っていることを押さえ、対比できるように板書した。子どもたちは、「よしこ」の遊びたいという気持ちを理解しながらも、いけないことだと自分の経験と重ねながら判断している姿が見られた。そのうえで、正しいと思うことを勇気を出して伝えることの大切さに気付かせ、価値づけた。また、いけない理由をできるだけたくさん挙げさせて板書し、展開後段でのロールプレイのときに、どのように伝えればよいかの根拠となるようにした。

　展開後段では、ロールプレイにおいて、まず教師がよくない例を示すことによって、よい伝え方で足らない点に気付かせるようにした。極端な例を示したこともあって、子どもたちが正しい伝え方に気付くことは容易であった。ここで、スキルとして大事だと思われる点に子どもたちが気付かないでいる場合は、教師がある程度の支援をする必要がある。

　教師のロールプレイで、まず、黙ったまま頭を下げて首を左右に振った。すると、「相手に目を向ける」「理由を言う」「声に出す」といったポイントが挙がった。それをうけて、代表児童に演技をしてもらった。模範的な児童の演技の後に、挙がったポイントを踏まえて、教師があえて大きな声で乱暴な言い方をした。すると、「声の大きさ」や「優しく」など、押さえておきたいポイントをさらに気付かせることができた。その後の全体演技を終えて、子どもたちは「はっきりとした声」が大切であることに気付いた。そして、お手本となる代表のペアに全体の前で、同じ演技を行ってもらった。これにより子どもたちは、

「相手に身体を向ける」「正しい姿勢」といったまだ挙がっていなかった大事な点に気付いた。子どもたちにポイントを気付かせるための段階的・意図的な手立てが大切だと感じた。子どもたちが自分の頭で考えて、行動化するところまで支援することで、実際の行動に移しやすくなる。

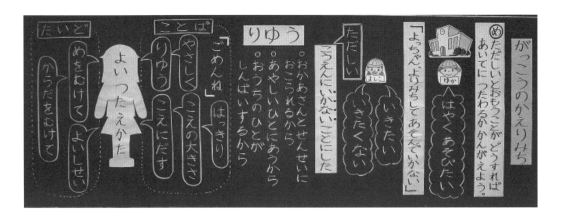

　また、児童同士のロールプレイ後に「よかった点」と「アドバイス」を、互いに伝え合うと、教師の予想以上に行動のよさを実感する児童が多かった。このシェアリングが、よい行動方法を強化し、わるい部分の修正につながる。特に、子どもたちはできていなかった点に注目しがちであるため、「よかった点」に目を向けさせると、それを伝えられた児童はロールプレイへの抵抗感をなくし、さらなる励みになることが期待できる。さらに、2回目のロールプレイでは、1回目と比べて伝えるときに自分が気をつけたいポイントを考えさせたうえで行うと、よりよいロールプレイになる。ロールプレイを通して、正しいと思うことを自信を持って伝えることの大切さに気付くようにすることが大切である。

　終末では、本時の学習をもとに、最初に「よしこ」役をした先生あてに、よい伝え方のアドバイスを書く活動を設定することで、正しく伝えるための大切なポイントを理解しているかどうか評価できるようにした。板書も参考にさせることで、ロールプレイ前にポイントに気付けなかっ

た子どもたちも含め、学習を振り返りながら全員が大事なポイントに気付くことができた。

(3) 評価について

　本時では、終末によくない例を行った教師に対して「アドバイスして」というかたちでワークシートに記述したものを評価の材料とした。展開の中で板書したこともあり、すべての児童が落とすことなく記述し、全員がねらいを達成できた。「授業でわかった大切なこと」というように、自由記述にすることも、評価の一つの方法といえる。

　また、児童は全体で2回のロールプレイを行ったが、1回目と2回目の変容を見取ると、評価につなげやすくなる。子どもたち同士でよかった点を伝え、アドバイスした場面では、もう少し具体的に評価の方法を提示してもよい。それをうけて2回目以降に生かすことができよう。また、ロールプレイ後の児童間のアドバイスをしやすくするための工夫として、◎○△などで評価すると具体的なアドバイスもできるといえる。低学年での相互評価は信頼性に課題もあるが、評価に生かすことができる。

　実際の授業では、A児は、最初は照れながらロールプレイをしていたが、ロールプレイを重ねるごとに、大事なポイントを意識しながら、真剣な表情で相手に考えたことを伝えている姿が見られた。終末のワークシートには、アドバイスをたくさん書くことができた。

(4) 実践へのアドバイス

① 場面理解しやすいペープサートの活用

　実践を通して、「善悪の判断」をねらうのに適切な教材と仕掛けが組めたといえる。

　ねらいに迫るための工夫として、ペープサートを活用したことで、児童が興味を持って取り組んでいた。特に1年生ということもあり、文章を読むより内容の理解に効果的であった。ペープサートは、学

級・学年を超えて使えることを考えれば、その効果は絶大である。活用を勧めたい。

しかし、興味関心と場面理解だけでは、子どもの考えは引き出せない。ペープサートを踏まえて、本時では、教師がよくない例を行うことで、どうすればよいのかを「先生にアドバイスをする」というかたちをとった。こうすることで、考えたいという高まりを抱かせ、さらに、なぜそう考えたのかとの理由を問うことでねらいに迫ることができた。

② ロールプレイを受け入れ合える関係を築く

本学習で取り入れたロールプレイは、体験的に理解するうえで不可欠である。しかし、嫌だとか恥ずかしいという心理的抵抗も起きやすい。本時では、楽しみながらも、ふざけずに取り組めていたが、ともすれば理解を遠ざける作用にもなる。ロールプレイを有効に働かせるために、当然であるが、ふざけずに、当事者意識を持って主人公になりきることを指導した。そのためには、ロールプレイがどのようなものであっても、受け入れ合える関係を築いていくことが重要である。日常的に、友達同士で「握手」や「タッチ」を促し、「励まし」と「応援」の言葉を子ども同士がかけ合えるように努めてきた。さらに、具体的な場面をイメージさせて、隣の友達や班の友達同士で、ロールプレイを継続的に行ってきた。その一例を右に示す。こうした積み上げがロールプレイの効果をより高めるといえる。

> ### ロールプレイのシチュエーション例
> - 「おはよう」「さようなら」の挨拶
> - えんぴつを忘れて、友達から借りる場面
> - 教室で一人ぼっちの友達を外遊びに誘う時
> - 友達が給食中、お盆を倒して、こぼれてしまった時
> - 迷子になっている小さい子に対して何て言う
> - 前を歩いている婦人が、ハンカチを落とした時

ロールプレイを行う際、教材中の一場面を取り出して、教材どおりに演じることもできる。また場面設定だけして、子どもの自由な役割演技に任せることもできる。この点は、子どもの状況に応じて選択すべきだと考えるが、どちらかといえば、後者が望ましいと考える。なぜなら、現実の場面は必ずしも教材どおりとなるとはかぎらず、多少異なる場面でも実践できるようにするには、学びの段階において、自分で工夫してやってみる方が応用の可能性が広がると考えるからである。本時で活用したモラルスキルトレーニングは、相互関係から状況的な理解が深まり、その結果、道徳的な価値のよさについて、単に「知識」としてではなく「実感」として理解し、「行動」に結びつけることに有効である。

（太田誠一）

114　第Ⅰ部 「考え、議論する道徳」の指導法

教材 「学校の帰り道」（資料は読み上げるため、漢字は低学年用に限定していない。）

ナレーター：ある学校の帰り道のことです。

ゆ　か：「よっちゃん、一緒に帰ろ」

ナレーター：さようならのあいさつをして帰りの会が終わったとき、よしこさんはゆかさんから声を
かけられました。

よ　し　こ：「うん、いいよ〜」

ナレーター：二人は家が近いので、だいたい毎日一緒に帰ります。おしゃべりをしながら歩く時間は
楽しいです。他のお友達にさようならをした二人は、学校の門を出て歩き始めました。
少したったとき、ゆかさんがこんなことを言いました。

ゆ　か：「ねえねえ、よっちゃん、今日はいつもより帰りが早い日だしさ、寄り道して遊んでい
かない？」

よ　し　こ：「えっ？」

ゆ　か：「ほら、ここからちょっとはなれた所にさ、公園があるでしょ？
この間の日曜日にお母さんと遊びに行ったら、ブランコも滑り台もあって結構おもしろ
かったんだ。だから、今から行って二人で遊んでいこうよ」

よ　し　こ：「んん〜、行きたいなぁ…今日はいつもより帰りも早いし、遊べる時間もあるんだけど。
お母さんにも、先生にも寄り道はしないように言われているし。それに、公園に行けば、
いつもとは違う道を通ることにもなっちゃうし。困ったなぁ〜。んん〜、どうしよう…。
んん〜、どうしよう…」

ゆ　か：「どうしたの〜、よっちゃん。早く行こうよ」

ナレーター：ゆかさんはよしこさんの手をとりました。早く行きたそうです。

よ　し　こ：「ゆかちゃん、ちょ、ちょっと待って」

ナレーター：ちょっと考えていたよしこさんは、やっぱり公園には行かないことにしました。そして、
ゆかさんになんて言おうか困っていました。

出典：林泰成『小学校 道徳授業で仲間づくり・
クラスづくり モラルスキルトレーニング
プログラム』明治図書、2008年

[引用文献]

林泰成編著『小学校 道徳授業で仲間づくり・クラスづくり モラルスキルトレーニングプログラム』明治図書、
2008年

林泰成『モラルスキルトレーニングスタートブック—子どもの行動が変わる「道徳授業」をさぁ！はじめよう—』
明治図書、2013年

3．道徳的行為に関する体験的な学習

実 践 例 11 道徳的行為に関する体験的な学習　②

道徳的気付きを生む
アサーション活動を取り入れた学習

1．対象学年：　小学校　第4学年

2．主 題 名：　友達のためになるには？
　　内容項目：　B〔友情，信頼〕

3．ねらい

　どちらが友達のためになるか立場を決めて対話する活動を通して、判断が必要な場合、相手の状況や立場を推し量り、忠告し合っていこうとする判断力を育てる。

4．主題の設定

(1) 指導内容について

　本主題でのテーマは「忠告」である。忠告は、相互信頼が前提となり、言いにくいことも相手のために伝える勇気と相手を傷つけない思いやりが必要である。また、受ける側もそれを受け入れる寛容さと相手の気持ちを察する思いやりが必要になる。相互信頼のもとに成り立ち、「真の友情とは？」という意識のもと、友情観を拡充できる内容である。

(2) 子どもの実態

　本学級の児童は、仲のよい友達としっかりとした絆で結ばれたいと考えている。しかし、相手が間違った行為をしても、関係が崩れるのを気にして、なかなか忠告できない現状にある。真の友情を築くには、相手のことを思い忠告すること、受ける方も感謝の念を持って受け入れることが大切であることを実感することが必要である。

　本主題に関しては、低学年で身近にいる友達と仲よくし、助け合う学習を行ってきたのを受けて、本時学習をし、高学年では友達同士、相互信頼のもとに学び合って友情を深め、異性に対しても理解しながら人間関係を築いていく学習へと発展するものである。

　この学習に至るまでに学級活動「友達関係向上プロジェクト」で「相手に気持ちが伝わる伝え方を考えよう」（アサーション活動）を学習した。その学びをもとに、自分も相手

116　第Ⅰ部「考え、議論する道徳」の指導法

もOKな自己表現をし、良好な人間関係を実現していこうとする実践意欲を高めていく。

5．教材について

教材名：「絵はがきと切手」（文部省『小学校道徳の指導資料とその利用〈3〉』1980年）

転校していった正子から定形外郵便の葉書を受け取った広子が、料金不足を伝えるか迷うが、友達を信じ、思い切って手紙で伝えるという「忠告」がテーマになる教材である。

料金不足を伝えるか迷う主人公に自己を投影し、「伝える」「伝えない」立場から自己の考えの根拠を交流し、「本当に相手のためになるには？」という相手のことを思うことの大切さと、「忠告すること」で友情関係が深まることをとらえることができる。根底には相手を信じる「信頼」があり、切磋琢磨する友達関係を深める重要な要素となる。

本時では、道徳的問題場面①「料金不足を伝えるかどうか」（「伝える」「伝えない」の両面からの多面的なアプローチ）、道徳的問題場面②「伝えると決心した根拠」（分析的なアプローチ）で本教材を活用する。

留意点としては、相手を信じる信頼と、言いにくいことも伝えることでさらに友達関係が深まるという体験を通しての道徳的気付き（友情、信頼）を大切にしたい。

6．「考え、議論する道徳」を実現する工夫

(1) 考えたい問い（テーマ）を生み出す導入の工夫

子どもが明確な問題意識を持って学習に臨めるように、「本当の友達とは？」というテーマを設定する。具体的には、「友達とは？」から友達のイメージを表出した後、さらに「本当の友達とは？」と問い、より焦点化させて「本当の友達について考えよう」という学習のめあてにつないでいく。

(2) 立場を明確にしたシミュレーション活動（創造的役割演技）

子どもたちの関心事は、「伝える」ことにより友達関係が崩れてしまうのではないかということである。そこで、実際に伝えてみて本当に関係が崩れてしまうのか、「伝える場合」と「伝えない場合」を確かめる場（シミュレーション活動）を設定する。

(3) よりよい伝え方を体験するアサーション活動

忠告する場合、相手にどう伝えるかも重要な要素である。相手の好意に感謝し、相手を傷つけずに伝えることが必要になる。実際に伝えて、相手も自分もOKな伝え方を探る。

3．道徳的行為に関する体験的な学習 117

7．学習指導過程

	学習活動と内容	主な発問と予想される児童の心の動き	指導上の留意点
導入	1 「友達とは？」どんな友達なのか話し合う。 ○友情、信頼について気がかりを持つこと	○友達とは？ 　・一緒に遊ぶ　仲がよい　何でも言える ○本当の友達とは？　自分の友達関係は？ 　・気が合う　・いつでもいっしょ 　・何でも相談できる	・今持っている友達についてのイメージを話し合うことで、「真の友達」について知りたいという問題意識を高める。
展開	1 教材「絵はがきと切手」をもとに、友情、信頼の大切さについて話し合う。 (1) 料金不足を伝えるかどうか自分の気持ちに近い方を選択する。 ○自分の友情観の傾向性を明確にして、判断すること (2) 資料後半を読み、主人公の行為や考えから友情を築くために大切な心について話し合う。 ○自分の価値への傾向性から主人公との共通性についてとらえること	・「絵はがきと切手」の前半を読む。 ・お母さんとお兄さんの話を聞いて、あなただったら「伝えますか」「伝えませんか」。 黙っている（母） ・かわいそう、せっかく送ってくれた。（思いやり） ・関係が崩れるかも。（自己本位の心） ・誰かが教えてくれる、いつか気付く。（他律的）　⟷　伝える（兄） ・間違いは正すべき。（規範性） ・友達のため。（思いやり） ・そんなことで関係は崩れない。（信頼） ・放っておけない。（自律的） 迷いを乗り越え、伝えようと決心した広子を支えた心は何だろう。 黙っている場合 ・伝えていないことが気になる。 ・また間違ってほかの人にも送るかもしれない。 ・後で間違いに気付いたら、「何で教えてくれないのか」と言われそう。 ・私なら教えてほしい。　⟷　伝えた場合 ・すっきりした気持ちで会える。 ・一生懸命考えて伝えたことが伝わっている。 ・友達関係は崩れない。 ・かえって絆は深まる。 ・伝えることが本当の友達だ。	・指導者が範読し、各登場人物の特徴を押さえる。 ・母（黙っていた方がよい）と兄（伝えた方がよい）の考えを聞いて、自分だったら伝えるか、黙っているか選択する場を設定することで、さまざまな要因を分析し、その根拠について判断できるようにする。 【ペア対話】 ・シミュレーション活動を通して話し合うことで、料金不足を伝えようと決心する広子を支えた心について、とらえることができるようにする。 ・「黙っている場合」「伝える場合」の心情比較 【シミュレーション活動】 （時間軸を移動した役割演技）

		・本当に友達のためになるのは？ ・正子を信じたい（信頼） →どのように伝えたらいいのだろう	・それぞれの場合、自分と相手がどんな気持ちになるか評価する場を設定する。
	(3) 自他の視点から、どのように伝えるか話し合う。 ○自他の視点から自己の行動を見直すこと	・どのように伝えたらいいのだろう。手紙を書いて、実際に伝えてみよう。 （相手の思いを大事に。傷つけないように。） （自分の気持ちもきちんと伝えるには）	・実際に手紙を書き、相手に伝えて確かめる場面を設定することで、自分も相手も納得する接し方について考えることができるようにする。
終末	3 友情、信頼の価値の振り返りをする。 ○価値の実現を目指す実践意欲を高めること	・本当の友達関係を築くには、相手のことを本当に思って、アドバイスすることが大切。 ・相手も自分も満足する接し方が友達関係を向上させるには大切。 ・これからも友達との絆を深めたい。	・日常生活の中で、友達同士で協力し励まし合う児童の様子をプレゼンテーションで提示し、実践意欲を高める。

8．評　価

　授業前後の児童の友情観の変容が評価の対象となる。そこで、授業前後の友情に関する記述を比較する。授業後の記述には変容の影響を受けた対象（例：次のア.～エ.）が加わる。ア．教材の登場人物の生き方、イ．対話した友達、ウ．自己の過去の体験、さらに、エ．<u>実際に体験したこと（シミュレーション活動を通して）</u>が加わる。常に自己の体験と結んで記述するように日常から指導しておく。学習プリント（右図）の自己評価と連動させると効果的である。
①友情観についての変容→友情についての事前アンケート⇔学習プリント
②道徳的価値（友情、

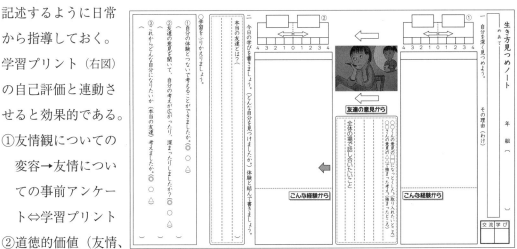

信頼）を自分との関わりでとらえているか。自分の体験と結んで具体的に発言したり、記述したりしているか。（自我関与）

→伝えるか伝えないか立場を決めた対話活動、シミュレーション活動

③問題場面について他者と多様な見方・考え方で交流しているか。（多面的・多角的な考え）→伝えるか伝えないか立場を決めた対話活動、シミュレーション活動

④自己の生き方について考えを深めているか。（自己課題）→学習プリント感想欄など

9．実践の手引き

(1) 授業づくりのポイント

〇学びのつながりを意識して（他教科等との関連）

この実践は、単独で行うのではなく、「友達の不十分さも含めて理解する」→本時「忠告する大切さ」というように価値を発展的にとらえる必要がある。また、学級活動「友達関係向上プロジェクト」の「相手も自分もOKな伝え方」（アサーション活動）のスキルを活用することになる。他教科領域の関連を含むものである。

〇問題意識を大切にして（問いを生み出す導入）

導入段階では、考えたい問い（テーマ）を生み出す工夫が必要になる。そのために、次のような段階的な発問を構成する。①「友達とは？」（一般的・自己の友達像）→②「本当の友達とは？」（焦点化）→③「自分の友達関係は？」（自己の生き方の見つめ）。そうすることで児童は自我関与を図り、明確な問題意識を持つことができる。

〇言葉を通してのつながりを意識して（言語活動の工夫（アクティブ・ラーニング））

問題意識を解決するために言語活動は大切である。議論し、考えを深めることができるように次のような言語活動を仕組む。①「伝えた場合」「伝えない場合」の時間軸を動かした創造的な役割演技、②実際に伝えて確かめる場面（アサーション活動）。

(2) 授業記録から

① テーマを把握する導入段階

導入段階では、児童が「本当の友達について考えよう」というテーマをつかむことをね

らいとしている。そのために、まず、「本当の友達とは？」と発問し、現在の子どもの友情観を尋ねた。子どもは、「何でも言い合える」「一緒にいて盛り上がる」「本音が言える」などと発言した。そして、さらに「そのような友達関係が築けているか」と問い、切実感のあるテーマ「本当の友達について考えよう」につないだ。Ａ児は、「私は、友達関係が崩れてしまうのが嫌で、なかなか注意（アドバイス）はできません。自分自身、本当の友達関係になっているか、今日の学習で知りたいです」と発言した。本当の友達について知りたいという道徳的価値の本質に向かう課題意識を高めているのがわかる。これらは「本当の友達とは？」と焦点化し、友達関係を考える活動が有効に働いたと考える。

　②　テーマを追究する展開段階

　読み物教材「絵はがきと切手」を提示した。料金不足を伝えるか、伝えないか悩む主人公（道徳的な問題場面）が自分だったらどうするか、まず「心のものさし」で表

出し、付箋紙にその根拠を記述したうえで、ペアで対話する場を設定した。「心のものさし」は、自己の立場を明確にし、その根拠の違いで交流することができる教具である。

　Ａ児は、「伝える」の気持ちの強さは、「２」と自己評価し、「伝えたい。でも、正子さんもきれいな景色を届けたくて送ったのだから、傷つけてしまうかも。でも、このまま間違っているのをそのままにすると正子さんのためにならない」と記述し、伝えると友達関係が崩れてしまうという不安を記していた。それを相手への視点（関係性）を持つことで、相手との関係が崩れようとも、信じて伝え合うという友情信頼の本義に気付くまでに高めたいと考え、対話活動を仕組んだ。

〈多面的なアプローチを図る対話活動〉

児童Ａ：伝えた方がいい。でも、伝えて相手が傷ついたら、困る。せっかくきれいな絵はがきを送ってくれたのに。友達関係が崩れるのがこわい。

児童Ｂ：また同じようにほかの人にも絵はがきを送って、正子が悪く思われることを考えると、私はたまらない気持ちになります。それに、正子も親友ならきっとわかってくれると思う。私の親友Ｃさんとのことを考えて、伝えて崩れるような関係ではないと思う。

児童Ａ：Ｂさんの意見を聞いて、親友なら、わかってくれるかもしれないと思えてきました。でも、やっぱり友達関係が崩れるのが心配です。

　<u>伝えたい気持ちはある。しかし、忠告する際の阻害要因になっている「友達関係が崩れ</u>

ないか心配だ。確かめたい」という児童の切実な問いが生じてきた。そこで、実際伝えた場合を確かめる場「シミュレーション活動」を位置づけた。時間軸を移動させ、自他の状況を推量し、よりよい関係を調整し、本当の友達についてとらえることができることをねらいとする体験活動である。子どもたちは、友達のあやまちを忠告するのか、黙って相手の思いを大切にするのか、どちらが「本当の友達」になるのかということを明らかにしたいという内的必要感を持って学習に臨んだ。その疑問を解決するべく、「伝えた」場合と、「黙っていた」場合、時間軸を移動して1か月後に直接正子に会う場面を設定した。この活動は、それぞれの場合の結果予測をして演技し、その時の心情を体感するものである。

・黙っていた場合

児童A（広子役）：久しぶり。元気だった？　絵はがきありがとう。きれいだったよ。

児童B（正子役）：喜んでもらえてよかった。あまりにもきれいな景色だったから広子さんに送りたくなったの。

教師：広子さん、定形外郵便のことを黙っているままだけど、どんな気持ちですか？

児童A：会えてうれしいけれど、何となく落ち着かない。もしかしたら、ほかの人にも同じものを出しているかもしれないし。もし、後で気付いたら、なぜあのとき教えてくれなかったのだろうかと思われるかもしれない。

教師：あなたが正子さんだったら、教えてほしい？

児童A：私はやっぱり教えてほしい。

・伝えた場合

児童A（広子役）：久しぶり。元気だった？　絵はがきありがとう。きれいだったよ。

児童B（正子役）：この前は、ごめんね。わたし知らなくて。これからは、気をつけるね。

児童A：ショックを受けていないか心配していたよ。

児童B：教えてくれてよかった。ほかの人にも間違って送るところだったよ。<u>言いにくいこと教えてくれてありがとう。</u>

教師：広子さん、迷っていたけれど、伝えてどうですか？

児童A：伝えてよかった。よけい絆が深まりました。

教師：友達関係が崩れそうとみんな心配していたけれど。
児童Ｃ：大丈夫でした。そのままにしておいた方が、気になってしかたなかったです。
　親友なら、友達関係は崩れない。思い切って伝えよう。でも伝え方が問題だなあと思いました。

　シミュレーション活動で、Ａ児は、黙っていることで、その場はうまく関係は保てるが、相手のあやまちを伏せておくことで、心の爽快感が得られず、暗くなることに気付いた。また、相手がほかの人から悪く思われるのが気になるという対他的な気付きが出てきている。また、「伝える」場合、Ｂ児の信頼友情の価値の本質に迫る意見をもとに、親友だったら、これくらいのことで関係は崩れないし（信頼の価値の気付き）、相手のことを思って伝えるべき（対他）という意見に変わっている。これらは、自分と他者との関係を心情面から考慮し、友達関係を吟味し、自他ともによりよい方を選択していこうとする姿だととらえる。さらに、伝えるにも、相手の思いを大切にして、相手が傷つかない伝え方が大切なことに気付いていった。これは、体験を通して気付いたことである。

　その気付きを大切にして、さらに、「主人公の行為や考えは？」ということで、資料後半を提示した。後半部分は、手紙にはがきのお礼と、料金不足を伝えることを記すという話である。
　そして、主人公を支えた心について話し合う場を設定した。「相手を信じる」「本当の友達だから」「相手の思いを大切にしたい」などと児童は発言した。そして、実際に手紙を正子に書いて伝える活動を設定した。この場合、「相手も自分もＯＫな伝え方」が大切になる。「友達関係向上プロジェクト」でのアサーション活動を活かす学習である。実際に書いて、伝えてみる。児童は、自分も相手もＯＫな伝え方になっているか確かめていた。Ａ児は、次のように手紙を書いた。「正子さんへ　この前は絵はがきありがとう。来年の夏休み、いっしょに遊ぼう。広子より。追伸　絵はがき、料金が不足していたよ。次から気をつけようね」と記述し、隣の友達に読んでみて傷つかないか、思いは伝わるかなどを、確かめていた。
　全体に紹介すると、それぞれ伝え方は違うが、相手を信じ、相手のことを思い合う気持

ち（友情、信頼の本義）は同じことに児童は気付いていった。A児は、シミュレーション活動後「伝えて、わかってくれるという相手を思い、信じる気持ちがとても強くなりました」と発言し、関係性を考慮した対他的な見方が加わっており、さらに、伝え方も相手の思いを大切にして、傷つかなよように心がける大切さに気付いている。これらは、相手との関係の調和を保ち、心情を大切にする人間関係調整力が高まった姿だととらえる。

これらは、対話活動、シミュレーション活動を位置づけ、アサーティブな視点を生かし道徳的価値に関する疑問をシミュレーションし、解決したことが有効に働いたと考える。

③ 自分の友情観について振り返る終末段階

終末段階では、児童がなりたい自己像を明確にできるように、自分を見つめる自己評価活動を位置づけた。自分の行為や考えを自己評価し、学習前と後の友情観のとらえについて比較し、自分を見つめることができるようにした。そして、なりたい自己像を道徳ノートに記述する場を設定した。A児は、「本当の友達とは、本音を言い合えて、簡単にこわれない関係。今日の学習であらためて本当の友達について深く考えました。相手のことを思い、信じ合えば、きっと思いは伝わるということが心に残りました。私もこのような場面に出合ったら、相手のことを思い、アドバイスしていきたいです」と、子どもたちは、あらためて自分が友達に忠告できていたか考え、自己を見つめていった。

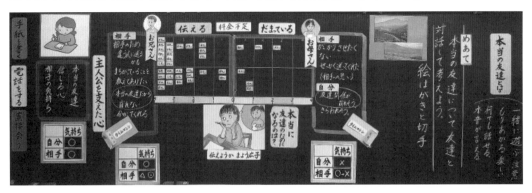

(3) 評価について

板書の上下に対話前後の立場をマグネットで貼ることで、変容を見ることができるように工夫した。その変容の一部が右の資料である。その変容の理由が大切である。A児は、心のものさしの「伝える」2から4に変化しているが、その理由として「伝え

た方が、友達関係の絆が強まるというＢさんの意見に、納得した。自分もそうなりたいと思った」と答えている。また、感想の欄に、前述のように、本当の友達についての自分の考えを記述し、相手のことを思い、信じて忠告していきたいと実践への思いを述べている。このように、自分の立場をネームプレートや心のものさしで可視化することで、発言の苦手な児童にも発言するための材料が提供できた。また、記述するのが苦手な児童には、書き方のモデルを示し、自信を持って記述できるように配慮した。

　また、学習プリントの裏面を活用し、以下のような項目で、自己評価できるようにした。

〈自己評価〉

①道徳的価値（友情、信頼）を自分の体験と結んで考えましたか。〈自我関与〉

②友達と対話して自分の考えが広がったり、深まったりしましたか。（多面的・多角的な考え）

③これから大切にしたい心が見つかりましたか。（自己課題）　　　など

　Ａ児は、すべての項目に◎をつけた。積極的に自己の切実な問いを追究し、友情観を拡充することができていた。

(4) 実践へのアドバイス

　「アドバイスしたら、友達関係が崩れるのではなく、絆が深まり、もっと仲よくなれる」これは、子どもの切実な問いをもとに体験的な学習を仕組んだ成果である。

　「本当の友達関係になっているか知りたい」という切実な問いを生む導入の工夫（段階的な発問）を行い、その切実な問いを解決する言語活動を仕組んだことが有効であったと考える。言語活動①（対話活動）では、料金不足を「伝える」か「だまっている」か立場を決めて、根拠をもとに対話することで、自分の経験をもとにしながら、友達の意見と比べ、自他ともによりよい方を吟味することができた。大切なのは、根拠の交流である。さらに、言語活動②（シミュレーション活動）では、対話活動で生じた疑問を解決するために、時間軸を移動させて、主人公の取りうる二つの立場をシミュレートしその結果（行為＋心情）を予測することで、伝えたらもっと友達関係が深まる、その根底には信頼関係が大切であること、伝え方（アサーティブな視点）も大切だという友情、信頼の道徳的価値の大切さに気付いていた。体験をもとに実感を伴って納得する姿である。

（木下美紀）

[引用文献・資料]

佐伯胖『「きめ方」の論理』東京大学出版会、1980年

島田一男『講座人間関係の心理３　学校の人間関係』ブレーン出版、1997年

| 実践例 12 | 道徳的行為に関する体験的な学習　③ |

内面と行為を響き合わせ、情報モラルを育む

1．対象学年：　中学校　第2学年

2．主題名：　情報化社会の中で寛容な心を持つ

　　内容項目：　B［相互理解，寛容］　　関連項目：B［思いやり，感謝］［礼儀］

3．ねらい

　ロールプレイで多面的・多角的に考えることを通して、情報化社会の中で寛容な心を持ち、ネット上での望ましい行動を取ろうとする判断力を育成する。

4．主題の設定

(1) 指導内容について

　本授業は、［相互理解，寛容］を主たる内容項目としている。情報化社会の進展によって、インターネット上のいじめやトラブルが社会問題化している。インターネット上のコミュニケーションにおいても「寛容の心」が大切であることを理解し、それをどう表現するかを考えることを通して、生徒が情報化社会におけるよりよい生き方を考えるようにしたい。

(2) 子どもの実態

　中学生段階でのスマートフォン所持率は約60%である。全くSNSを利用したことがない生徒がいる一方で、毎日のように使用し、依存を深めている生徒も少なくない。学校全体で携帯電話の使い方を指導しているものの、トラブルは起こっている。

　この内容項目は小学校中学年から指導されている項目である。学級活動でも、「異なる立場を受け入れる」ことを指導してきた。また、ソーシャルスキルトレーニングでは、異なる立場の人に対して、どのように自分の要求を伝えるかを、アサーショントレーニングを中心に行ってきた。実際の生活では、相手の考えを受け入れ、謙虚に考える生徒が増えてきている。一方で、インターネットの中では、SNSにおけるトラブルが報告されている。

日常生活ではコミュニケーション能力は高まっているものの、インターネットの世界での
つき合い方を指導しなくてはならない。

5．教材について

　教材名：「言葉の向こうに」（文部科学省『私たちの道徳　中学校』2014年）

　この教材は、主人公の加奈子が、インターネットの掲示板での書き込みをめぐり、いろ
いろな立場の人たちから批判を受ける話である。最初は自分の主張だけを一方的に行う加
奈子だが、異なる立場の意見を受け入れる重要性に気付いていくという内容である。ロー
ルプレイを行い、道徳的価値を育むのに適した教材である。

6．「考え、議論する道徳」を実現する工夫

(1) ロールプレイを生かして議論を深める

　今回の授業では、体験的な学習を活用することによって、ロールプレイのよさを生かし、
より議論を深められるようにした。教材を読むだけでは理解しづらい道徳的価値について、
実際に行為に表すことで、寛容の心を表すよさや難しさを体験する。それによって、寛容
の心について、より深く議論する環境を整えられるようにする。

(2) アンケートを活用し学習課題に問題意識を持てるようにする

　本授業では、導入でアンケートを用い、学習課題を立てている。生徒一人ひとりが学習
課題を意識し、めあてを持って授業に取り組むことによって、より深く、道徳的価値を考
えられるようにしている。今回の学習課題は、寛容の心を主価値にしながらも、他の道徳
的価値と関連を図りながら、実際の生活に生きて働く道徳性を育成するようにした。

(3) ロールプレイで寛容の心について考えを深める

　ロールプレイを用いることで、寛容の心を表現することを実際に体験し、行為と内面を
響き合わせることで、より深く道徳的価値を育めるようにした。また、そのロールプレイ
を見ている生徒にも話題を広げ、その行為のあり方を議論することによって、さらに寛容
の心について考えを深められるようにした。

7．学習指導過程

段階	主な発問（○）	予想される生徒の反応（・）	指導上の留意点（・）
導入	○インターネットやSNSなどでトラブルになったことはないか。アンケートからわかったことを発表する。	・深刻ないじめにならないまでも、トラブルになることは何回かあった。	・アンケートを用いて、実際にトラブルが起こっていることを確認し、生徒が課題意識を持つようにする。
展開	○条件・情況の説明 ○テーマ設定をする。 学習課題 「インターネットなどを使ううえで、大切なことは何だろうか」 1　A選手に批判的なユーザーとの論争の中で、加奈子はどのような気持ちだったろうか。 （補助発問）顔を合わせた討論だったら、ここまで言うだろうか。 2　自分の書き込みを注意され、加奈子はどのようなことを考えただろうか。 （補助発問）どちらの立場に共感できるか。 3　加奈子が気付いた大切なこととはどのようなことだろうか。	・A選手のことをけなすことが許せない。 ・何としても言い負かしてやる。 ・顔を合わせていたら、発言に気をつけて、きつくならないようにする。 ・みんなA選手のファンなのに、逆に注意されるのは納得できない。 ・確かに少し言いすぎたかもしれない。 ・顔が見えないインターネットの世界では「言葉の向こうに」実際に人がいることを想定し、異なる	・A選手に批判的なユーザーに対して怒りを抑えられず、ヒートアップする加奈子の気持ちに共感できるようにする。 ・インターネットの匿名性が言葉の使い方をきつくする原因になっていることに気付くようにする。 ・異なる二つの立場の意見を知って、混乱する加奈子の心情を自分事としてとらえるようにする。 ・設定した課題の答えが出るように発問する。その際、「思いやり・感謝」「礼儀」などの関連する

		意見を受け入れ、寛容になる必要がある。	価値についても考える。
	4　実際にどのように行動したらトラブルを回避できただろうか。ロールプレイを行って考える。	・「A選手は確かにそういう選手かも知れないけれど、感じ方は人によって違うよ。私は、A選手は頑張っていると思う」	・ロールプレイを見ている生徒にも話題を広げ、行為のあり方を議論することで、さらに道徳的価値の理解を深めるようにする。
	5　情報コミュニケーションツールを使ううえで大切なことは何か。自分の見つけた答えを書く。	・SNSを使ううえでは、相手がいることを考え、異なる意見に謙虚になることが大切だ。	・書く活動を取り入れ、内面化を図るとともに、これからの生活に生かすようにする。
終末	○インターネット上では、書き込みを我慢することも大切であることを説話する。	・ネットの社会では、書き込みを我慢することも大切だ。	・この時間で学んだことをよりよく使っていこうとするように指導する。

8．評　価

(1) 寛容の心についてロールプレイを通して多面的多角的に考えることで、価値に対する見方を深めている。

(2) インターネット社会で寛容の心をどう表現していくかについて、自分なりに具体的に考えようとしている。

　事後指導として、生徒指導や、携帯教室などと関連を図って、さらにネット社会での行為の指導を行う。

9．実践の手引き

(1) 授業づくりのポイント

　生徒たちは情報化社会の中で、その便利さを享受しながらも、SNSによるいじめ等に苦しんでいる。中学校では、生徒指導の一環として、携帯教室や、ソーシャルスキルトレーニングを行っている学校も多いだろう。しかし、これらの対応では、内面を育めないなど不十分なところがある。そこで、情報化社会をよりよく生きるための道徳性を育む授業として、以下の2点をポイントにした。

① 授業中盤のロールプレイでは、ただ単にロールプレイを行うだけでなく、その行為は問題を解決できそうか、話し合う場を設定したい。行為のあり方を議論することで、より深く内面を育めるようにするためである。

② 学習課題をあえて広く設定した。実際の生活では、複数の道徳的価値を合わせて判断している。関連項目も合わせて考えることで、実際の生活に生きて働く道徳性を育成したい。

(2) 授業記録から

① 導入

　導入はアンケートを用いた。スマートフォンやパソコンで、どれくらいの生徒がSNSをやっているか、また、どれくらいの生徒がトラブルに遭っているかを把握したかったからである。また、トラブルに遭ったことを、その場で話すのは難しいだろうと考え、アンケートを示し、そこからわかることを生徒に発表させた。

　生徒たちは、約65％の生徒がSNSをやっていること、トラブルになっている人が8人もいることなどを、驚きを持って受け止めていたようだ。

② 展開

　ここで課題を示した。

インターネットなどで大切なことは何か。

　読み物教材「言葉の向こうに」を用いて、違う考えを持つ人々の意見を受け入れつつ、

豊かな人間関係をつくるには、どうしたらよいか、さらに、ネット上という、現実世界とはまた少し違う世界の特殊性を踏まえて、そのような世界での人々とのつき合い方をどうすればよいかについて考えることを知らせた。

登場人物を示し、話の大筋を説明した。

- 加奈子さんはヨーロッパのサッカーチームのＡ選手の大ファンである。
- しかし、学校に同じ趣味の友達はいないので、Ａ選手の話を共有できる人がいない。
- ネットの中になら、同じ趣味の人がいるので、話がはずむ。
- ところがあるとき、「Ａは最低な選手」という書き込みを見つけ、反論してしまう。
- また違う人から、加奈子は「あなたはここには来ないで」と言われてしまう。

「言葉の向こうに」を読み聞かせた。

はじめに、「『Ａは最低な選手』というユーザーと論争しているときの加奈子の気持ちはどんな気持ちか」を発問し、批判に対して何とかして打ち負かそうとする加奈子の気持ちを明らかにした。

Ｓ：自分にとって大切な選手を批判されたらたまらないと思います。何としても、相手を打ち負かそうと思ったと思います。

Ｓ：相手が馬鹿にした口調なので、よけいに頭にきたと思う。そういう言われ方をすると、腹が立つ。　など

生徒の多くが、加奈子の気持ちに共感したようだった。

ここで「実際に顔を合わせた討論だったら、ここまで言うか」を補助発問として発問した。インターネットの顔が見えないという特徴をつかめるようにしたかったからである。

Ｓ：実際に顔を合わせていたら、相手の表情とかがわかるから、そこまできつい言い方をしないと思う。

Ｓ：文字だけだと、よけいにきつく思う言葉もある。相手が見えないから、こちらも、ついつい言葉がきつくなる。　など

インターネットの世界では、相手の顔が見えないぶん、言葉遣いがきつくなり、思ったことをつい書いてしまうことがあるようだ。また、ふだん、顔が見えているときは、思ったことをすぐには口に出さないように気をつけているが、インターネット上では、思ったことをすぐに書き込んでしまうという意見もあった。

次に、「自分の書き込みを注意された加奈子はどんな気持ちか」を発問した。

> S：A選手のことをかばっているのに、何で注意されるのか、わからないと思う。
> S：みんなA選手のファンなのに、なぜ、A選手をけなしている人を攻撃するのがいけない
> のか、わからないという気持ちだと思う。みんな、A選手のファンなのに、なぜ？　と思
> っている。　など

ここで、「書き込みを注意している人」に共感する生徒もいるのではないかと考え、「書き込みを注意する人と加奈子とどちらに共感できるか」を発問し、どちらかに挙手するようにした。

生徒の答えは半々に分かれた。

加奈子に共感する生徒の考えは以下のとおりである。

> S：加奈子さんは自分だけではなく、A選手のファン全体を思ってやっていると思う。
> S：当事者以外の人が出てくるのはおかしい。加奈子と悪口書く人の問題だ。　など

一方で、「書き込みを注意する人」に共感する生徒の考えは以下の通りである。

> S：加奈子さんが冷静さを失っているから、注意したくなったのだと思う。みんなで気持ち
> よく掲示板を使いたいから。
> S：加奈子さんの口調が、どんどんきつくなっていったからだと思う。自分の好きな掲示板
> を「荒らされる」のは嫌だからだと思う。　など

中には、「そんなこと言ったら、火に油を注ぐだけ。二人が落ち着くのを待っていればいいのに」という意見もあった。

次に、「加奈子が気付いた、大切なこととはどんなことか」を発問した。この発問は、価値理解に迫る発問として、私が考えていた発問である。

> S：違う考えを受け入れる「広い心」が大切だと気付いたと思います。
> S：相手の気持ちを考えて、思いやりを持って発言すべきだと気付いたと思います。
> S：礼儀の大切さに気付いたと思います。言葉遣いをていねいにする。

ここでは、「寛容さ」以外のさまざまな道徳的価値が出された。インターネットを使ううえでどれも大切だと思った。また、「ルールやマナー」にふれる生徒もおり、インターネットでトラブルを起こさないためには、さまざまな道徳的価値が大切だと生徒から気付

かされた。

　また、この発問に対して、「無視すること」と発言した生徒がいた。ここでは、取り上げなかったが、あとで、インターネットの世界では書き込みを我慢することも大切であると考え、終末の説話の中で取り上げるようにした。

　ここで、加奈子がどのように発言したらトラブルにならなかったかを、役割演技させた。ワークシートを配布し、加奈子の吹き出しにセリフを書かせてから、役割演技を行った。

　生徒のワークシートを観察しながら、ねらいに迫るセリフを書いている生徒を2名ほどピックアップしておき、意図的に指名した。役割演技は、教師が「Aは最低な選手」と言った後、生徒に考えたセリフを言ってもらうようにした。話の説明で用いた人物画をお面がわりにして、役割演技を行った。

　最初の生徒は以下のように答えた。

T：「Aは最低な選手」
S：「あなたはそういう考えかもしれないけれど、ここはA選手のファンが集まるから、そういう書き込みはしないでください」

　この役割演技に対して、見ている生徒に、トラブルを回避できそうか尋ねた。
　大半の生徒は「トラブルを回避できない」ととらえたようだ。理由を聞いてみると、「書き込まないでください」というところが、相手を否定しているように感じたようだ。
　次に別の生徒を指名し、役割演技を行った。

T：「Aは最低な選手」
S：「A選手は確かにそういう選手かもしれないけれど、感じ方は人によって違うよ。私は、A選手は頑張っていると思うな」

　今度の役割演技はどうか、見ている生徒に尋ねてみた。大半の生徒は、トラブルを回避できると考えた。理由を聞いてみると、「相手の立場を認めている部分がある」「自分の考えをやんわりと伝えている」というものがあがった。
　役割演技を行ってみて、役割演技を行った生徒はもちろん、見ている生徒も「寛容の心」のあり方について考えを深めたようだ。また、自分のセリフを周囲の友達と比べ、セ

リフのあり方について、自然と議論をしている姿も見られた。

　この役割演技の後、学習課題であった「インターネットなどを使ううえで大切なことは何か」について、自分の見つけた答えをワークシートの後半に書くように指示した。

　生徒の記述は以下のとおりである。

> S：私は、一人ひとりが違う考え方や感じ方をするものだと思います。ですから、それを理解したうえで、広い心を持ち、自分が必ずしも正しいと思わずに、皆の意見を受け止めていくことが大切だと思いました。
>
> S：インターネットの世界でトラブルを起こさないためには、人と尊重し合う心が必要で、その中で嫌なことを言われても、相手の心を忘れないで、強く当たらない。まずは相手の心を考えてから物事を発言することが大切だと思いました。
>
> S：インターネットの世界でトラブルを起こさないためには、相手の気持ちをよく考えて、ルールを守って使用することが大切だと思いました。ですから、これから使用するときは、トラブルにならないように言葉の向こうにいる人の顔を考えながら使用したいです。

　多くの生徒が、「違う考えを受け入れる大切さ」「相手と理解し合うことの大切さ」を書いていた。中には少し違ったこんな考えもあった。

> S：私はインターネット上でトラブルを起こさないためには「執着しすぎない」ことが重要だと思います。個人の好みに口を出すつもりはありませんが、私がインターネット上でトラブルを起こさずにやってこられたのは、好きなものにあまり執着していなかったためだと思います。熱狂的なファンでなければ、批判や中傷も受け流せるはずです。そして、強い執着をしていると、視野が狭くなるといえます。好きなものにのめり込みすぎないことが二次元の世界でトラブルを起こさない秘訣だと思えます。

　それぞれの生徒が、学習課題に対して、自分なりの答えを出していた。

　③　終末

　終末では、先ほどあまり取り上げなかった、インターネット上での「書き込みを我慢する」大切さについて話した。インターネット上では、自分の意見をストレートに表現することが得策ではない場合もある。その状況を見きわめ、判断し、行動することが大切であることを話した。

　また、実際にインターネットによる書き込みによって傷ついている人がいる一方で、私たちは、インターネットを使うことで、より豊かな生活を送れる一面があることを話した。また、インターネットは、それを使う人間によってよくも悪くもなる。上手に使って、情

報化社会を心豊かに生きていけるようにと話した。

(3) 評価について

　ワークシートからみると、ある生徒は「実際にセリフを考えてみることで、違う立場の意見を受け入れながら自分の考えを発言する大切さ」に気付いていた。また、ある生徒は、「インターネットの世界では、ふだんとは違って、思ったことをすぐ書いてしまいがちだけれど、相手の考えをよく考えながら、慎重に書き込みをする必要がある」としていた。生徒は、インターネット世界の中で、どのようにすれば人とうまくつき合っていけるか、それぞれの答えを考えたようだ。

(4) 実践へのアドバイス

- この授業のポイントは「体験を通して心が育める」ところにある。役割演技を用いることで、「寛容の心」をより深く考えることができる。役割演技を行った後、その行為のあり方について議論を深め、「寛容の心」について考えていけるようにすることが大切である。

- 学習課題を「インターネットなどを使ううえで大切なことは何か」と広く提示することで、寛容の心以外の道徳的価値についても関連して考えられるようにする。実際の生活では、生徒は複数の道徳的価値を総合的に活用している。これからの情報化社会を生きるうえで、必要な資質・能力としての道徳性を育める授業を目指した。

(沢口　裕)

実践例へのコメント

　第Ⅰ部では、道徳科における質の高い多様な指導方法の実現に向け、「専門家会議報告」(2016) や中央教育審議会（以下、中教審と略す）答申 (2016) で例示された三つの指導方法を手がかりに構想された12の実践事例を紹介した。三つの指導方法の特徴は本書の「[総説] 道徳科の指導方法」(p.8以降、資料編 p.186) でまとめられているため、ここでは、実践例に基づいて指導方法の特徴を具体的に確認しよう。

　なお、この三つの指導方法については、これを提起した「専門家会議報告」でも、また中教審答申においても、「多様な指導方法の一例」であることや、「それぞれが独立した指導の『型』を示しているわけではない」と注意を呼びかけている。そこからもわかるように、三つの「型」に従った授業展開が求められているのではない。あくまでも、「考え、議論する道徳」への転換を図るために、手がかりとなる例示として提起されたものである。授業では、これらを「型」としてとらえず、柔軟に組み合わせた多様な展開を求めたい。

　ところで、三つの指導方法は、なぜ「質の高い」指導方法といえるのだろうか。その手がかりとなるのは、次期学習指導要領において学習・指導改善の視点としてクローズアップされている「主体的・対話的で深い学び」の実現である。三つの指導方法は、その中でそれぞれ「主体的・対話的で深い学び」を実現する工夫を盛り込んでいる。指導方法を固定的にとらえるのではなく、「考え、議論する道徳」の実現に向け、「主体的・対話的で深い学び」の視点で学習活動を充実することが質の高い指導につながるのである。そこで、実践例を検討するにあたっては、それぞれの実践例が、「主体的・対話的で深い学び」をどのように充実させているかにも注目してみることにしよう。

　では、まず、三つの指導方法の特徴を、あらためて実践例をもとに整理しよう。

　本書では、「絵はがきと切手」（文部省『道徳の指導資料とその利用〈3〉』）について二つの異なるアプローチで取り上げている。一つは、「自我関与が中心の学習」(p.14 実践例1)、もう一つは、「道徳的行為に関する体験的な学習」(p.116 実践例11) である。異なる指導方法を同一教材で比較すると、共通点や違いがみえやすい。そこで、表1には、本書の二つの事例に、問題解決的な学習でみられる展開例を加え、三つの指導方法の特徴を並べてみ

た。なお、どの指導方法も、授業のねらいに「心情」や「実践意欲」を設定できるが、特徴を比較するため、ここでは三事例とも判断力を育成する授業として構想した。

表1

	自我関与が中心の学習	問題解決的な学習	道徳的行為に関する体験的な学習
ねらい	間違った行いをしてしまった仲よしの友達に事実を伝えるか迷う主人公の葛藤を考えることを通して、相手のことを考えて、本当の友達として伝えようとする道徳的判断力を育てる。	主人公が直面している問題の解決を目指して話し合う活動を通して、よりよい友情を育てるためにどうすべきかを考えて選択できる道徳的判断力を育てる。	どちらが友達のためになるか立場を決めて対話する活動を通して、判断が必要な場合、相手の状況や立場を推し量り、忠告し合っていこうとする判断力を育てる。
考え、議論する道徳を実現する工夫	(1)「心情円盤」の活用 (2) 理由を問う発問 (3) 揺さぶりの発問	(1) 立場の選択で解決への意欲づけ (2) グループで解決策を検討 (3) 思考ツールなどで選択の理由や行為の結果を可視化	(1) 考えたい問いを生み出す導入 (2) シミュレーション活動 (3) よりよい伝え方を体験するアサーション活動
学習指導過程と主な発問	(導入) 友達がいてよかったと思うときは、どんなときか。 (展開) • 友人が送ってくれた絵はがきを読んで、主人公はどんな気持ちだったか。 • 伝えるかお礼だけ言うかを色分けし、「心情円盤」に表そう。 • 主人公が伝えるか伝えないかで迷ったのは、<u>どんな理由からか。(中心発問)</u> • 友達の意見を聞いて、判断が変わったか。変わったのは、どんな理由からか。 (まとめ) • これからどのように友達と関わるか。	(導入)「友情」って何だろう。 (展開) • 主人公は何と何で迷っていますか。(なぜ迷うのだろう) • 主人公はどうしたらよいのだろう。 (自分の意見の理由や選んだ行為の結果も考えてみよう。) • それぞれの解決策の長所や短所を挙げて、どうすればよいか話し合おう。 (まとめ) • 本当の友情って何だろう。 • 本当の友達になるためにあなたが大切にしたいことは何か。	(導入)「友達とは?」⇒「本当の友達とはどんな友達だろう」 (展開) • あなただったら「伝えますか」「伝えませんか」。 • 迷いを乗り越え、伝えようとした広子を支えた心は何だろう。 ⇒役割演技で心情を比較 • どのように伝えたらいいのだろう。手紙を書いて実際に伝えてみよう。 ⇒実演して確かめ合う。 (まとめ) • どんな自分になりたいか。
指導方法のポイント	主人公の心の葛藤に十分共感することで、主人公の判断の理由を追体験できるようにする。	意見の異なる他者と協働で解決を目指す中で、よりよい考えを発見できるようにする。	体験を通して道徳的価値を実現するよさを実感できるようにする。

実践例へのコメント | 137

ここでは実際の授業展開を使用して比較しているため、指導方法に重なりもみられる。例えば、どの指導方法も、「伝えるか、伝えないか」について子どもの考えを尋ねている。ただし、同じような問いかけでも目的は違う。「自我関与が中心の学習」では、「ひろ子さん（主人公）の心の迷いを（心情円盤で）表現してください」として、主人公が迷った理由を共感的に追体験させている。問題解決的な学習では、主人公の悩みを複数の道徳的価値が対立する道徳的問題として理解させたうえで、「主人公はどうすべきか」を主人公自身の選択にこだわらず、自分の考えとして判断できるようにする。道徳的行為に関する体験的な学習では、「あなただったら伝えるか、伝えませんか」と尋ねて、主人公の問題を自分の問題としてとらえ、伝える難しさへの問題意識を持てるようにしている。

　また、学習活動の展開では、どの指導方法も、「個人で考える」「グループで話し合う」「全体で話し合う」という話し合いの形態を柔軟に活用し、最終的には、自分自身での振り返りにつなげている。

　では、三つの指導方法の違いはどこにあるのだろう。実は、三者の違いは、個々の発問や授業展開よりも、それぞれが目指す授業のねらいに関わっている。

　「自我関与」では、「本当の友達なら、相手のことを考えて伝えることが大切だ」という友情の持つ価値を理解し、主人公のような道徳的判断力を育てることが授業のねらいである。そのため、「伝える」と決めるまでの主人公の心の動きを追体験しながら、価値を実現する判断を選択して理由を考えることを通して、主人公の生き方や行為の選択を支えている道徳的価値に共感的に迫っていく。自分もそうでありたい、というあこがれや願いをもとに、自分はどうすればそのようにできるかを考えられるようにしている。

　「問題解決的な学習」では、「友情で大切なのは何か」を自分自身で考えていく。自分は何を大切にしたいかという自分自身の価値理解をもとに、その大切な価値をどうすれば実現できるかを多面的・多角的に考え、議論することを通して、実生活での問題を意見と異なる他者と協働しながら主体的に解決することができる資質・能力を育成する。

　「道徳的行為に関する体験的な学習」では、問題となっている状況を自分の問題として実演してみることで、道徳的価値の理解を深め、実生活における道徳的価値の実現に自信を持ち、自分の選んだ行為を実践していくことのできる資質・能力の育成を目指す。

　この三つのねらいは、道徳科の指導としてどれが最もふさわしいか、などと優劣をつけるものではない。学級や子どもの実態、発達の段階や学級の子どもたちの直面しているさまざまな問題を考慮したうえで、教師が課題意識を持って選択することが大切である。

　授業が目指す「ねらい」から三つの指導方法を区別しようとするとき、やや注意しなけ

ればならないのは、「道徳的行為に関する体験的な学習」である。

「道徳的行為に関する体験的な学習」では、役割演技（ロールプレイ）がよく用いられる。そのため、「道徳的行為に関する体験的な学習」とは、役割演技を用いた学習のことだと受け取られやすい。しかし、役割演技は、これまでの道徳の時間でもよく活用されてきた手法であり、目的に応じてさまざまな指導方法で活用できる。「自我関与が中心の学習」の 実践例3 や 実践例4 でも、役割演技を活用して主人公の悩みを実感し、価値に迫る問いを考えていくのに役立てている。「問題解決的な学習」では、何が問題なのかを実演して考えさせたり、自分たちで考えた解決でよいかを確かめたりする際に有効である。

「道徳的行為に関する体験的な学習」は、単に役割演技などの「体験的な学習」を取り入れた学習ではない。例示の「ねらい」に示されているように、「役割演技などの疑似体験的な活動を通して、道徳的な価値の理解を深め、さまざまな課題や問題を主体的に解決するために必要な資質・能力を養う」こと、すなわち、実演して価値理解を深めながら、実生活での行為につながる資質・能力を育成することをねらいとする指導方法である。 実践例11 では、友人への伝え方を確かめてみることで、「忠告することで絆が深まる」と実感させ、価値を実現する自信と意欲を高めている。また、 実践例12 では、「寛容の心」をどう表現するかを疑似体験してみることで、寛容についての見方・考え方を深めている。

行為を疑似体験してどう実践するかを考える学習は、表面的なスキルの習得にとどまってしまうと懸念され、授業に取り入れるのに躊躇する傾向がみられる。道徳的実践に必要な資質・能力を育成するというねらいを明確に持って、積極的に取り組んでほしい。

ここまで実例をもとに各指導方法の特徴を確認した。次に、それぞれの実践例において、「主体的・対話的で深い学び」がどのように実現しているかを見ていこう。

(1)「主体的な学び」の視点

道徳科における主体的な学びを実現するには、学習について自分自身の問題意識を持てるようにすること、そして、学習を振り返って、課題や目標を見つけられるようにすることが大切である。そのため、導入やまとめの段階での振り返りの工夫が必要になる。

導入での問題意識は、事前学習で自分なりの疑問や関心を育む（ 実践例2 ）、主題に関わる生徒自身の体験を想起する（ 実践例4 ）、アンケートを活用して問いを発見する（ 実践例12 ）などの工夫が提案されている。

また、本時で話し合いたい「問い」を子どもたちが自ら出し合い、その中から本時の学習課題を設定する実践も指導方法にかかわらず積極的に行われている（p.46 実践例4 ・p.56 実践例5 ・p.66 実践例6 ・p.76 実践例7 ・p.96 実践例9 ）。子どもから出された問いをもと

に話し合う場合、多様な問いが出される中で本時の問いをどう決定するかが課題となる。多数決で決定する（実践例6）、出された問いをもとに話し合って決定する（実践例5）、教師が本時の学習を意識して決定する（実践例7）など、問いの決定にも多様なアプローチがみられる。いずれの例でも、子どもたちの発想は豊かで、想定を越えるさまざまな問いが出されること、そして、問いの背景には、子ども自身の価値理解や価値への思いが隠されていることが示唆されており、「問い」を考える学習活動には大きな意義があることがわかる。教師の予想を超えて問いが広がってしまうとねらいが達成されないのでは、と不安に思う必要はない。教材をもとに「道徳的問題として考えたい問い、大切な問いは何か」を子どもたち自身が吟味することで、道徳的価値やテーマに迫る問い創り上げていくことができる。問いの発散と収束をともに大切にしたい。

　問題解決的な学習では、「自由」や「生命」といった、抽象的で日常では考える機会の少ない価値を正面から扱っている。こうしたテーマでは、事前学習や単元学習などでじっくり「問い」を熟成させていくことで、豊かな探究が展開しうることが示唆されている。

　振り返りについては、多くの実践例で、本時で学んだことをワークシートに書き、自分の課題を具体的に考える学習活動が行われている。

(2)「対話的な学び」の視点

　ここでの「対話」とは、ペアやグループワークなど、実際の話し合い活動の充実を指すだけではない。授業の中で、いかに「自分と異なる意見」と向き合えるようにするかが問われている。とりわけ葛藤や衝突が生じる場面を活用した話し合いは、多面的・多角的に考え、議論するうえで有効である。また、直接的な葛藤や対立が少ない、「偉人」など人物に関する「自我関与」の学習（実践例2）においても、人物の生き方を賞賛するだけではなく、その生き方を支えた価値は何だったのかを協働で考えさせることで、多様な意見を伝え合い、学び合う「対話的な学習」が実現している。

　多面的・多角的な見方を育てるためには、子どもの思考や話し合いを可視化するツールが有効である。実践事例では、「心情円盤」（実践例1）、「気持ち柱」（実践例8）、「思考ツールやホワイトボード」（実践例9）などさまざまなツールが活躍している。思考ツールには、ベン図、イメージマップ、座標軸マトリックスなどさまざまな種類と活用法がある。目的に応じて積極的に活用したい。こうした思考の「可視化」は、話し合いを活性化させるだけでなく、意見や考えの変容を子どもも教師も確認することができ、変容をとらえる評価にも役立つ。また、ペアやグループワークなど形式を固定せず、自由に教室を立ち歩いて多様な意見を聞けるようにする話し合い（実践例3）もおもしろい。

対話的な学びは、子ども同士の話し合いに限定されるものではない。「教員が介在することにより」（中教審答申）対話的な学びを実現することも学習の一つのステップである。実践例1では、教師が揺さぶりの発問として、「○○で本当にいいのか」「○○のほかにはないか」「自分がそうされたらどう思うか」「○○を選んだら将来どうなるか」など見方・考え方を深める発問を事前に準備し、子どもに別の可能性の探究や批判的検討を促している。

　いずれの実践例も、多面的・多角的に話し合うために、互いを認め合う学級の雰囲気を大切にしている。また、話し合いだけでなく、役割演技のような実演においても、友だちの実演を受け止められる学級づくりが大切であることが示されている（実践例3・実践例10）。

　問題解決的な学習では、よりよい解決を求めて対話が展開する。道徳科の話し合いは、「何らかの合意を形成することが目的ではなく」（中教審答申）、道徳的な問題に「よりよい判断や選択ができる資質・能力の育成につなげることが重要」（同上）である。しかし、合意が不要で、それぞれ好きなように選択すればよいわけではない。むしろ、現代的課題をめぐる道徳的問題は、解決に向けて社会の合意形成を必要としている。こうした問題に協働で取り組む資質・能力を育成するうえで、合意を求め合う議論には道徳的意義がある（実践例9）。もちろんそれは、互いの意見を自由に出し合い、合意を強制されることのない、相互に尊重し合える学級づくりの中で展開されなければならない。

(3)「深い学び」の視点

　他人事ではなく自分自身の問題として考えるようになる。そして、一面的な見方から多面的・多角的な見方へ。自分中心の見方から相手の立場、多様な人々の思いを想像する思考へ。今の自分の直接的な利益を求める判断から将来まで視野に入れた判断へ。道徳科の深い学びは、一直線の発達ではなく、多様な広がりがある。授業のねらいには価値理解に対する教師の思いや願いがこめられているが、それを手がかりに学習しながらさらに教師の意図を越えて深まっていく子どもの思考の多様な広がりをとらえられるようでありたい。

　本書の実践例には、子ども自身の持つ価値理解の枠組み（見方・考え方）を大きく変えるような学習がある。「絵はがきと切手」の友情観もその一つである。そのとき、教師は、「こういう見方に気付いてほしい」という願いを持って授業を構想している。だが、焦らないでほしい。子ども自身も自分の生活体験から、価値について自分なりのこだわりを持って授業に臨んでいる。「これが正しい見方だ」という指導では、子ども自身の探究は深まらない。答えを理解させるのではない。問題を解決して終わり、でもない。子どもの心に価値への問いが芽生え、もっと考え、議論したいと思う。そんな授業を目指そう。子ども自身の探究が深い学びにつながっていくのだから。

（西野真由美）

第 II 部

「考え、議論する道徳」の評価

［総説］
道徳科における評価

1．何のために評価するか

　「評価」と聞いて何を思い浮かべるだろうか。成績をつけること、順位や序列を決めること。そんな答えが一般的かもしれない。実際、私たちが学校でなじんできたのは、通知表による成績評価だった。評価は優劣を判定するもの。そんなイメージが定着している。

　道徳科における評価は、そんな私たちのイメージとは本質的に異なる。だから、道徳科の評価に取り組むためには、評価観の転換が必要となる。まずそこから確認していこう。

　学習指導要領は、道徳科の評価について次のように規定している。「児童（生徒）の学習状況や道徳性に係る成長の様子を継続的に把握し、指導に生かすよう努める必要がある。ただし、数値などによる評価は行わないものとする」（学習指導要領「第3章　特別の教科　道徳」・「第3　指導計画の作成と内容の取扱　4」）。

　私たちが学校で体験してきた「評価」は、ほとんどが「数値などによる評価」、つまり5段階やABCなどの記号や評語（おおむね満足、努力を要するなど）による段階別の評価だろう。しかし、道徳科の評価は、それらの評価とは違う。「数値などによる評価」を行わないとは、テストなどで順位づけをする「相対評価」や目標の到達度を段階別に判定する「目標に準拠した評価」による評価を行わない、ということである。

　さらに、道徳科の評価は、入試に使用しないことが文部科学省によって明示されている。「道徳教育に係る評価等の在り方に関する専門家会議」の報告（「『特別の教科　道徳』の指導方法・評価等について（報告）」2016〈平成28〉年7月22日：以下「専門家会議報告」と略記）を受けて文部科学省から都道府県等教育委員会に出された通知（「学習指導要領の一部改正に伴う小学校、中学校及び特別支援学校小学部・中学部における児童生徒の学習評価及び指導要録の改善等について」（2016〈平成28〉年7月29日）では、指導要録に新たに道徳科に関する記載欄を設けるとともに、その評価について「調査書に記載せず、入学者選抜の合否判定に活用することのないようにする」と示された。道徳科の評価は、成績や選抜のための評価ではない。それどころか、成績をつけたり、入試に使用してはならないのである。

　では、道徳科における評価は何のために行うのか。

　成績をつけないなら評価もいらないのではないか。こう考えること自体、評価を成績と

とらえる評価観にしばられている。しかし実は、現行の指導要録や通知表でも、総合的な学習の時間や特別活動の記載欄が設けられており、記述式の評価が行われている。また、そもそも特別教科化以前の学習指導要領においても、道徳の時間特設以来、表現は異なるが、一貫して、「児童の道徳性については、常にその実態を把握して指導に生かすよう努める必要がある」と規定されてきた。これまでの道徳の時間においても、指導に生かすための評価の実施が求められてきたのである。

「専門家会議報告」では、「道徳性の評価の基盤には、教師と児童生徒との人格的な触れ合いによる共感的な理解が存在することが重要である」として、評価の基盤に「理解」があると示している。これと同様に、子ども理解を基盤に評価をとらえているのが幼児教育である。幼児教育では成績はつけないが、「保育における反省や評価は、…指導の過程の全体に対して行われるものである」として、「反省や評価は幼児の発達の理解と教師の指導の改善という両面から行うことが大切である」（幼稚園教育要領解説）とされている。幼児教育における評価は、発達の優劣を決めたり段階を当てはめたりするものではない。一人ひとりの子どものよさや可能性を理解しようと努力することから出発し、「保育の中で幼児の姿がどのように変容しているかをとらえながら、そのような姿が生み出されてきた様々な状況について適切かどうかを検討して、保育をよりよいものに改善するための手掛かりを求めることが評価なのです」（文部科学省『幼稚園教育指導資料第3集　幼児理解と評価』平成22年7月改訂）と位置づけられている。道徳科における評価にも、この考え方が求められているのである。

もちろん、数値による評定、つまり成績をつけている教科においても、「子ども理解」は大切である。教科における評価では、学期や学年の終わりに成果をテストなどで測定して行われる「総括的評価」に対し、学習の途上で学習の進展状況を把握するために行われる評価を「形成的評価」と呼ぶ。「総括的評価」が子どもの学習を到達した「点」でとらえるのに対し、「形成的評価」は、変容や成長に注目して学びの姿を「線」でとらえる。この評価をもとに、教師は子どもがさらに成長するために何が必要かを考え、指導に役立てていく。同時に、この評価によって、子どもは、自らの成長を実感し、学ぶ意欲を高めていく。「形式的評価」は、子どもの成長のための評価である。

学校や社会の中で、テストや競争を通して序列・選別・順位づけのための評価にさらされてきた私たちにとって、子どもの成長のための評価、子どもの学習意欲を喚起するよう、子どもを理解し、支援する評価という考え方を受け入れるのは難しいかもしれない。だからこそ、「理解」と「支援」をキーワードとして堅持しながら、子どものための評価を実

[総説]　道徳科における評価　**145**

現できるよう、道徳科における評価の考え方を自分のものにしていこう。

2．学びを「見える化」する評価

　道徳科における評価は、子どもの成長のため、子ども自身が自らの道徳性を養おうとする意欲を引き出すためのものである。それは、教師による子ども理解と指導の見直しという二つの営みによって支えられている。自らの指導が子どもの成長にとって、適切だったかを評価し、その評価を指導の改善に役立てることを「指導と評価の一体化」と呼ぶ。

　道徳科において指導と評価の一体化を図ることは、子どもの成長だけでなく、教師自身にとっても意義がある。道徳の授業に難しさややりにくさを感じる教師は、指導の効果を実感しにくいと感じていることが少なくない。学習の成果を直接測ることができないため、自分の授業の成果を評価しにくいからである。中には、「今はわからなくても10年後に気付いてくれれば」と自分に言い聞かせている教師もいる。

　自らの実践の成果を実感できることは、教師の効力感ややる気にも好影響を与える。例えば、職場体験や運動会などは、成績や入試に関係はないが、学校行事として定着している。職場体験が導入されたのは比較的新しい。準備に負担のかかるこの行事が広く定着していった背景には、社会と関わる体験を通した子どもたちの成長を教師らが実感していったことがある。評価を行うことで、子どもの学びや成長を「見える化」すること。それは、教師自身が道徳授業の意義を実感するのに役立ち、自己効力感につながっていくだろう。

　さらに、評価の実施によって指導と評価の一体化を進めることは、道徳の授業改善、すなわち、「考え、議論する道徳」への転換を推し進める原動力となりうると期待できる。もちろん、あまりに評価を気にすることで、評価のための評価、さらにもっと悪いことに評価のための授業になってしまうとしたら本末転倒である。しかし、これまでの道徳授業や学校における授業研究が、評価に基づく授業改善に取り組むという意識が薄かったことは指摘しなければならない。子どもの学びを評価するとなれば、教師の発問にいつも決まった子どもだけが答える授業や、授業の最後に簡単なワークシートを記入させて終わる授業では評価ができないことに気付くだろう。評価を契機として、子どもが主体的に学ぶ授業、すなわち「考え、議論する道徳」の充実が一層求められることになろう。

　このように、道徳科における評価は、子どもにとっては、自らの成長を促すもの、教師にとっては授業改善につながるものという意義がある。さらにもう一つ注目したいのは、評価が家庭との連携など、「外部への説明責任」を果たすということである。

　いじめや子どもの自殺など、子どもをめぐる痛ましい問題に対し、「学校は何をしている

のか」「道徳教育はしっかり行われているのか」という批判が社会から寄せられる。これは一つには、学校で起こっていることが保護者や社会から見えないことに起因している。道徳の授業公開は、保護者の理解を深める一つの方法であるが、さらに有効なのは、授業を通して子どもがどう変わったか、どこが成長したかを伝えることであろう。評価は、保護者、ひいては社会に対して、道徳で子どもたちは何を学んでいるかを発信する役割を担う。

実は、これらは学習評価の三つの機能—「自己学習力の向上」「指導と評価の一体化」「外部への説明責任」—として、これまでも学習指導要領に盛り込まれてきた評価の基本的な考え方である（教育課程審議会答申「児童生徒の学習と教育課程の実施状況の在り方について」2000〈平成12〉年12月4日）。ただ、これまでの道徳の授業には評価の意識が薄かったために、これら評価の本来の機能が十分に発揮されてこなかった。例えば、授業研究においても、学習指導過程や発問のあり方は詳細に検討されるが、その授業を通して子どもは何を学んだのか、授業前と何が変わったのかという視点で検討されることは少なかったのではないか。「一時間の授業で内面の変容を期待すべきではない」という道徳ならではの難しさが、評価による検証の機会も失わせていたのではないか。事実、道徳教育の研究校等で「評価」を主題に掲げた研究は、特設直後の一時期を除いてほとんど実施されていない。結果として、道徳の授業で子どもたちが何を学び、どう成長したかは、子どもにも、教師にも、そして、保護者にも実感されないままだったのである。

評価は、子ども自身のためであり、同時に、教師のためでもある。子どもも教師も、そして保護者も「評価があってよかった」と思えるような評価。それが「考え、議論する道徳」が目指す評価である。

3．何を評価するか

「子どもの内面を評価できるのか」。「心を評価すべきではない」。

道徳の特別教科化が決定したとき、教師や社会から発せられた、不安や疑問、批判の多くは、評価の導入をめぐるものであった。

道徳科で目指すのは、道徳性の育成である。道徳性は「内面的資質」（学習指導要領解説）であり、道徳科の目標の実現状況を評価するとなれば、子どもの内面を評価することになるのではないか。そう思うのは当然だろう。

そこで、まず確認しなければならないことは、道徳科における評価は、子どもの内面や道徳性そのものを直接評価の対象とするわけではない、ということである。また、個々の内容項目を「こう理解すべき」などとして、内容項目の理解を評価の対象とすることもし

ない。道徳科で評価するのは、学習活動の状況と道徳性の成長の様子である。このことの意味を確認し、道徳科が何を評価するのかを明らかにしよう。

評価のあり方を検討してきた専門家会議は、道徳科の評価について、それを教科のように「知識・技能」「思考・判断・表現」などと「観点別」に分節して評価することも、また、育成すべき資質・能力である道徳性を「道徳的な判断力」「心情」「実践意欲と態度」と分析的に評価することも望ましくない、と結論づけ、道徳科における評価は、「学習状況及び道徳性に係る成長の記録」として実施するよう求めた。

ここでまず注目すべきなのは、学習の「成果」ではなく、「学習状況」の評価となっていることである。これは、先の「形成的評価」の考え方を汲むもので、最終的な到達点や達成状況を測るのではなく、学習のプロセスを評価することを意味する。このような評価は、総括的評価を行う教科においても求められるものであり、中教審答申でも、「個々の授業のねらいをどこまでどのように達成したかだけではなく、子供たち一人一人が、前の学びからどのように成長しているか、より深い学びに向かっているかどうかを捉えていくことが必要である」としている（中央教育審議会答申、2016〈平成28〉年12月26日）。

次に、道徳科の目標である「道徳性」について、「道徳性」そのものではなく、「道徳性の"成長"」と示されているのを確認しよう。道徳性や内面の全体をとらえるのではない。変化や成長をとらえる、と示されているのである。ではなぜ、「成長」なのか。道徳性そのものの評価ではないのか。

例えば、あなたが担任する学級の子どもを思い浮かべてほしい。その子どもについて、「この子どもの道徳性や人間性を紹介してください」と言われたら、どうか。まず答えに窮するだろう。まして数行で記述するなど不可能だと思うだろう。だが、もし、「その子どもがこの一年の学習でどんなところが成長したか教えてください」と聞かれたらどうだろう。担任教師として、学校生活や学習のさまざまな場面を振り返って少し考えてみるなら、「こんなことができるようになりました」と答えられるのではないだろうか。

道徳性は、その全体をとらえることなど到底できないが、授業における学びの姿を継続的に見ていくことで、変容や成長をとらえることは工夫によって可能である。だから、学習の状況をもとに、道徳の授業での変化や成長をとらえること、すなわち「学習の状況や道徳性の成長の様子」が評価の対象となるのである。

この基本的な考え方を踏まえて、あらためて、「専門家会議報告」で示された、道徳科の評価の方向を確認しよう。以下は、報告からの抜粋（下線部は筆者）である。

○道徳科で育むべき資質・能力を道徳的判断力、心情、実践意欲と態度など観点別に分節し、学習状況を分析的に捉えることは妥当ではないこと

○学習活動における児童生徒の具体的な取組状況を、一定のまとまりの中で、児童生徒が学習の見通しを立てたり学習したことを振り返ったりする活動を適切に設定しつつ、学習活動全体を通して見取ることが求められること

○個々の内容項目ごとではなく、大くくりなまとまりを踏まえた評価とすること

○他の児童生徒の比較による評価ではなく、児童生徒がいかに成長したかを積極的に受け止めて認め、励ます個人内評価として記述式で行うこと

○特に学習活動において児童生徒がより多面的・多角的な見方へと発展しているか、道徳的価値の理解を自分自身との関わりの中で深めているかといった点を重視すること

○発達障害等のある児童生徒が抱える学習上の困難さの状況等を踏まえた指導及び評価上の配慮を行うこと

　ここに示されているように、道徳科における評価は、記述式の個人内評価として、一人ひとりの子どものよさや可能性を見いだし、進歩や成長を記述する評価である。

　注意しなければならないのは、「個々の内容項目ごとではなく」と、内容項目を直接評価の対象としないとされていることである。しかし道徳科の授業は内容項目で示された道徳諸価値について学習する。それらの内容について評価しなくてよいのだろうか。

　内容項目は、授業で学習する対象である。授業のねらいも内容項目について記述するのが一般的であるため、学習の目標自体が内容項目の理解であるかのようにとらえられがちである。しかし、道徳科の目標は、道徳性の育成であって内容項目の理解ではない。内容項目は、道徳性を育成する手がかりであり、道徳性という全体を学習するための個々の視点である。道徳科では、これら内容項目の学習を通して道徳性という資質・能力を育成する。内容項目（道徳的諸価値）は、学習の内容であって、目標とする姿を表すものではない。

　道徳科の目標を今一度確認しよう。学習指導要領では、「よりよく生きるための基盤となる道徳性を養うため、道徳的諸価値についての理解を基に、自己を見つめ、物事を（広い視野から）多面的・多角的に考え、自己の（人間としての）生き方についての考えを深める学習を通して、道徳的な判断力、心情、実践意欲と態度を育てる」（小学校　括弧内は中学校）と示されている。道徳科の目標は、道徳性という資質・能力を育てるという目標を学校教育全体で行う道徳教育と共有しつつ、その道徳教育の要として、「特別の教科　道徳」の特質である学習活動を通して道徳性に固有の「見方・考え方」を育てる。

　この目標の構造を図解したのが図１である。この構造は、目標である道徳性とそれを実

現する学習活動との関わりを示したもので、中教審答申では、教科等における「見方・考え方」とともに別紙資料として添付されている。この図でみるように、道徳科の学習では、「自己をみつめること」（自分のこととして、自分との関わりで考えること）と「（広い視野から）多面的・多角的に考えること」という学習活動が、目標とする道徳性の育成に通じる本質的なアプローチである。

　道徳科のアプローチ、というのは、道徳性の育成が道徳科の目標であると同時に、道徳教育全体の目標だからである。道徳性は、道徳科だけで育てるものではなく、各教科等においてもその特質を生かして育成に取り組むとともに、学校の日常生活を通して養われていくものである。したがって、道徳性の成長の全体も道徳科の学習からだけで測ることはできない。この部分は道徳科で育った、こちらは日常生活で、などと切り分けることはできないのである。

　道徳科の評価は、道徳科の学びに焦点化して評価する。したがって、「自己を見つめる」「多面的・多角的に考える」という子どもの学びの姿とその成長を見取ることが求められている。この学びの成長を学習のまとまりの中でとらえなければならないのである。

　ところで、教科における評価は目標に準拠した評価である。また、道徳科同様、成績評価を行わない総合的な学習の時間や特別活動においても、評価の観点を定めた単元別の評価規準が作成されている。なぜ道徳科では目標に準拠した評価を実施しないのだろうか。

　目標に準拠した評価（目標準拠評価）は、目標や規準を設定し、それがどの程度達成されたか、実現状況を段階別に評価するものである。集団に準拠した（集団の中で順位づける）相対評価と区別して、一人ひとりの実現状況を判断することから絶対評価とも称され

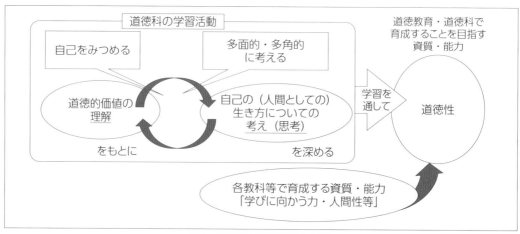

図1　道徳科の学習活動と評価

※中央教育審議会答申(2016)別添資料(別添16-2「小・中学校における道徳教育と資質・能力（イメージ）」をもとに筆者作成

る。目標準拠評価は、育てたい資質・能力を明確にして、学習の姿を見取る方法であり、他者と比べずに「育てたい子どもの姿」から評価するという点では、道徳における評価にも活かせそうに思える。

　もちろん、育てたい子ども像を「目標」に掲げることは道徳教育においても大切である。しかし、その目標を到達度や達成度を段階別に測る「到達目標」としてとらえると、子どもの道徳性の育ちを限定的にとらえることになってしまう懸念がある。段階で評価することで子どもの多様なよさや成長の広がりをとらえ損ねてしまう危険が大きくなるのである。特に、道徳科の授業では、価値を「このように理解する」というねらいを設定することで、子ども自身が自ら価値を探究していく思考を妨げてしまうことがある。こうした授業で観点別の目標準拠評価を実施すれば、子ども自身の見方や考え方の成長ではなく、ねらいとする内容項目を理解したかどうかという教師側のものさしで子どもを測ってしまうことになりかねない。そうなってはならない。道徳科が目指すのは、子ども自身が自ら道徳性を養う力の育成である。一見、教師のねらいとは異なる理解であったり、理解が後退しているように見えても、子ども自身が迷い、悩み、探究する学びにその子なりの「よさ」を見いだして評価することが求められているのである。

　道徳の授業では、「ねらいとする内容項目（価値）」という表現がよく使われるが、授業のねらいは価値理解で終わるのではなない。授業が目指すのは、価値理解をもとに、価値や生き方について考え、議論する学習活動を通して、道徳的な見方・考え方を深めていくことである。

　前頁の図1で示したように、子どもは、自分自身の「道徳的価値についての理解」をもとに、自己をみつめたり、また、価値について多面的・多角的に考えたりしながら、生き方についての考えを深め、そこからまた、道徳的価値の理解を自分なりに深めていく。

　道徳科に求められるのは、到達目標に限定されないゴールフリーな学びの見取りである。もちろん、毎回の授業を評価する視点を意識することは必要で、ぼんやり全体を見ていても発見はない。視点を持つことで見えてくる子どもの姿がある一方で、その視点からはとらえきれない子どもの姿をとらえ、理解する目を持つ。それが道徳科の評価が目指すものであり、教科とは異なる「特別の教科」としての道徳科の評価に対する考え方である。

4．いつ、どこで評価するか
　道徳科の評価は、一人ひとりの子どもの価値理解に基づいた見方・考え方の成長を評価することを確認した。学びのプロセスと見方・考え方の成長をとらえるためには、「おお

くくりで」、すなわち、学習のまとまりで評価することが必要である。そのため、道徳科の評価は、日々の授業の評価→学期ごとの通知表などによる評価→年度の最後に行う指導要録の評価と進められることになる。これらの評価は、一連のつながりに位置づけられるが、それぞれ異なる役割もある。まず、それを整理しておこう。

　授業における評価は、これまでの道徳の時間においても実施されてきた。教科化で新たに位置づけられたのが、指導要録における評価である。指導要録（「児童指導要録」・「生徒指導要録」）は、児童生徒の学習および健康の状況を記録した書類の原本であり、「学籍に関する記録」と「指導に関する記録」で構成された「公簿」である。その様式は、市町村教育委員会によって策定されている。文部科学省では、学習指導要領改訂ごとに、その趣旨を反映した参考様式を公開してきた。道徳科の評価に関する専門家会議の報告を受け、文部科学省は、指導要録の参考形式を新たに公開している（図2　参照）。

　指導要録は、すべての学校が備えるべき公簿であり、学校長は、学習指導要領の趣旨に沿って指導要録を作成する義務がある（学校教育法施行規則第24条）。また、「校長は、児童

様式2（指導に関する記録）

児　童　氏　名		学　校　名		区分＼学年	1	2	3	4	5	6
				学　　級						
				整理番号						

各 教 科 の 学 習 の 記 録									特 別 の 教 科 　道 徳	
Ⅰ　　観 点 別 学 習 状 況								学年	学習状況及び道徳性に係る成長の様子	
教科	観　　点＼学　　年	1	2	3	4	5	6		1	
国	国語への関心・意欲・態度									
	話す・聞く能力								2	
語	書く能力									
	読む能力								3	
	言語についての知識・理解・技能									
									4	
社	社会的事象への関心・意欲・態度									
	社会的な思考・判断・表現								5	
	観察・資料活用の技能									
会	社会的事象についての知識・理解								6	
算	算数への関心・意欲・態度								外 国 語 活 動 の 記 録	
	数学的な考え方								観　点＼学　年	5	6
	数量や図形についての技能								コミュニケーションへの関心・意欲・態度	
数	数量や図形についての知識・理解									
理	自然事象への関心・意欲・態度								外国語への慣れ親しみ	
	科学的な思考・表現									
	観察・実験の技能								言語や文化に関する気付き	
科	自然事象についての知識・理解									
生	生活への関心・意欲・態度									
	活動や体験についての思考・表現									
活	身近な環境や自分についての気付き								総 合 的 な 学 習 の 時 間 の 記 録	

図2　小学校児童指導要録（参考形式）

152　第Ⅱ部「考え、議論する道徳」の評価

等が進学した場合においては、その作成に係る当該児童等の指導要録の抄本又は写しを作成し、これを進学先の校長に送付しなければならない」と規定され、学籍と指導について外部に対する証明の機能も持つ。なお、この「指導に関する記録」は、5年間の保存が定められている（学校教育法施行規則第28条）。指導要録の様式等の最終的な制定権は、法規定に定められているとおり（地方教育行政法23条、48条など）市町村教育委員会にある。

　通知表は、学習や生活の状況について子どもや保護者に伝えることを目的として学校が様式を定めて作成する。法律で定められた指導要録と異なり、作成・様式ともに任意である。その名称も、通知表、通信簿のほか、小学校では「あゆみ」や「かがやき」など、中学校では「通知票」など学校が独自に作成している（国立教育政策研究所「通信簿に関する調査研究」、2003年）。様式も学校独自の創意工夫を生かした項目設定やデザインとなっており、中には児童生徒の自己評価や家庭からの通信欄を設定している学校もみられる。

　指導要録と通知表を関係づける法的な根拠は存在しないが、両者には実質的に密接な関係がある。上記の国立教育政策研究所調査からも、ほとんどの学校が指導要録に示された項目を通知表に設定していることが示されている。学校では、学期ごとの評価である通知表をもとに指導要録が作成される仕組みが定着しているとみられる。そのうえで、通知表の様式には、子どもの学習過程や成果、一人ひとりの子どものよさについて、子どもの学習支援に資するよう、学校独自の工夫改善が行われている（国立教育政策研究所、2003）。

　授業における評価、通知表、指導要録は、それぞれ目的や性格が異なり、作成時期も違う。しかし、それらの評価が、互いに独立しているわけではない。毎時間の授業の評価の連続線上に通知表、さらに指導要録における評価がある。

　この一連の過程で、最も重要になるのが評価資料の「蓄積」である。

　教科化される以前の「道徳の時間」では、各授業の学習の関連性や発展性はさほど問題ではなかった。単元やユニット型で授業を構成する例もみられたが、多くは、1時間の授業はそれで完結し、次に生かすという意識はなかった。教師はワークシートを確認し、コメントを子どもに返却して終わり、学期末には教師の手元に子どもの記録は何も残らないということも普通であった。しかし今後は違う。「おおくくりで」評価するために最初に教師が取り組まなればならないことは、「残す」こと、すなわち、評価に必要な資料を蓄積することである。

　「おおくくり」の評価は、日々の授業づくりにも影響を与える。一年を通じた学びの成長の評価につながる視点が、個々の授業にも求められるようになるからである。

　具体的には、例えば、「授業のねらい」を考えてみよう。学習指導要領の内容項目をそ

表1　道徳科における評価の形態

	授業の評価	通知表	指導要録
様式作成者	教師	各学校	市町村教育委員会
評価の時期	授業ごと	主として学期末	年度末
評価の目的	・よさや成長を認め励ます ・指導に生かす	・よさや成長を認め励ます ・子どもや家庭への発信	・指導を引き継ぐ ・外部への証明
評価の視点	授業のねらいに即して教師が設定	指導要録を参照しつつ各学校において策定	おおくくりで以下を評価 ・学習の様子 ・具体的な取り組み状況 ・道徳性の成長の様子
評価資料	・発言 ・話し合いの様子 ・ワークシート（振り返りシートなど）	・ワークシートなど子どもの記述の蓄積 ・教師のコメントや記録	・ワークシートなど子どもの記述の蓄積 ・教師のコメントや記録 ・通知表

のまま示し、「～を大切にする心情を育てる」などと記述したねらいは、1時間の授業で目指すねらいとしては大きすぎる。ねらいの設定は、それを本時のどこで見取るか、そもそも見取ることができるねらいとなっているかを意識しなければ、子どもの感想を記述したワークシートを集めても評価することができない。

　また、これまでの授業設定では、授業前後の変容を見取る視点もあまり意識されてこなかった。例えば、「友情を大切にしようとする心情を深める」というねらいの授業で「深める」というねらいから子どもの学びをとらえるためには、子どもが授業前にどのような「価値理解」を持っているのか、また、今までの授業で「友情」について何を学んできたかを把握する必要がある。事前の把握なしに事後の変容はとらえられない。ワークシートに深い価値理解を記述した子どもは、もともとそういう理解を持っていただけかもしれない。ワークシートの設計も含め、子どもが何を学んだかを意識できるような振り返り学習が不可欠となる。

　学びの成長を評価する視点は、そのまま学習指導過程を見直す視点となる。子どもが本時の課題にめあてや目標を持って取り組み、最後に本時で学んだことを振り返って考える一連の学習過程を実現することが求められているのである。

5．誰が、どうやって評価するか

　評価を実際に行うために、必要な資料をどのように集め、どのように活用するか。記述式の個人内評価には、さまざまな評価手法が考えられる。ここでは、主な手法を簡単に紹

介し、実際の活用については、「実践」の中で取り上げることにしよう。

近年の学習評価の研究は、客観テストで測ることのできない、いわば"見えない学力"を測るさまざまな評価手法の開発に取り組んできた。それらは、新しい評価法として学校での活用も進んでいる。しかし、欠点のない理想の評価は現実には存在しない。できるだけ欠点を補えるよう、一つの手法だけに頼らず、多様な手法を取り入れていくことが望ましい。評価にも、多面的・多角的な見方が求められているのである。

その多面的・多角的な評価を実現するために、評価手法とともにもう一つ考えておくべき重要な視点がある。それは、「誰が評価するか」である。

指導要録や通知表における評価を行うのは担任教師である。しかし、教師が一人で行う評価は、当然ながら一面的な見方にならざるをえない。多様な視点で子どもを理解し成長をとらえるには、文字どおり、"多様な目で"見ることが必要になってくる。その多様な目を担任教師の評価に生かすためのさまざまな取り組みも評価手法の一つである。では、誰が評価するのか。

まず、子ども自身の自己評価である。評価が子ども自身の道徳性を養う力を育てるためのものであることからすれば、最も大切な評価であるといってよかろう。自己評価とは、「自己をみつめる」学習活動であり、道徳科にとって本質的な学習活動である。

ただし、注意しなければならないのは、子どもの自己評価がそのまま教師の評価になるわけではないということである。自己評価の高い子どももいれば、低い子どももいる。子どもの自己評価は、教師による育成と支援が必要な学習活動である。子どもの実態を見きわめ、めあてや目標を見いだして課題に取り組んでいく力(自己評価力)を評価し育んでいく取り組みが必要である。

次に、友人の目、すなわち級友同士の相互評価がある。「考え、議論する道徳」では、グループワークや話し合い、討論などを積極的に取り入れた協働的な学びの機会が高まる。相互評価は、子どもにとっては友達のよさから学ぶ機会になり、また、グループワークの全体を見ることのできない教師にとっては、ペアやグループでの学びがどのように行われたかを知る貴重な情報源となる。

このように道徳科では、自己評価や相互評価に取り組むこと自体が、子どもにとって意義ある学習活動になっていることを押さえておきたい。評価活動を通して、自分の課題や目標をみつけ、自分が何をすべきかを見いだしていく自己評価は、道徳性を自ら養う力を育てる、まさに「学習としての評価(assessment as learning)」(石井、2015)なのである。

では、ここからは、具体的な評価手法についてみていこう。

「専門家会議報告」では、評価の工夫について次のような例を挙げている。

- 児童生徒の学習の過程や成果などの記録を計画的にファイル等に集積して学習状況を把握すること。
- 記録したファイル等を活用して、児童生徒や保護者等に対し、その成長の過程や到達点、今後の課題等を記して伝えること。
- 授業時間に発話される記録や記述などを、児童生徒が道徳性を発達させていく過程での児童生徒自身のエピソード（挿話）として集積し、評価に活用すること。
- 作文やレポート、スピーチやプレゼンテーション、協働での問題解決といった実演の過程を通じて学習状況や成長の様子を把握すること。（※成果物そのものを評価するわけではないことに注意）
- 1回1回の授業の中で全ての児童生徒について評価を意識してよい変容を見取ろうとすることは困難であるため、年間35単位時間の授業という長い期間の中でそれぞれの児童生徒の変容を見取ることを心掛けるようにすること。
- 児童生徒が1年間書きためた感想文等を見ることを通して、考えの深まりや他人の意見を取り込むことなどにより、内面が変わってきていることを見取ること。
- 教員同士で互いに授業を交換して見合うなど、チームとして取り組むことにより、児童生徒の理解が深まり、変容を確実につかむことができるようになること。
- 評価の質を高めるために、評価の視点や方法、評価のために集める資料などについてあらかじめ学年内、学校内で共通認識をもっておくこと。

ここに挙げられている事例で活用されている評価手法を具体的にみていこう。

(1) ポートフォリオ評価

ポートフォリオは、もとの英語では、書類などを収納する「紙ばさみ」や「書類かばん」を意味する。ポートフォリオ評価は、目的にしたがって収集され、"ポートフォリオ"として一つにまとめられた資料に基づいて、成長のプロセスを評価する手法である。上の事例では、「児童生徒の学習の過程や成果などの記録を計画的にファイル等に集積して学習状況を把握すること」、そして、「記録したファイル等を活用して、児童生徒や保護者等に対し、その成長の過程や到達点、今後の課題等を記して伝えること」がそれに相当する。

ポートフォリオは、生徒のワークシートなどを教師がまとめることによっても行われるが、子ども自身が授業の記録を蓄積し、それらの記録をもとに振り返りの自己評価をするポートフォリオ評価活動として実施し、それを教師の評価に生かすこともできる。

(2) エピソード記述

　ポートフォリオ評価が、子どもの作品や書いたものを収集するのに対し、エピソード記述による評価は、教師が子どもの学びのエピソードを記録し、蓄積していく。上の事例では「授業時間に発話される記録や記述などを、児童生徒が道徳性を発達させていく過程での児童生徒自身のエピソード（挿話）として集積し、評価に活用すること」である。

　ワークシートなどの蓄積は重要な評価資料となるが、これらの記録だけを頼りに分析しようとすると、膨大な記録に埋もれてしまい評価の視点を見いだせなくなることがある。エピソード評価は、教師が授業の印象や授業で気付いたこと、感じたことなど、自分の視点で記録を残していく。その記録の仕方も、教師が自分のやりやすいようでかまわない。

　エピソード記述による評価は、幼児教育や保育の現場で広く活用されてきた。保育や障害児教育におけるエピソード記述を指導してきた鯨岡は、客観的に観察しようとする姿勢で記録するのではなく、そのときの授業者の思いやその場の「生き生き感」や「息遣い」を描き出すことが大切だと指摘する（鯨岡、2005）。

　このような記録は主観的で偏りがあるようにみえるが、自分の主観をあえて残していくことで、過去の学習を振り返ったとき、子どもの姿を思い浮かべやすくなる。過去のワークシートを読む際にも、学びの姿を生き生きと想起することができるようになる。

　学びのエピソードを紡ぎ出し、成長を見えるようにする評価は、子どもの自己評価にも活用できる。例えば、「ナラティブ・アプローチ」を活用した自己評価活動がある。ナラティブ・アプローチは、語り手が聴き手とともにさまざまなエピソードをつないで物語化していくことである。子どもが大人に語ることを通して自己理解を深めるという見方に立ち、語ることで自己理解、自己評価を深めていこうとするアプローチである（野口、2009）。

(3) パフォーマンス評価

　パフォーマンスを広い意味での「表現」や「振る舞い」と解釈すれば、授業における子どもの発言や話し合い、ワークシートの記述など、子どもの学習活動のほとんどが「パフォーマンス」である。実際、学習場面での子どもの活動は、それまでの子ども自身の体験や学びをもとに生み出される。発言の背後の意味やワークシートの短い言葉に託された子どもの思いを解釈しようとする教師は、無意識に「パフォーマンス評価」を行っているともいえよう。

　評価手法としての「パフォーマンス評価」は、学習した知識や技能が生きた力として身についているかを評価する評価方法である。パフォーマンス評価では、教師が意図的に設定した「パフォーマンス課題」に対する子どもの表現や振る舞いによって評価する。上記

の「専門家会議報告」の例示では、「作文やレポート、スピーチやプレゼンテーション、協働での問題解決といった実演の過程を通じて学習状況や成長の様子を把握すること」である。

　教科におけるパフォーマンス評価は、成果物や実演を評価するための基準となるルーブリックを作成し、それに基づいて評価を行うのが一般的である。道徳科では、「専門家会議報告」の注意書きにもあるように、「成果物そのものを評価するわけではない」ため、ルーブリックで子どものレベルや段階を判定する評価は行わない。

　パフォーマンス評価は、子どもの生活や現実に出あう状況に近い、"本物の（リアルな）"課題に取り組ませてそのプロセスを評価しようとするもので、パフォーマンス課題となるような道徳的問題をどう設計して組み入れるかという点で授業改善に資する評価である。

(4) チームで取り組む評価と対話的評価

　ポートフォリオ評価であれ、パフォーマンス評価あれ、テストによる評価とは異なり、評価には評価者の主観が入る。エピソード記述のように、主観にこそ意味があるという視点も大切だが、こうした評価の信頼性や妥当性を高めるには、同僚性を生かした授業研究や校内研修など、他教師との協働が有効である。「専門家会議報告」では、「教員同士で互いに授業を交換して見合うなど、チームとして取り組むことにより、児童生徒の理解が深まり、変容を確実につかむことができるようになること」と示されている。

　主観が入ることが前提である個人内評価で信頼性・妥当性を高める取り組みの一つが、モデレーション（moderation）である。モデレーションとは「調整」である。評価におけるモデレーションとは、複数の評価者が同一対象の評価を行い、互いの見方をすり合わせ、評価の一貫性を確保する調整作業を指す。コンクールやコンテストの審査における審査員協議を思い浮かべるとよいだろう。モデレーションは、主観が入る評価について、複数の目でとらえ、評価に至ったそれぞれの解釈を話し合うことで、間主観的な合意形成によって信頼性・妥当性を高めようとする取り組みである。「チーム学校」としての授業研究や校内研修によって、学校として、子どもの学びを見取る多様な視点を共有化し、子ども理解を進めていく組織的な取り組みを充実したい。

　さて、従来、評価といえば、教師が子どもに対して行うものとされ、教師から子どもや保護者に評価が伝えられるという一方向の伝達で終わっていた。「対話的な評価」は、評価される側である子どもや保護者が評価に参加することで、評価を双方向的な交流に変える取り組みである。日本の学校教育で行われている子どもや保護者を交えた「三者面談」は、実は、教師の評価に対して子どもや保護者が意見を述べ、それらを聞きながら三

者で進路を決定していくという双方向の評価活動であり、「対話的評価」の一つと位置づけられよう。また、道徳では、ワークシート返却や道徳ノートなどで、子どもや保護者との対話を継続する取り組みが、「評価」と意識せずに広く実施されてきた。今後は、一部の学校で見られる通知表のように、子どもの自己評価欄や保護者からの通信欄を設け、評価を通して子どもや保護者と対話する仕組みを構築する試みも一つの選択肢となろう。

6．評価から「考え、議論する道徳」を創る

　道徳科の導入をめぐって、学校や社会に生まれた不安や懸念。それらの多くは「心に成績をつけるのか」という誤解によるものだったとはいえ、その根底には、道徳の授業をめぐる重要な問題がある。道徳科における評価を実践していく前に、もう一度原点に立ち返って、評価の持つ問題をとらえておきたい。

　道徳科における評価の基本的な考え方は、「よさを認め、励ます」評価である。それは子どもが自らのよさに気付き、それを伸ばしていこうとする努力を支援するもので、一方的な価値観を押しつけることの対極にあるといえよう。しかし、それを「評価する」という行為によって、この励ましには評価に固有の「強化」の機能が強く働くことになる。

　そもそも評価には、ある一定の方向を「よし」として、そちらへ方向づける働きがある。梶田は、評価には、どこができてどこができなかったか、どの程度の水準に達したかなどを子どもに伝えるという認知的コミュニケーションのほかに、「ある種の行為を力づけ、またある種の行為の出現を抑制するといった選択的強化の側面、ある方向への意欲を喚起したり、その方向へよりいっそうの意欲を持たせるといった意欲の方向づけの側面、さらに子どもの行為や成果によって教師が感じた満足感や不快感などの感情を伝えるといった感情的コミュニケーションの側面が、同時に存在している可能性のあることに注意しなくてはならない」（梶田、2010、p.207）と指摘する。

　「道徳の時間」特設以来、「押しつけであってはならない」ことは学習指導要領解説などで繰り返し指摘されてきたが、道徳を学んできた大学生や大人たちは必ずしもそう受け止めていない。このギャップが示唆するのは、道徳の授業には、この特定の方向への意欲づけや強化が起こりやすいということである。その影響は決して小さくない。「先生が求める正解はこれだろう」と推測させるような授業が、評価の導入によって一層加速し、「こう答えなければ評価してもらえない」と子どもたちが考えてしまうことは、道徳教育が目指す「道徳的な問題を考え続ける」資質の育成と対極にあるというだけでなく、道徳ギライの子どもを増やしてしまう危険があると十分に認識しなければならない。

道徳の評価を一方的な強化にしないための手がかりは、まさしくその強化を生み出している評価のコミュニケーション機能の中にある。「対話的評価」の可能性が示唆するように、評価には、それを通じてさまざまなコミュニケーションを生み出す機能がある。評価を教師から子どもや保護者への一方的な通知ではなく、双方向のコミュニケーションにしていくこと。評価のプロセスに、子どもや保護者の声を反映し、チームとしての学校で取り組むこと。評価をめぐるコミュニケーションを豊かにしていくこうした取り組みの中に、評価を真に子どものためのものにする鍵がある。これは決して絵空事ではなく、教師が「評価」と意識せずに「道徳ノート」や「学級通信」などで実際に取り組んできたことでもある。

　評価をめぐるコミュニケーションは、道徳科における評価のもう一つの問題、信頼性や妥当性をどう担保するかという問いにも見通しを与えてくれる。評価における豊かなコミュニケーションとは、多様な目で見て、多様な目で解釈し、互いの解釈を持ち寄って合意を形成していく営みだからである。

　道徳科における評価は緒についたばかりである。最初から教師が一人で取り組めば、偏りのある評価になってしまうのは避けられない。導入直後には、学校における校内研修や家庭との情報交換によって、教師自身が子どもを理解する目を育てていくプロセスが欠かせない。そのプロセスを充実させながら、担任教師が授業し、評価するという道徳授業の意義をあらためて思い起こしたい。道徳科の評価は、子どもに関わり続けている教師だからこそ見えること、気付くことができる子どもの成長を子どもたちに伝えていける貴重な機会である。この機会を大切に育てていこう。

（西野真由美）

[参考文献]

石井英真『今求められる学力と学びとは：コンピテンシー・ベースのカリキュラムの光と影』日本標準、2015年

梶田叡一『教育評価（第2版補訂2版）』有斐閣、2010年

鯨岡峻『エピソード記述入門：実践と質的研究のために』東京大学出版会、2005年

国立教育政策研究所「通信簿に関する調査研究」（「評価規準および評価方法等の改善と開発に関する研究」研究成果報告書）2003年

野口裕二『ナラティヴ・アプローチ』勁草書房、2009年

道徳科における評価の実践

　道徳科では指導要録や通知表に記述式個人内評価を行う。授業に対する評価は、指導に生かす目的でこれまでも実施されてきたとはいえ、今後は、授業における子どもの学びを継続的に見取り、「おおくくり」の評価として記述することになる。このような評価は、ほとんどの教師にとって未体験であろう。記述式で個人内評価を行うためには、個々の授業における評価に加え、いかに継続的に記録を蓄積するか、さらにそれらの蓄積した記録をどう活用するか、について見通しを持って計画的に取り組んでいかなければならない。

　ここでは、具体的な事例をもとに記述式の評価文を提案する。ただし、それらを「文例」として受け取っても意味がない。評価は授業づくりと一体であり、授業における子どもの姿の蓄積から書き起こされる。そのため、ここで示した評価文を目の前の子どもにあてはめようとしても、ぴったりあてはまらないだろうし、そうすることで子どもの姿をとらえそこねてしまう。事例を手がかりに、授業における子どものどんな姿に注目するか、どのような視点で記述していくかを参照していただきたい。

　道徳科の評価は、［総説］で示した評価の基本的な考え方を踏まえて取り組まなければならないが、評価を実践していくうえでもう一つ重要な視点は、「持続可能性」、つまり、続けられる評価であること、である。

　どのようにすばらしい評価方法であっても、実行に多くの労力と時間がかかり教師の他の活動を圧迫してしまうようであれば、その評価を持続して実施していくことはできない。また、道徳教育の充実には、「チーム学校」の協働で取り組むことが求められるが、全校あげて道徳教育に取り組んでいる学校にしかできない、という取り組みでは、日々、さまざまな課題に取り組まなければならない学校にとって現実に実施可能な評価とはいえない。

　道徳科は、担任教師が授業を行い、評価も実施する。これは、専門性よりも人格的関わりに重点を置いた体制である。その体制の中で、道徳性の発達や価値理解の深まりについて、深い専門性が求められるような評価を実施することは難しい。むしろ、子どもとの人格的関わりが豊かであるという担任の強みを生かした評価がふさわしいといえよう。このことを念頭に置き、本書では、評価に関する基本的な考え方を踏まえつつ、学校や教師が無理なく取り組んでいけるような評価の実践を提案したい。

1．おおくくりの評価に向けた授業評価

　道徳科における子どもの評価は、毎回の授業で全員に実施しなければならないわけではない。学習状況や道徳性の成長を学習の一定のまとまりで、「おおくくり」でとらえることが基本である。個々の授業ですべての子どもの学習状況を把握する必要はない。しかし、学期末や学年末には、その個々の授業の積み重ねを資料として参照しながら、学級の全員について、学習の状況や道徳性の成長の様子を記述することになる。

　道徳の授業では、「本時で子どもが何を学んだか」を評価する指標や評価規準がない。そのため、これまで教師が自分の授業を評価する際の根拠は、一部の子どもの授業での発言や文章力の高い子どものワークシート記述に頼ることになりがちであった。学期を通して全員の子どもの学びを把握していく、という視点は、ほとんど意識されていなかったのではないだろうか。

　おおくくりの評価に取り組むという前提に立つことで、個々の授業における評価の取り組みだけでなく、授業づくりそのものについても見直しが求められることになる。子どもの学び、とりわけその成長を見取ることができるような授業でなければ、評価することができないからである。道徳科では、最初の授業から、意図的・計画的に子どもの学びを見取り、長期的な学びの軌跡を把握することへつなぐという視点が必要となるのである。

　「おおくくり」の評価を意識したとき、授業において見取りたいのは次の点である。

---

①主題とする道徳的価値に対する見方・考え方の変化
②「自己をみつめる」・「多面的・多角的にみる」などの学習活動の深まり
③生き方についての考えの深まり（自分自身の目標・課題への意識）
④印象に残った発言や学級の学習の様子
⑤教師の発言や関わり方

---

　①～③は、授業のねらいに直接関わる要素であり、指導案にも評価の視点として設定されることが多い。反面、④や⑤については、長期的な学びに大きな影響を与える要素でありながら、個々の授業のねらいに基づく評価を念頭に置いていると、記録として残されないままのことが多い。しかし、これらの情報は、子どもの成長や変容について、その背景となる状況を考慮しながら解釈するための大きな手がかりとなる。また、教師自身が授業の様子を思い出し、どのような指導を行ってきたかを振り返るのにも役立つ。おおくくりで成長をとらえるためは、意識的に記録に残していきたい。

　以下では、これらの点を見取るための授業づくりのポイントを確認しよう。

(1) 授業のねらいと評価の視点を連動する

　評価とは、ねらいの実現状況をとらえることである。評価を行うためには、評価を見取ることができるねらいが設定されていなければならない。本時の学習を通して何を学ぶのか、どんな力を身につけさせたいのか、について具体的に示すことが必要である。そこで、ねらいには、A．取り上げる内容項目やテーマ（主題）、B．中心となる学習活動、C．道徳性に関わる資質・能力の三つを盛り込んで表現するようにしたい。例えば、次のように示すことができよう。

〈A（内容）〉について、〈B（学習活動）〉を通して、〈C（道徳性に関わる資質・能力）〉を育てる

　本書の実践例の指導案で示されている「ねらい」から、A、B、Cに該当する箇所を取り出してみると、以下のようになる。

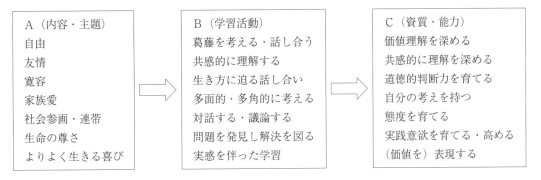

　ここで、注意したいのは、C（資質・能力）に示されたねらいの多くは、達成されたかどうかを1時間内で直接見取ることができないということである。例えば、「自分の考えを持つ」というねらいであれば、ワークシート記述から確認できるかもしれない。同様に、「理解を深める」ことができたかについても読み取れると思われるかもしれないが、道徳科で目指す「価値の理解」は、単なる知識や定義の暗記ではなく、実感を伴った深い理解であり、記述だけで判断することは難しい。まして、「実践意欲」や「態度」が育ったかどうかは、授業だけで評価するのは困難であろう。

　そこで、授業で実際に評価するのは、「B　学習活動」の実現状況となる。すなわち、

- 子どもがB（学習活動）にどのように取り組んだか（学習状況の評価）
- BがC（資質・能力）を育成するうえで効果的だったか（指導の評価）

を行うことが授業評価の中心となるのである。したがって、評価にあたっては、C（資質・能力）につながる学習活動が個々の子どもにおいてどのように実現しているかを「可視化」するとともに、その学習活動がC（資質・能力）の育成にとって適切であったかを

子どもの振り返り学習などをもとに見取っていくこととなる。

(2) 思考を「見える化」する表現活動を活用する

学習活動を通した子どもの思考の変容を評価するためには、子どもの内面で起こっている変化を外に表すこと、すなわち「外化」する活動が必要となる。書く・話す・実演してみるなど、「考え、議論する」道徳を実現する工夫によって、内面を表現し合う学習活動を設定し、その外化を通してさらに内面の理解や思考を深めていくように構想したい。

そのためには、問題解決的な学習で選択・決定の場面を設定する、役割演技をもとに考えるなど、自分の考えを表現する機会を明確に学習過程に位置づけることが求められる。また、ワークシートの工夫も必要である。価値理解に関わる記述がみられても、生徒がもともと持っていた考えなのか授業を通して深まったのかはわからない。事前の考えを確認できるようにしたり、友達の意見と比べたりしながら、考えの深まりに気付けるようなワークシートを設計し、振り返り学習を充実したい。

なお、変容をとらえることは大切だが、注意も必要である。長期的な成長を待てず、変容を性急にとらえようとして見方・考え方を押しつけるようなことは逆効果となる。また、問題解決を図る、ロールプレイで実演してみるなどのパフォーマンス課題は気付きを促す学習となりうるが、選択した結論や実演の良しあしを評価するわけではない。学習プロセスから「何を学んだか」を子どもが意識できるよう、教師自身もプロセスに目を向けよう。

(3) 自己評価活動を充実する

子ども自身による継続的な自己評価は、教師による評価の重要な資料となるとともに、子どもの自己指導力を育てる学習活動として道徳学習において大きな意義を持つ。1時間の学習において、学習の「めあて」を意識して取り組み、終末で振り返るという活動を導入するだけでなく、一年を通してめあてや目標を持って学習し振り返られるようにしたい。

自己評価の課題としてよく指摘されるのは、自己評価が低くなりがちな子どもと高くなりがちな子どもがみられること、そして、それら自己評価が、教員による評価と必ずしも一致しないことである。これは、子どもの自己評価に信頼性がないということではない。教師は、子ども自身の評価とのズレを手がかりとして、「なぜこの子どもはこのように評価しているのだろう」と意識しながら子どもと対話し、子どもが自分のよさや課題を見つけるのを支援しつつ、評価のズレを子ども理解を深める機会ととらえるようにしたい。

事例1　変容を見取る学習活動を設定する

　授業における評価で大切なのは、子どもの変容（見方・考え方の変化や学習活動の深まり）をどうとらえるかである。ここでは、本書の実践事例から、変容を見取る学習活動の工夫に注目しよう。

　①　事前アンケートから変容をとらえる

　実践例11（p.116）では、授業前に持っていた児童の友情観の変容をみるため、授業前アンケート（「友達とは？」）を実施している。その記述と本時の学習プリント「本当の友達とは？」の記述を比較して、友情に対する見方・考え方の変容をとらえている。

図1　A児の例

事前アンケート	学習プリント
私は友達にアドバイスがなかなかできません。友達がいやな気持ちになって、せっかく仲良くしているのに、友達関係が崩れそうで怖いからです。（一部抜粋）	Bさんの言うようにアドバイスしても関係は崩れないなあと思った。実際にシミュレーションをしてみて本当にそう思った。友達が間違って他の人にも同じように間違うのをそのままにしておく方が気になる。友達の思いを大切にして、自分の思いを上手に伝えていきたい。そして、もっと仲良くなりたい。

　実践例11で挙げられている評価の視点（p.119～）─①価値理解の変容、②自我関与、③多面的・多角的考えの交流、④自己課題─からA児の学習プリントの記述を読み込むと、「Bさんの言うように」、「実際ににシミュレーションしてみて」など、友達の考えを受け止めている様子や、実感を持ってとらえている様子を見取ることができる。また、今後の友人関係への「めあて」を見いだしていることもわかる。

　この記録から、本時のA児の学びについて、次のような評価を記録しておく。学期末や指導要録では、同様の記録の蓄積をもとに記述していくことになる。

- 友達に忠告すべきか判断を問う場面において、自分の体験を振り返って〈自分だったら〉と考えながら、友達の意見をもとに、自分も相手もよりよい方を選択できるよう考え、事前に持っていた友情に対する見方・考え方を深めている。
- 友達に忠告を上手に伝える大切さを自分の課題として見いだしている。

　②　活動を繰り返して変容を意識させる

　実践例1（p.14）では「心情円盤」で判断を示す活動、実践例10（p.106）では役割演技と、それぞれ同じ課題を2回繰り返して本時の中での変容をとらえようとしている。

道徳科における評価の実践　**165**

表2　教材「絵はがきと切手」における判断基準の例　(中村淳子教諭作成)

相手 ↑ ↑ ↑ 自分	・今教えてあげないと、正子さんが将来困ってしまうから、伝える。 ・正子さんなら友達だから、伝えたからといって嫌いになったりしない。 ・他の人にも同じようなことをしたら、正子さんがかわいそうだから伝える。 ・自分が間違えていたら、正子さんも言ってくれるはずだから、伝える。
	いやな気分にさせるから、言わない。
	せっかく送ってくれたのに、料金不足というのは悪い気がするから言わない。
	嫌われるかもしれないから言わない。
	わざわざ言わなくてもいい。

　発言や活動の中で変容をとらえる際、注目しなければならないのは、結果ではなく、それを支えている見方や考え方である。実践例1でいえば、「友だちに"伝えない"、から"伝える"に変わった」だけでは、見方・考え方の変化を読み取ることができない。判断の根拠となる見方・考え方がどう変化したかをとらえなければ評価はできない。

　実践例1の中村教諭は、判断の根拠を表2のように整理して、子どもの発言の背景にある判断基準の変容を見取ろうとしている。

　なお、こうした見方・考え方の成長は一回の学習だけで起こるわけではない。教師が考える高次な見方を性急に強制しないように注意したい。

③　思考ツールで可視化する

　図2は、実践例9（p.96）で活用されているイメージマップについて、同じ生徒の1時間目と3時間目のマップを並べたものである。思考ツールは、思考の変容を可視化するのに役立ち、ネームプレートなどを使って板書で活用すれば学級全体で変容を共有することができる。話し合いの結果がかたちに残るので、グループでの話し合いに付箋を活用すれば、話し合いの成果を共有しやすい。また、教師一人では把握しにくいグループワークにおける取り組み状況を把握することもできる。

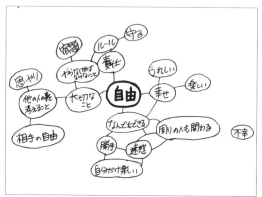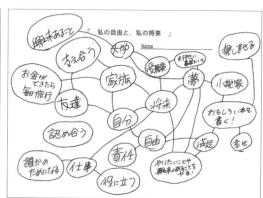

図2　自由についてのイメージマップ　(左：1時間目　右：3時間目)

2．記録を蓄積して評価する ―通知表・指導要録における評価に向けて―

　授業では子どもの学びの姿を見取ることができても、いざ指導要録や通知表に記述するとなると、手が止まってしまうかもしれない。ワークシートでコメントを返却するのとは違って、指導要録という公的な原簿に記載するとなると身構えてしまうこともあろう。

　しかし、日常の授業におけるコメントから指導要録の記録まで、道徳科の評価の考え方は共通である。それは、「子どものよさを伝える」ことである。ワークシート等へのコメントでは、子どものよさを直接子どもに伝える。通知表では子どもや保護者に、指導要録は次年度以降の指導者へ。教師が見取った子どものよさをそれぞれの読み手にどう伝えるかを考えればよい。

　個々の授業評価と異なるのは、指導要録や通知表における評価は、学期や年間を通した成長に重点を置くことである。学びの様子を"点"でとらえるのではなく、成長の"線"が見える記述にしていくためには、個々の授業の記録を残すことが必要になる。

　授業の記録にはさまざまな方法がある。基本的に、この記録を後で評価に活用するということを踏まえてさえいれば、教師が最もやりやすい方法で行ってかまわない。

　例えば、毎回、子どもの名前を入れた学級の座席表を作成し、授業ごとに、気になった点や印象に残った発言などを記録しておく方法がある。毎時間、すべての子どもについてコメントを残す必要はなく、空欄があってもかまわない。気付いた点を気軽に記入していけばよい。この記録を続けていくと、空欄になることが多い子どもを"発見"できる。そうなったら、次の授業でその子どもについて意識的に見取るように心がけていく。このようにして、学期を通してすべての子どもについて見取ることができるようにすればよい。

　子どもや家庭とつなぐ「道徳ノート」や「道徳ファイル」を活用すれば、保護者の意見や子どもの振り返りを継続的に蓄積することができる。ただ、一人の子どもについての情報量が多くなるため、教師がこれを整理しようとすると大きな労力がかかる。以下の事例で示すように、子ども自身の自己評価活動と一体化して取り組むとよい。

　また、カルテのように、個人記録表を作成し、気付いたことを授業ごとに記録していく方法もある。実践例7 (p.76) では、道徳の授業だけでなく、道徳教育全体の評価に向けて、PCに生徒の変容について記述して共有できるようにしている。

　以下では、事例をもとに、記録を蓄積して「おおくくり」の評価へつなぐ方法を紹介しよう。なお、いずれの実践も通知表や指導要録の評価は想定していないため、事例5 以外の評価文はおおくくりの評価の考え方を踏まえて筆者が提案した。もちろん実際の通知表では、子どもの学びをともに見つめてきた教師自身の言葉を子どもや保護者に届けたい。

道徳科における評価の実践 | **167**

事例2　学習に向かう姿の累積から子どものよさと成長を見取る

　福島大学附属小学校では、道徳の授業で育てたい子どもの姿を「多様な価値観に思いめぐらせることで、明らかになる大切にしたい価値観をもとに、今の自分を自覚し、よりよい生き方を求めていこうとする子ども」と設定し、道徳的な問題を「自分事」としてとらえ、自分と友達の価値観の類似や相違を意識しながら話し合う中で、自分が大切にしたい価値観をもとに、よりよい自分を思い描く子どもの育成を目指している。

　現行の道徳の時間では、記述による評価を家庭に渡してはいないが、学習活動の中で子どもの学びの姿を見取ることを大切にし、見いだした子どものよさや成長を授業改善に生かす実践を続けてきた。現在は、平成30年度からの教科化に向け、子どもの学びの見取りに基づいた記述式評価について検討を進めている。これまで取り組んできた子どもの学びの姿を蓄積していく教師側の記録に加え、子ども自身が一時間の学習を順番に記録していく一枚ポートフォリオ(OPP: One Paper Portfolio)で自己評価にも取り組んでいる(右図)。

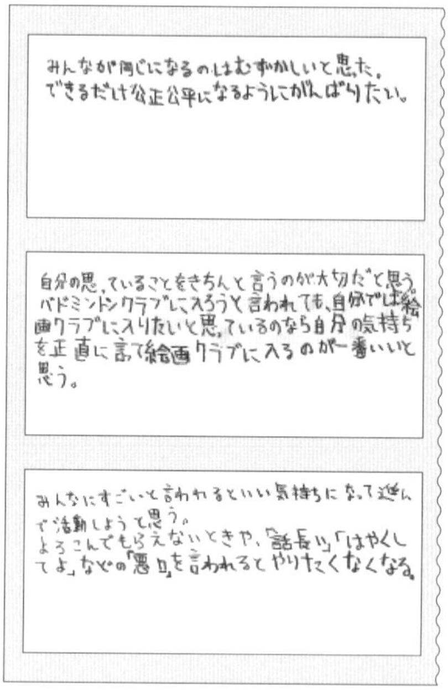

　一枚ポートフォリオは、A4からB4サイズの一枚の台紙に各授業の振り返りを書き足していくため、学びの軌跡を一覧できる。子どもが自分の学習の足跡を追って振り返りやすいだけでなく、教師にとっても学びの姿や成長を一目でとらえられる方法である。

図3　一枚ポートフォリオによる自己評価

　次ページの表3では、小学校3年生の担任が授業で見取った子どもの学びの姿の記録の累積をもとに、通知表や指導要録における記述式評価を提案した。三つの授業における三人の児童の記録を掲載しているが、空欄があるのは、担任が特に書き残しておきたい子どものよさを抽出し記録しているためである。

　評価を累積する際、一つの授業で多くの子どもの情報を収集しようとすると、授業に集中できなくなってしまう。また、記録を残したいとして書く活動を多用すると、話し合いの時間を十分に確保できなくなる。授業では記録を残そうと意識せず、子どもに向き合って対話しながら学びに向かう子どもの姿を目に焼き付けたい。授業後は、印象に残った発言や記述を振り返りながら情報量の少ない子どもを見いだし、次の授業でその子どもに注目して見る。そうやって、学期を通して一人ひとりの学びの姿を豊かに語れるようにしたい。

表3　授業における子どもの姿の見取りから記述式評価へ

	主な学習活動	A児	B児	C児
授業1[公正・公平]	自分が主人公だったら、学級対抗リレーのメンバーをどうするかについてペアで話し合って考える。	・話し合いをもとに、私だったら、と自分事として考えている。 ・公正公平にできないことは自分もうれしくないと記述（ワークシート）。	・友達のさまざまな考えにふれ、さまざまな人の立場で考えている。 ・「一人休んだらチームじゃなくなってしまうからみんなでやりたい」と発言。	
授業2[自律]	主人公の悩みに共感し、友人に自分の思いを伝えるべきかについて、近くの人と話し合いながら、根拠を持って判断している。		「難しいな、できないかも」（発言）と迷いながらも、「自分のやりたいことをやらないと後悔するかもしれないから伝える」とワークシートに記述。	授業での発言はなかったが、ワークシートには「勇気を出して行動する」と記述。
授業3[勤労]	自分の経験と重ねながら主人公はどうすればよいか、グループで話し合う。	「あの人のように行動したいなあ」（発言や記述）と進んで働くことへの意欲を示した。	進んで働くことが大切という発言を聞き、「わかるけど、言われるとやる気がなくなっちゃう」とできない自分を受け入れる。	「どうすればみんなが笑顔になるか考えてがんばる」とふだんのワークシートよりもしっかり記述。
家庭へのメッセージ（通知表記載例）		どの授業でも「自分はどうかな」と自分を見つめながら考えて発言しています。友達の思いに寄り添って話し合い、よりよい自分になりたいという思いを高めています。	友達の考えと自分の考えを比べ、自分の考えを進んで伝えています。なかなかできない自分を素直に語り、「こうなりたい」という意欲を表現しています。	うなずきながら友達の考えをよく聞いています。振り返りカードにめあてを具体的に表現する姿から、よりよい自分を思い描こうとしていることが伝わります。
指導要録への記載例		友達の思いをよく聞いて受け止め、自分の考えに生かそうとしている。多様な感じ方があることに気付く中で、よりよい自分を思い描いている。	自分自身の問題として道徳的価値に向き合って自己を見つめ、ありのままの自分を受け入れて、課題を見いだしている。	友達の考えに関心を持ってよく聞こうとし、グループでの話し合いでは自分の考えも少しずつ伝えようとしている。

（担任の授業記録と聞き取りに基づき筆者作成）

事例 3 　記録の蓄積から変容を見取る ─エピソード記述の活用─

　ワークシートや道徳ノートなど、子どもの書いたものを資料として評価を行うと、表現力が乏しい子どものよさや進歩をとらえにくい。ふだんの授業での発言の少ない子ども、授業のねらいとは異なる方向へ授業の流れを変えてしまうような子どもの場合、授業のねらいから評価する個々の授業の評価ではよさをとらえにくい。そんな子どもの成長をとらえるには、授業のエピソードの継続的な記録を活用したい。

　エピソード記述に基づく評価は、保育や幼児教育で活用されてきたこともあり、言葉に表現されない子どもの気持ちや思いに目を向け、子どもの思いを受け止め、よさや変化を見取るのに力を発揮する。特に、記録した時点では重要でないように思えたことでも、長期的に記録を続け、後から読み返してみると、変化をとらえることができる。

　表4は、本書の 実践例2 （p.24）で登場するＡ児（6年生）について、5年次の学びの記録からの抜粋である。

　記録を通して読むと、学び合いに向かい、その中で考えを深められるようになっていく様子、担任教諭が意識した信頼関係の構築が進んでいく様子がみえてくる。これをもとに通知表で本人の学びの成長を認め励ます評価を記述する。また、指導要録では、学びの進歩が読み手となる教師に伝わるように記述する。例えば、次のような記述である。

通知表への記述例

　人物学習に関心を持って意欲的に取り組みました。自分の体験をもとに考え、大事な「問い」を提起してくれたことで、学級全体の話し合いが深まりました。

指導要録への記述例

　道徳的価値に対して、自分の体験とつなげて考え、積極的に発言しながら考えを深めている。価値について自分なりの問いを持ち、追究する姿勢がみられるようになっている。

　実践例2 の授業で、6年生となったＡ児は、自分の考えにこだわりを持って学習しながら、友達の意見も生かして考える姿勢が育っているようである。Ａ児のこだわりを「一面的な見方」と否定的にとらえるのではなく、価値に対する自分なりの見方・考えを持っているととらえ、その考えや問いを学級で共有して話し合う教師の姿勢が、Ａ児自身の見方の成長につながっているように思われる。子どもの考えに共感しながら、よさをとらえる目を持つことが、個人内評価の基本であることをあらためて確認したい。

表4　A児の学びの記録 （木原一彰教諭の記録をもとに再構成）

5年		氏名：
前学年までの様子：学習中の離席、徘徊、他者への言動など教育的課題があった。転任して担任となったとき、教師や大人への不信感が根強いことが、荒れの原因ではないかと感じた。学級等で何か問題があったときに、「どうせまたオレのせいにするんだろ！」といった言動がみられたからである。そこを解きほぐすことに取りかかりつつ、信頼関係の構築に努めたい。		
6月29日	てんぎゃんと呼ばれた少年—南方熊楠—（自然愛）	事前学習には毎日取り組んでいたが、感想は、「〜が、すごかった」や「〜したことにびっくりした」などの簡単なもの。授業では、（熊楠は）「自然とふれあうことが楽しかった」という発言をするが、意見の言いっぱなしで、他の友達の意見から学ぶ態度はみられなかった。授業後に、「先生、次は誰を学習するんですか？」と声をかけてきて、人の生き方への学習に関心がみられる。
7月8日	消えたマイケル（公平）	「このチームのメンバーは、誰の話も聞いていない」と、批判的に発言したが、チーム全体を俯瞰してみているように思えた。サッカー部の中心メンバーとして状況に共感している様子。最後に「このチームに必要なのは話し合う姿」と発言。
9月16日	手品師（誠実）	友達の意見をよく聞いたうえで、「簡単に自分の夢を捨てるのはおかしい」と、「男の子を連れて大劇場に行く」ことにこだわった。
10月6日	どこかでだれかが見てくれている〜福本清三〜（役割・責任）	「こんなこと言ったら先生怒るかなあ」と言いながら発言。「正直、お金をもうけたいとかいう気持ちもあったと思うんですよ。でも、それよりも、せっかく続けてきたんだから、あきらめたくないっていうか、最後までとことんやりたいって気持ちの方が強かったと思うんですよ」と、役割・責任を自分のこだわりという視点でとらえる。
10月20日	キャプテン（信頼）	「2軍の補欠だった」選手が「新チームのキャプテンに選ばれた」ことに納得がいかない様子。友達の意見を聞いて納得しながらも、「弱い」ことに対する嫌悪感は彼の感覚として残っている。
12月3日	シンガポールの思い出（規則の尊重）	町をきれいにする活動をしているならルールなんていらない、など半分茶化していたが、それを取り上げることで、「なぜルールが必要か」を皆で考えるきっかけとなった。「こうしようって言ってもできないこともあるから、そういうときにはルールも必要になる」とルールのあり方について、自分の発言から深めて考えられていた。
2月2日	世界の医聖〜野口英世〜（不撓不屈）	不撓不屈を支えた思いについて、「黄熱病をこの世から消したい。自分ならできるという自信がある」という「自分の個性に対する自信」を基盤としていた、と考えた。
3月8日	世界最弱のヒーロー、アンパンマン（正義）	「正義」のイメージについて「わかりにくい」。「世界最弱のヒーロー」という表現にも「どういうこと？」。この疑問を友達と話し合う中で、「先生、わかった」と自分の考えを話しにきてくれる。全体の話し合いでは挙手して発言。「〈正義〉って、困っている人を放っておけないってこと。自分でも、ほかの人でも。でも、そうするためには、絶対に勇気がいる。勇気を持ってできるから、弱くても正義なんだと思う。」自分のまとめには、「自分が放っておけないって思ったことをするのが正義。そのためには勇気がいるけど、立ち向かっていけると思う」と書く。

道徳科における評価の実践 171

事例4　自己評価から成長の「転機」を見取る

　子どもの成長は、学期や年間など長期的な学びの軌跡を後から振り返ってみて初めて気付くこともあれば、一つの授業や体験が明確な転機となっていることもある。例えば、次の事例では、子どもの目に見える変化が教師にもはっきりと感じられている。

> Sさんが初めて探究の対話を行ったのは、2年生の国語の時間であったが、それからしばらく探究の対話を行う機会はあまりなかった。5年生になったばかりのSさんは、クラスの集団からはみ出す行動が目立つ子どもであった。友達や教師の話を聞いたり、自分の考えを説明したりすることが思うようにできず、学習への参加意欲が低い、友達とのトラブルが絶えない状況であった。春から何度か探究の対話を繰り返す中で、Sさんは、なかなか自分の考えを話すことができない時間が続いていた。しかし、12月初めに行った「夢は必要か」という問いでの探究の対話の後に、「今日の探究の対話は、2年生以来初めて楽しいと思った」と発言した。この時間に、友達の考えを聞き、自分の考えを発言できたことが、Sさんの達成感につながり、安心できる空間を作り出した。その後、にこやかな表情で授業に取り組んだり、校庭で友達の輪の中で遊んだりするSさんの姿が多く見られるようになった。これは、Sさんの成長であると同時に、探究の対話を積み重ねてきたことで、クラス全体が友達にも担任にも自分の話を聞いてもらえるという集団になり、いわゆる「文句を言う」子どもたちから「互いを認め合う」「話し合いができる」子どもたちへと成長してきたことの証でもある。12月の探究の対話が一つのきっかけとなり、一人の成長とクラスとしての成長を顕著にしたと思う。

　この記録は、実践例6 (p.66) の「探究の対話」におけるS児の成長についての教員の振り返りである。S児の直接の転機となったのは一つの授業だが、それまでの探究的な対話の積み重ねが成長を促したのかもしれない。だが、「初めて楽しいと思った」という「転機」を意識した子どもの思いは大事にしたい。S児のように、転機となった授業が子ども自身にも明確に意識されている場合、教師もその変化を認め、通知表などで伝えることが子どもを「励ます」ことにつながるだろう。

通知表への記述例

> 「夢は必要か」という問いをめぐって、自分の考えを発言し、友達との対話に積極的に参加する様子がみられました。対話しながら探究する楽しさが実感できているようです。

指導要録への記述例

> 「夢は必要か」を取り上げた学習をきっかけに、対話の中で自分の考えを発言できるように
> なり、友達との意見をよく聞いて考えようとする姿勢も育ちつつある。

　ワークシート等における自己評価は、評価の規準が子どもによって異なるため、他者の
評価と比較しても意味がない。自己評価から子ども自身の意識の変化を読み取ると、転機
となった授業をとらえることができる。実践例9 (p.96) における生徒Bの自己評価は、
この授業が転機となっていることを伝えている。

　生徒Bのふだんの道徳授業での学習について、授業者は、「自分の意見を発言すること
はほとんどないが、振り返りシートや作文には、思いのこもった文章を書く」とみている。

　ワークシートの自己評価欄で、「自分の意見を発表した」に対する生徒Bの自己評価は、
ふだんの授業では「C」であったが、本単元の学習では次のように変化している。

１回目授業　Ｂ ⇨ ２回目授業　Ｂ ⇨ <u>３回目授業　Ａ</u>

　他の自己評価欄もAをつけることが少ない生徒で、過去には4つある評価項目でCが2
つ以上のこともあったが、今回の単元では、次のように評価している。

１回目　Ａ１個, Ｂ３個 ⇨ ２回目　Ａ２個, Ｂ２個 ⇨ <u>３回目　Ａ３個, Ｂ１個</u>

　3回目の授業後、生徒Bは振り返りシートにこう記述した。「自由について授業をして、
3回目となって1、2回目では考えられなかったことに気付きました。私にとって自由と
は、自分が楽しい気持ちになるためのものでしたが、3回目の授業で、自分の自由は人の
自由にもつながると気付きました。私はそれに気付いて思いました。私もこれから人の役
にたつ自由をたくさんみつけたいです。」

　これらの自己評価は、生徒Bにとって「自由について」の授業が特別な意味を持ってい
たことを示唆している。評価では、この体験を認め、生徒の思いを励ましたい。

通知表への記述例

> 自由についての学習で、自分の意見を友達にしっかり伝えながら考えを深めることで、新た
> な見方に気付き、これからの自分の目標も持つことができました。

指導要録への記述例

> 自由について多面的・多角的に考えられるようになり、自分の生き方につなげて目標を持つ
> ことができた。自分の思いをしっかり伝えようとする姿勢もみられるようになっている。

道徳科における評価の実践　　173

> **事例5** **子どものポートフォリオ評価を授業と評価に生かす**

ポートフォリオを活用して評価につなぐためには、蓄積したワークシート等の資料をどのように活用するかが鍵となる。ここでは、平成27年度に松元直史指導教諭（当時、福岡市教育センター長期研修員）が実施した中学校における評価の取り組みを紹介する。

本実践では、生徒が毎時間の授業で使用した教材やワークシート、道徳ノートをファイルに集積している。学期末にこのファイルを活用して生徒と教師が共同で授業を振り返る授業を実施し、生徒自身が振り返りシートを作成する自己評価活動を行い、教師はそれをもとに記述式の個人内評価を行う。子ども自身によるポートフォリオ評価を授業の場で教師と共同で実施し、教師の記述に生かす実践である。

(1) 評価までの学習の流れ（タイムスケジュール）

① 「道徳ノート」の作成

最初の授業で、生徒らに授業の資料をファイルに綴じて集積していくことを確認する。

② 学期の終わりに生徒によるポートフォリオ評価を実施

集積したワークシートをもとに、生徒自身が学期の学習を振り返って「振り返りシート」(p.176参照)を記入する。シートは、ａ.自分の印象に残った授業、ｂ.自分の大切だと思う道徳的価値(生き方)、ｃ.自分の心の成長や行動の変化、の三点で構成する。

③ 「振り返りシート」をもとに授業者が記述式の個人内評価を行う

教師による記述式個人内評価の視点として、以下の三点を設定する。

• 生徒の考えを整理する：生徒が好きな授業やためになった授業（ワークシート等）をもとに、生徒が考えたことを整理する。

• 生徒のよさや成長を認める：生徒に共感し、心や行動の変化や成長を認める。

• 励ましとなるメッセージを書く：生徒がうれしく思えるメッセージにする。

④ 振り返りシートと記述式個人内評価を生徒に配布する

10月下旬の授業で振り返りシートと教師による記述式評価を返却。自分のよさや成長について考え、今後のめあてをつくる授業を行う。

※本実践時には、通知表や指導要録への記録は想定されていなかったため、10月に配布しているが、この学習活動を通知表や指導要録における個人内評価に生かすことができる。指導要録には、各学期の振り返りをもとに、生徒が自分の人間としての生き方を目指す姿を見取って記述する。具体的な視点として、本実践では、生徒自身が〈よさや成長を感じる姿〉、〈心がけと行動をつなげようと思う姿〉、〈大切な道徳的価値をみつけたいと思う姿〉の三つの姿を設定している。このように、学びの成長の姿を具体的に描いておくと記述しやすい。

（2）評価の具体例

生徒Gの振り返りシートの記述から（抜粋）

・ためになった学習を「言葉の宝物」とし、その理由を「自分の宝物にしたい言葉をみ
　つけることができたし、それをいつも守っていきたいと思ったから」と記述。

・大切にしたい価値には、「集団生活の向上」を選ぶ。

・「どんな行動につなげたいですか」という問いには、「集団生活の中で友達を大切にし
　てめいわくをかけないようにしたい」と記述した。

生徒Gへ返却した記述式個人内評価（抜粋）

○ためになった授業は「言葉の宝物」と書いていました。人間はつい、人と比べて生活して
　いきます。Gさんの、自分の進む道を人に左右されずに生きたいという気持ちが伝わって
　きました。

○Gさんはどの授業も自分の考えや行動とつなげて考えを深めていてすごいなと思いました。
　大切にしたい道徳的価値は「集団生活の向上」としていました。集団で生きていく中で、
　自分の役割と責任を意識していることが伝わってきます。心がけていることと行動をつな
　げるのが難しいときもありますが、応援しています。

（3）自己評価力を伸ばす

　本実践では、教師による記述式個人内評価を配布後、生徒や保護者にアンケートを実施
している。その結果、「評価があったほうがいい」とする回答が生徒では88％、保護者の
感想では86％であった。保護者は、「家庭での会話に生かせる」、「子どもの成長がわかっ
た」ことを評価している。上で取り上げた生徒Gは、「自分がどう考えていたかを整理で
きました。これからの授業も、自分の考えとつなげてまとめていきたいと思います」と記
述した。生徒自身の振り返り学習を生かして学びの成長をとらえた記述式個人内評価は、
生徒にとっても、立ち止まってこれまでの学習を振り返り、今後の生き方を考える機会に
なっていると考えられる。「振り返り」の時間を年間指導計画に位置づけて実施したい。

　子どもによるポートフォリオ評価は、子ども自身の振り返りの記述をもとに評価するた
め、文章に苦手意識を持つ生徒や振り返りの力が育っていない子どもの評価が難しくなる。
振り返りの授業を実施する際、こうした生徒には、個別に声かけをして振り返りの意識を
育み、自己評価力を高めるようにしたい。振り返りを授業として実施することで、教師と
子どもが対話しながらともに評価していく対話的評価を実現することができる。

出典：小城達・松元直史（2015）「よりよく生きるための基盤を養う道徳科の在り方」福岡市教育センター『平成
　　27年度研究紀要』（第991号）。

１学期の振り返りシート

１　①１学期の道徳の時間は好きですか？　　　　　　　５ ・ ４ ・ ３ ・ ２ ・ １

　　②どの学習が好きでしたか？　教材名と選んだ理由を書いて下さい。

教材名	理由

２　①１学期の道徳の時間はためになりましたか？　　　５ ・ ４ ・ ３ ・ ２ ・ １

　　②どの学習がためになりましたか？　教材名と選んだ理由を書いて下さい。

教材名	理由

□どんな行動や態度につなげたいですか？

　①今、心がけていることがあるが、できないときもある。

　②今、気持ちはあるが、全然できていない。

　③今、＿＿＿＿＿＿＿＿＿＿＿＿＿＿＿＿＿＿＿＿＿な行動をしている。

　④その他（　　　　　　　　　　　　　　　）

具体的に心がけていることや行動しているところを書いてみよう。

３．私たち１年間で24の道徳的価値を学びます。（※『私たちの道徳』を見てみよう。）

現時点でのあなたが大切にしたい道徳的価値は何ですか？

道徳的価値	理由

□どんな行動や態度につなげたいですか？

　①今、心がけていることがあるが、できないときもある。

　②今、気持ちはあるが、全然できていない。

　③今、＿＿＿＿＿＿＿＿＿＿＿＿＿＿＿＿＿＿＿＿＿な行動をしている。

　④その他（　　　　　　　　　　　　　　　）

具体的に心がけていることや行動しているところを書いてみよう。

（松元直史指導教諭作成の「振り返りシート」をもとに筆者が再構成）

3．子どもとともに創る評価へ

　『学習指導要領解説』は、道徳性の評価についてこう指摘する。「道徳性の評価の基盤には、教師と児童生徒との人格的なふれあいによる共感的な理解が存在することが重要である。その上で、児童生徒の成長を見守り、努力を認めたり、励ましたりすることによって、児童生徒が自らの成長を実感し、更に意欲的に取り組もうとするきっかけとなるような評価を目指すことが求められる」（『学習指導要領解説　特別の教科 道徳編』）。

　評価の基盤には「人格的な触れ合いによる共感的な理解が存在する」とある。これは、他教科における評価とは異なる、道徳科における評価の最も大きな特徴である。

　評価には、信頼性・妥当性が求められる。そのため、評価に取り組もうとする教師は、無意識にであれ意識的にであれ、できるだけ客観的に子どもを見ようとする。その姿勢は、教師が思い込みで判断してしまう危険を考えれば、大切なことだと思える。しかし、道徳科における評価の信頼性・妥当性は、教師が客観的に振る舞うことで得られるわけではない。個人内評価は、子ども一人ひとりのよさをとらえる、という意味で、主観的な解釈が必要な評価である。客観的に見ようとすることで、目の前の子どものよさを見る目を弱めてはならない。その目は、子どもと共感的に関わる関わりの中で高められる。

　評価の基盤に「共感的な理解」が存在するというのは、教師は、子どもを観察の対象としてどこか遠くから客観的に観察するのではなく、子どもの側に立ってともに学びながら子どものよさを見いだしていく、ということである。道徳性の評価は、子ども自身が自らの道徳性を養う力を育てるために行うという出発点を忘れないようにしよう。評価する側が教師で、評価を受け取る側が子ども、という評価の図式を打ち破って、子ども自身が自らを評価する主体となるよう育てることこそ評価の目的である。教師に求められるのは、客観的な観察者となることではなく、子どもと協力して子ども自身の自ら学ぶ力を引き出していく対話的な評価なのである。

　だから、道徳科における評価は、評価の文言を作成し、子どもに手渡して終わり、ではない。ワークシートや道徳ノートで子どもとの対話を繰り返し、保護者の思いを反映する。記録を見返しながら、その時々の子どもの姿とともに、教師自身の関わり方を振り返ってみる。時には同僚教師の見方を聞いてみる。そうやってさまざまなコミュニケーションの中で子ども理解を深めていく。評価の信頼性・妥当性は、子どもをめぐる多様なコミュニケーションが豊かに広がる空間の中で保証されていくものなのである。

（西野真由美）

資　料　編

- 幼稚園、小学校、中学校、高等学校及び特別支援学校の
  学習指導要領等の改善及び必要な方策等について（答申）〈抄〉‥‥‥ 180
- 「特別の教科　道徳」の指導方法・評価等について（報告）〈抄〉‥‥‥ 185
- 小学校学習指導要領　第１章　総則〈抄〉‥‥‥‥‥‥‥‥‥‥‥‥ 191
- 小学校学習指導要領　第３章　特別の教科　道徳〈抄〉‥‥‥‥‥‥ 192
- 中学校学習指導要領　第１章　総則〈抄〉‥‥‥‥‥‥‥‥‥‥‥‥ 193
- 中学校学習指導要領　第３章　特別の教科　道徳〈抄〉‥‥‥‥‥‥ 194
- 小中学校の内容項目一覧 ‥‥‥‥‥‥‥‥‥‥‥‥‥‥‥‥‥‥‥ 196

中央教育審議会

幼稚園、小学校、中学校、高等学校及び特別支援学校の学習指導要領等の改善及び必要な方策等について（答申）〈抄〉

(平成28年12月21日)

15. 道徳教育

(1) 現行学習指導要領の成果と課題を踏まえた道徳教育の在り方

①現行学習指導要領の成果と課題

○これからの時代においては、社会を構成する主体である一人一人が、高い倫理観をもち、人間としての生き方や社会の在り方について、多様な価値観の存在を認識しつつ、自ら考え、他者と対話し協働しながら、よりよい方向を模索し続けるために必要な資質・能力を備えることが求められている。子供たちのこうした資質・能力を育成するために、道徳教育はますます重要になっていると考えられる。

(小・中学校学習指導要領等の一部改正と「考え、議論する道徳」への転換)

○道徳教育については、平成27年3月に、学校教育法施行規則及び小・中学校の学習指導要領の一部改正が行われ、従来の「道徳の時間」が「特別の教科道徳」（以下「道徳科」という。）として新たに位置付けられた。

○戦後我が国の道徳教育は、学校の教育活動全体を通じて行うという方針の下に進められてきた。小・中学校に関しては、各学年週1単位時間の「道徳の時間」が、昭和33年告示の学習指導要領において設置され、学校における道徳教育の「要」としての役割を果たしてきた。

しかし、これまでの間、学校や児童生徒の実態などに基づき充実した指導を重ね、確固たる成果を上げている学校がある一方で、例えば、歴史的経緯に影響され、いまだに道徳教育そのものを忌避しがちな風潮があること、他教科に比べて軽んじられていること、発達の段階を踏まえた内容や指導方法となっていなかったり、主題やねらいの設定が不十分な単なる生活経験の話合いや読み物の登場人物の心情の読み取りのみに偏った形式的な指導が行われていたりする例があることなど、多くの課題が指摘されてきた。

○このような状況を踏まえて行われた「特別の教科」化は、多様な価値観の、時には対立がある場合を含めて、誠実にそれらの価値に向き合い、道徳としての問題を考え続ける姿勢こそ道徳教育で養うべき基本的資質であるという認識に立ち、発達の段階に応じ、答えが一つではない道徳的な課題を一人一人の児童生徒が自分自身の問題と捉え、向き合う「考え、議論する道徳」

へと転換を図るものである。小学校で平成30年度から、中学校で31年度から全面実施されることに向けて、全国の一つ一つの学校において、「考え、議論する道徳」への質的転換が、着実に進むようにすることが必要である。

(高等学校の道徳教育の充実) (略)

②課題を踏まえた道徳教育の目標の在り方

○小・中学校学習指導要領においては、今回の改正により、道徳教育と道徳科の目標を「よりよく生きるための道徳性を養う」ものであると統一した。その上で、道徳科の目標は「道徳性を養う」ための学習活動を更に具体化して示す観点から、「道徳的諸価値についての理解を基に、自己を見つめ、物事を（広い視野から）多面的・多角的に考え、自己の（人間としての）生き方についての考えを深める学習を通して、道徳的な判断力、心情、実践意欲と態度を育てる」と規定した（括弧内は中学校学習指導要領における表記）。

○道徳教育・道徳科で育成することを目指す資質・能力と、今回の学習指導要領改訂において整理する資質・能力の三つの柱（「知識・技能」「思考力・判断力・表現力等」「学びに向かう力・人間性等」）との関係については、人格そのものに働き掛け、道徳性を養うことを目的とする道徳教育の特質を考慮する必要がある。このため、「道徳教育に係る評価等の在り方に関する専門家会議」（以下「専門家会議」という。）の報告（平成28年7月22日）では、資質・能力の三つの柱との関係について、道徳科の学習活動に着目した捉え方を示している。

○学習指導要領の一部改正により、小・中学校の道徳科においては、目標の中で、「道徳的諸価値についての理解を基に、自己を見つめ、物事を（広い視野から）多面的・多角的に考え、自己の（人間としての）生き方についての考えを深める」学習を通して道徳性を養うことが明確に示された。この道徳性を養うために行う道徳科における学習は、「道徳的諸価値の理解」と「自己の（人間としての）生き方についての考え」といった要素により支えられている。道徳科の学習の中で、これらが相互に関わり合い、深め合うことによって、道徳教育・道徳科で育成することを目指す資質・能力である「道徳性」を養うことにつながっていく（別添16-2）。

(略)

○また、小・中・高等学校のいずれにおいても、各教科等において、学びを人生や社会に生かそうとする「学

びに向かう力・人間性等」を育成することは、自立した人間として他者と共によりよく生きるための基盤となる道徳性を育てることに深く関わっている。
○こうしたことを踏まえると、道徳教育と資質・能力の三つの柱との関係については、道徳教育・道徳科の学習の過程に着目して、道徳性を養う学習を支える重要な要素である「道徳的諸価値の理解と自分自身に固有の選択基準・判断基準の形成」、「人間としての在り方生き方についての考え」及び道徳教育・道徳科で育成することを目指す資質・能力である「人間としてよりよく生きる基盤となる道徳性」の三つが、各教科等で育成することを目指す資質・能力の三つの柱にそれぞれ対応するものとして整理することができる。ただし、前述のような道徳教育の意義、特質から、これらの要素を分節して観点別に評価を行うことはなじまないことに留意する必要がある。

(略)

③道徳科における「見方・考え方」
○各教科の特質に応じた「見方・考え方」は、それぞれの教科等の学びの「深まり」の鍵となるものである。生きて働く知識・技能を習得したり、思考力・判断力・表現力を豊かなものとしたり、社会や世界にどのように関わるかの視座を形成したりするために重要なものである。すなわち、資質・能力の三つの柱全てに深く関わる、各教科等を学ぶ本質的な意義の中核を成すものであり、教科等の教育と社会をつなぐものである。
○「考え、議論する道徳」を目指す今回の小・中学校学習指導要領の改訂の趣旨に照らして考えると、道徳科における「深い学び」の鍵となる「見方・考え方」は、今回の改訂で目標に示されている、「様々な事象を、道徳的諸価値の理解を基に自己との関わりで(広い視野から)多面的・多角的に捉え、自己の(人間としての)生き方について考えること」であると言える。

(2) 具体的な改善事項
①教育課程の示し方の改善
ⅰ) 資質・能力を育成する学びの過程についての考え方
○先に述べたように、小・中学校の道徳科において資質・能力を育成する学習過程は、道徳科の目標に示された「道徳的諸価値の理解を基に、自己を見つめ、様々な物事を(広い視野から)多面的・多角的に考え、自己の(人間としての)生き方についての考えを深める学習」である。(別添16-2)

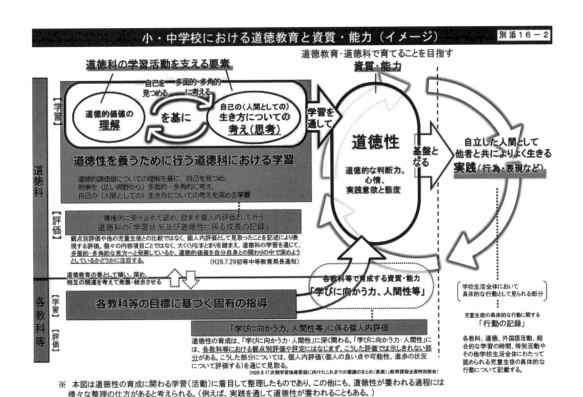

○道徳的諸価値の理解を図るには、児童生徒一人一人が道徳的価値の理解を自分との関わりで捉えることが重要である。「道徳的諸価値の理解を基に」とは、道徳的諸価値の理解を深めることが自分自身の生き方について考えることにつながっていくということだけでなく、自分自身の生き方について考えたり、体験的な学習を通して実感を伴って理解したり、道徳的問題について多面的・多角的に捉えその解決に向けて自分で考えたり他者と話し合ったりすることを通じて道徳的諸価値の理解が深まっていくことも含まれている。

○このため、特定の道徳的価値を絶対的なものとして指導したり、本来実感を伴って理解すべき道徳的価値のよさや大切さを観念的に理解させたりする学習に終始することのないように配慮することが大切である。児童生徒の発達の段階等を踏まえ、例えば、社会のルールやマナー、人としてしてはならないことなどについてしっかりと身に付けさせることは必要不可欠であるが、これらの指導の真の目的は、ルールやマナー等を単に身に付けさせることではなく、そのことを通して道徳性を養うことである。

○学校における道徳教育は、道徳科を要として学校の教育活動全体を通じて行うこととなっており、道徳科は、㋐道徳教育としては取り扱う機会が十分でない内容項目に関する指導を補うこと、㋑児童生徒や学校の実態等を踏まえて指導をより一層深めること、㋒内容項目の相互の関係を捉え直したり発展させたりすることに留意して指導する必要がある。

（略）

ⅱ）指導内容の示し方の改善（略）

②教育内容の改善・充実（略）

③学習・指導の改善充実や教育環境の充実等

ⅰ）「主体的・対話的で深い学び」の実現

○現在検討されている学習指導要領全体改訂の中では、社会で生きて働く知識や力を育むために、子供たちが「何を学ぶか」という学習内容の在り方に加えて、「どのように学ぶか」という、学びの過程に着目してその質を高めることにより、学習内容を深く理解し、資質・能力を身に付け、生涯にわたって能動的（アクティブ）に学び続けるようにしていくことが重要である。「どのように学ぶか」の鍵となるのがアクティブ・ラーニングの視点、すなわち子供たちの「主体的・対話的で深い学び」をいかに実現するかという学習・指導改善の視点である。道徳教育においては、他者と共によりよく生きるための基盤となる道徳性を育むため、

答えが一つではない道徳的な課題を一人一人の児童生徒が自分自身の問題と捉え、向き合う「考え、議論する道徳」を実現することが、「主体的・対話的で深い学び」を実現することになると考えられる。

○専門家会議では、「考え、議論する道徳への転換」に向けて求められる質の高い多様な指導方法の例示として、㋐読み物教材の登場人物への自我関与が中心の学習、㋑問題解決的な学習、㋒道徳的行為に関する体験的な学習を指導方法の例を挙げている。これらは独立した指導の「型」を示すわけではなく、それぞれに様々な展開が考えられ、またそれぞれの要素を組み合わせた指導を行うことも考えられることとしている。

○道徳科における学習・指導改善における工夫や留意すべき点については、専門家会議における質の高い多様な指導方法の例示や、既に一部改正がなされた学習指導要領及びその解説等を、踏まえつつ、「主体的・対話的で深い学び」の視点に沿って整理すると、概ね以下のように考えられる。

○なお、道徳科における具体的な学習プロセスは限りなく存在し得るものである。様々な工夫や留意点を三つの視点に分けることが目的ではなく、これらの視点を手掛かりに、教員一人一人が、子供たちの発達の段階や発達の特性、指導内容などに応じた方法について研究を重ね、ふさわしい方法を選択しながら工夫して実践できるようにすることが重要である。

（「主体的な学び」の視点）

・「主体的な学び」の視点からは、児童生徒が問題意識を持ち、自己を見つめ、道徳的価値を自分自身との関わりで捉え、自己の生き方について考える学習とすることや、各教科で学んだこと、体験したことから道徳的価値に関して考えたことや感じたことを統合させ、自ら道徳性を養う中で、自らを振り返って成長を実感したり、これからの課題や目標を見付けたりすることができるよう工夫することが求められる。このため、主題やねらいの設定が不十分な単なる生活経験の話合いや、読み物教材の登場人物の心情理解のみに終始する指導、望ましいと思われることを言わせたり書かせたりすることに終始する指導などに陥らないよう留意することが必要である。例えば、児童生徒の発達の段階等を考慮し、興味や問題意識を持つことができるような身近な社会的課題を取り上げること、問題解決的な学習を通して一人一人が考えたことや感じたことを振り返る活動を取り入れること、我が国や郷土の伝統や文化、先人

の業績や生き方に触れることや、自然体験活動など美しいもの・気高いものなどに出合う機会を多様に設定し、そこから感じたことを通じて自己を見つめ、自分自身の生き方について考え、多様な考えを持つ他者を相互に認め合い広い心で異なる意見や立場を尊重し、共によりよく生きようという意欲などを高めるようにすることも重要である。また、年度当初に自分の有様やよりよく生きるための課題を考え、課題や目標を捉える学習を行ったり、学習の過程や成果などの記録を計画的にファイル等に集積（ポートフォリオ）したりすること等により、学習状況を自ら把握し振り返ることができるようにすることなどが考えられる。

- 上記のような「主体的・対話的で深い学び」を実現するためには、多様な意見を受け止め、認め合える学級の雰囲気がその基盤としてなくてはならず、学級（ホームルーム）経営の充実が大変重要である。このことは、道徳的価値を自分との関わりで捉え考えを深める時間である道徳においては特に求められると言える。一方で、道徳の時間を通して、児童生徒理解を深め、これを学級経営に生かすということも考えられる。

- なお、前述のとおり高等学校には道徳の時間が設けられておらず、「公共」及び「倫理」並びに特別活動が中核的な指導場面として期待されている。したがって、これらの科目等においても、道徳教育において育成を目指す資質・能力及び上記の視点を意識した学習が求められる。

（「対話的な学び」の視点）

- 「対話的な学び」の視点からは、子供同士の協働、教員や地域の人との対話、先哲の考え方を手掛かりに考えたり、自分と異なる意見と向かい合い議論すること等を通じ、自分自身の道徳的価値の理解を深めたり広げたりすることが求められる。例えば、教材や体験などから考えたこと、感じたことを発表し合ったり、「理解し合い、信頼や友情を育む（友情、信頼）」と「同調圧力に流されない（公正、公平、社会正義）」といった葛藤や衝突が生じる場面について、話合いなどにより異なる考えに接し、多面的・多角的に考え、議論したりするなどの工夫を行うことや、日頃から何でも言い合え、認め合える学級の雰囲気を作ることが重要である。また、資料を通じて先人の考えに触れて道徳的価値の理解を深めたり自己を見つめる学習につなげたりすることがで

きるような教材の開発・活用を行うことや、様々な専門家や保護者、地域住民等に道徳科の授業への参加を得ることなども「対話的な学び」の視点から効果的な方法と考えられる。

- また、児童生徒同士で話し合う問題解決的な学習を行うに当たっては、そこで何らかの合意を形成することが目的ではなく、そうした学習を通して、道徳的価値について自分のこととして捉え、多面的・多角的に考えることにより、将来、道徳的な選択や判断が求められる問題に対峙した時に、自分にも他者にとってもよりよい選択や判断ができるような資質・能力を育てることにつなげることが重要であることに留意する必要がある。なお、発達の段階や個人の特性等を踏まえれば、教員が介在することにより「対話的な学び」が実現できる場合も考えられ、その実態を踏まえた適切な配慮が求められる。言葉によって伝えるだけでなく、多様な表現を認めることも大切である。

  特に、特設の道徳科の時間がない高等学校においては、特別活動、特にホームルーム活動における話合いを通して、人間としての在り方生き方に関する考えを深めることが重要である。

（「深い学び」の視点）

- 「深い学び」の視点からは、道徳的諸価値の理解を基に、自己を見つめ、物事を多面的・多角的に考え、自己の生き方について考える学習を通して、様々な場面、状況において、道徳的価値を実現するための問題状況を把握し、適切な行為を主体的に選択し、実践できるような資質・能力を育てる学習とすることが求められる。

  そのためには、単に読み物教材の登場人物の心情理解のみで終わったり、単なる生活体験の話合いや、望ましいと分かっていることを言わせたり書かせたりする指導とならないよう留意し、道徳的な問題を自分事として捉え、議論し、探究する過程を重視し、道徳的価値に関わる自分の考え方、感じ方をより深めるための多様な指導方法を工夫することなどが考えられる。深い学びにつながる指導方法としては、例えば以下のような工夫が考えられる。

  ―読み物教材の登場人物への自我関与を中心とした学習において、教材の登場人物の判断と心情を自分との関わりにおいて多面的・多角的に考えることを通し、道徳的価値の理解を深めること。

  ―様々な道徳的諸価値に関わる問題や課題を主体的

に解決する学習において、児童生徒の考えの根拠を問う発問や、問題場面を自分に当てはめて考えてみることを促す発問などを通じて、問題場面における道徳的価値の意味を考えさせること。

—道徳的な行為に関する体験的な学習において、疑似体験的な活動（役割演技など）を通して、実際の問題場面を実感を伴って理解することで、様々な問題や課題を主体的に解決するために必要な資質・能力を養うこと。

・道徳的な問題場面には、⑦道徳的諸価値が実現されていないことに起因する問題、⑦道徳的諸価値についての理解が不十分又は誤解していることから生じる問題、⑦道徳的諸価値のことは理解しているが、それを実現しようとする自分とそうできない自分との葛藤から生じる問題、⑦複数の道徳的価値の間の対立から生じる問題などがあり、これらの問題構造を踏まえた場面設定や学習活動の工夫を行うことも大切である。

ii）教材や教育環境の充実

〇教材については、小・中学校学習指導要領において「特に、生命の尊厳、自然、伝統と文化、先人の伝記、スポーツ、情報化への対応等の現代的な課題など」を題材とすることが示されている。

〇例えば「生命の尊厳」は、生命のもつ偶然性、有限性、連続性から、生命の尊重や感謝、よりよく生きる喜びなど様々な道徳的な問題を考えることができる言わば道徳の内容全体に関わる事項である。身近な人の死に接したり、人間の生命の尊さやかけがえのなさに心を揺り動かされたりする経験が少なくなっていると考えられる現代において、例えば動植物を取り上げた教材の提示により、生や死など生命の尊さについての考えを深めていくことができるような教材の工夫が考えられる。

〇また、「スポーツ」では、例えばオリンピック・パラリンピックなど、世界を舞台に活躍している競技者の公正な態度や苦悩、努力などに触れて、道徳的価値の理解を深めたり、自己を見つめたりすることも効果的であると考えられる。

〇教材の活用に当たっては、地域や学校、児童生徒の実態や発達の段階、指導のねらいに即して、適切に選択することが求められる。教科書や教材について、学校に置いておくのではなく、持ち帰って家庭や地域でも活用できるようにすることも重要である。

〇環境整備については専門家会議において提言されたよ

うに、道徳教育の質的転換に向けて、それぞれの立場から積極的な取組を進めることが求められる。

・文部科学省においては、道徳教育・道徳科で育成を目指す資質・能力など基本的な考え方について分かりやすく情報発信をすること、モデル事業の推進や学習指導要領解説の改訂、教師用指導資料の作成、教育委員会等の積極的な取組について全国へ発信すること等を進めること

・各教育委員会や研究団体においては、質の高い多様な指導方法、特に問題解決的な学習や体験的な学習に関する研究をこれまで以上に進めること

・各学校、特に管理職には、道徳科を学校教育全体で行う道徳教育の真の「要」となるようにカリキュラム・マネジメントを確立すること

・道徳科の指導を行う一人一人の教員には、学級や児童生徒の実態から柔軟に授業を構想し、道徳教育推進教師と協働しつつ、家庭や地域との連携を深め、主体的・能動的に道徳教育を実践すること

・家庭や地域においては、例えば「親子道徳の日」の設定や教科書などを通じて保護者と児童生徒が一緒に道徳について考えたり、道徳の授業にゲストティーチャーとして関わったりすること

（略）

〇特に、高等学校については、校長のリーダーシップの下、道徳教育推進教師を軸としながら、特設の時間がないからこそ、担任を持つ教員だけでなく教員全員が道徳教育の担当であるという意識で推進する必要がある。校長は全体をマネジメントするだけでなく、例えば校長自身も節目節目での講話等を通じて直接生徒に語り掛け、生徒が道徳について考える機会を作ることにも大きな意義がある。

〇なお、道徳教育推進教師には、例えば、児童生徒の実態把握に基づいて道徳教育に係る全体計画を作成することや、その実施のための各教員に対する支援、校内研修や授業研究の実施、家庭や地域、近隣の学校等との連携など、カリキュラム・マネジメントの視点から、学校教育全体における道徳教育を推進するための取組を実施するに当たって、中心的な役割を果たすことが求められる。そのためには、教育委員会等においても、道徳教育推進教師に対する研修の実施などを通じて、道徳教育推進教師に求められる資質・能力の育成とともに、管理職や他の教員の理解が得られるような取組の推進が求められる。

〇学校・地域によっては、独自に道徳教育のための時間

を確保し、必修化するなどの取組や、そうした時間等や各教科等で活用できる教材の作成、道徳教育を担当する教員に対する研修など積極的な取組を行っている例がある。国や都道府県教育委員会には、そうした高等学校における道徳教育の充実に関する取組に対する支援や成果の共有などを積極的に進めることが求められる。

○道徳教育の質的転換に向けては、「社会に開かれた教育課程」の視点から、道徳教育で育成を目指す資質・能力などについて、専門家同士での理解を前提としたものではなく、全ての教員はもとより、保護者や地域の理解も得られるような示し方、伝え方としていき、社会全体で共有できるようにしていくことが重要である。例えば道徳性の諸様相についての説明は昭和30年代から大きく変わっていないが、今後、関係する諸分野における科学的知見や資質・能力に関する研究等の進歩を踏まえながら、より分かりやすく適切な示し方について研究がなされることが期待される。

中央教育審議会道徳教育に係る評価等の在り方に関する専門家会議
「特別の教科 道徳」の指導方法・評価等について（報告）〈抄〉　　　　（平成28年7月22日）

（略）

○今後、道徳科の指導については、その実質化を図るとともに質的転換が求められるところであり、そのためには、以下のとおり、質の高い多様な指導方法の確立と評価の工夫・改善を行う必要がある。

4．質の高い多様な指導方法

○道徳教育の質的転換のためには、質の高い多様な指導方法の確立が求められており、本専門家会議においては多様な指導方法の実践的な取組についてヒアリングを行った。そこで出された道徳科の質の高い多様な指導方法は「別紙1」に示すとおりであり、それぞれの特長は以下のとおりである。

①読み物教材の登場人物への自我関与が中心の学習

　教材の登場人物の判断や心情を自分との関わりにおいて多面的・多角的に考えることを通し、道徳的諸価値の理解を深めることについて効果的な指導方法であり、登場人物に自分を投影して、その判断や心情を考えることにより、道徳的価値の理解を深めることができる。

②問題解決的な学習

　児童生徒一人一人が生きる上で出会う様々な道徳的諸価値に関わる問題や課題を主体的に解決するた

めに必要な資質・能力を養うことができる。

　問題場面について児童生徒自身の考えの根拠を問う発問や、問題場面を実際の自分に当てはめて考えてみることを促す発問、問題場面における道徳的価値の意味を考えさせる発問などによって、道徳的価値を実現するための資質・能力を養うことができる。

③道徳的行為に関する体験的な学習

　役割演技などの体験的な学習を通して、実際の問題場面を実感を伴って理解することを通して、様々な問題や課題を主体的に解決するために必要な資質・能力を養うことができる。

　問題場面を実際に体験してみること、また、それに対して自分ならどういう行動をとるかという問題解決のための役割演技を通して、道徳的価値を実現するための資質・能力を養うことができる。

○このような質の高い多様な指導を展開するに当たっては、道徳科の授業としての「質」の確保・向上の観点から、道徳科の特質を踏まえるとともに、発達の段階を考慮することが重要である。

○また、道徳的な問題には、例えば、①道徳的諸価値が実現されていないことに起因する問題、②道徳的諸価値について理解が不十分又は誤解していることから生じる問題、③道徳的諸価値のことは理解しているが、それを実現しようとする自分とそうできない自分との葛藤から生じる問題、④複数の道徳的価値の間の対立から生じる問題などがあり、これらの問題構造を踏まえた場面設定がなされることが求められる。

○なお、「別紙1」に示した指導方法も例示に過ぎず、それぞれが独立した指導の「型」を示しているわけではない。それぞれに様々な展開が考えられ、例えば読み物教材を活用しつつ問題解決的な学習を取り入れるなど、それぞれの要素を組み合わせた指導を行うことも考えられる。重要なことは、指導に当たっては、学習指導要領の趣旨をしっかりと把握し、指導する教師一人一人が、学校の実態や児童生徒の実態を踏まえて、授業の主題やねらいに応じた適切な工夫改良を加えながら適切な指導方法を選択することが求められるということである。

5．道徳科における評価の在り方

（評価の基本的な考え方）

○そもそも評価とは、児童生徒の側から見れば、自らの成長を実感し、意欲の向上につなげていくものであり、教師の側から見れば、教師が目標や計画、指導方法の改善・充実に取り組むための資料となるものである。

資料編　185

中央教育審議会道徳教育に係る評価等の在り方に関する専門家会議（報告　別紙１）
道徳科における質の高い多様な指導方法について（イメージ）
（平成28年7月22日）

※以下の指導方法は、本専門家会議における事例発表をもとに作成。したがってこれらは多様な指導方法の一例であり、指導方法はこれらに限定されるものではない。道徳科を指導する教員が学習指導要領の改訂の趣旨をしっかり把握した上で、学校の実態、児童生徒の実態を踏まえ、授業の主題やねらいに応じた適切な指導方法を選択することが重要。
※以下の指導方法は、それぞれが独立した指導の「型」を示しているわけではない。それぞれに様々な展開が考えられ、例えば読み物教材を活用しつつ問題解決的な学習を取り入れるなど、それぞれの要素を組み合わせた指導を行うことも考えられる。

		× 読み物教材の登場人物への自我関与が中心の学習	問題解決的な学習	道徳的行為に関する体験的な学習	×
ねらい		教材の登場人物の判断や心情を自分との関わりで多面的・多角的に考えることなどを通して、道徳的諸価値の理解を深める。	問題解決的な学習を通して、道徳的な問題を多面的・多角的に考え、児童生徒一人一人が生きる上で出会う様々な問題や課題を主体的に解決するために必要な資質・能力を養う。	役割演技などの疑似体験的な表現活動を通して、道徳的価値の理解を深め、様々な課題や問題を主体的に解決するために必要な資質・能力を養う。	
		学習指導要領においては、道徳科の目標を「道徳性を養うため、道徳的諸価値についての理解を基に、自己をみつめ、物事を（広い視野から）多面的・多角的に考え、自己（人として）の生き方についての考えを深める学習を通して、道徳的な判断力、心情、実践意欲と態度を育てる」と定めている。この目標をしっかり踏まえたものでなければ道徳科の指導とは言えない。			
具体例	**導入**	道徳的価値に関する内容の提示 教師の話や発問を通して、本時に扱う道徳的価値へ方向付ける。	問題の発見や道徳的価値の想起など ・教材や日常生活から道徳的な問題をみつける。 ・自分たちのこれまでの道徳的価値の捉え方を想起し、道徳的価値の本当の意味や意義への問いを持つ（原理・根拠・適用への問い）。	道徳的価値を実現する行為に関する問題場面の提示など ・教材の中に含まれる道徳的諸価値に関わる葛藤場面を把握する。 ・日常生活で、大切さが分かっていてもなかなか実践できない道徳的行為を想起し、問題意識を持つ。	主題やねらいの設定が不十分な単なる生活経験の話合い
	展開	登場人物への自我関与 教材を読んで、登場人物の判断や心情を類推することを通して、道徳的価値を自分との関わりで考える。 【教師の主な発問例】 ・どうして主人公は、○○という行動を取ることができたのだろう（又はできなかったのだろう）。 ・主人公はどういう思いをもって△△という判断をしたのだろう。 ・自分だったら主人公のように考え、行動することができるだろうか。 振り返り 本時の授業を振り返り、道徳的価値を自分との関係で捉えたり、それらを交流して自分の考えを深めたりする。	問題の探究（道徳的な問題状況の分析・解決策の構想など） ・道徳的な問題について、グループなどで話合い、なぜ問題となっているのか、問題をよりよく解決するためにはどのような行動をとればよいのかなどについて多面的・多角的に考え議論を深める。 ・グループでの話合いなどを通して道徳的問題や道徳的価値について多面的・多角的に考え、議論を深める。 ・道徳的な問題場面に対する解決策を構想し、多面的・多角的に検討する。 【教師の主な発問例】 ・ここでは、何が問題になっていますか。 ・何と何で迷っていますか。 ・なぜ、■■（道徳的諸価値）は大切なのでしょう。 ・どうすれば■■（道徳的諸価値）が実現できるのでしょうか。 ・同じ場面に出会ったら自分ならどう行動するでしょう。 ・なぜ、自分はそのように行動するのでしょう。 ・よりよい解決方法にはどのようなものが考えられるでしょう。 探究のまとめ （解決策の選択や決定・諸価値の理解の深化・課題発見） ・問題を解決する上で大切にした道徳的価値について、なぜそれを大切にしたのかなどについて話合い等を通じて考えを深める。 ・問題場面に対する自分なりの解決策を選択・決定する中で、実現したい道徳的価値の意義や意味への理解を深める。 ・考えた解決策を身近な問題に適用し、自分の考えを再考する。 ・問題の探究を振り返って、新たな問いや自分の課題を導き出す。	道徳的な問題場面の把握や考察など ・道徳的行為を実践するには勇気がいることなど、道徳的価値を実践に移すためにどんな心構えや態度が必要かを考える。 ・価値が実現できない状況が含まれた教材で、何が問題になっているかを考える。 問題場面の役割演技や道徳的行為に関する体験的な活動の実施など ・ペアやグループをつくり、実際の問題場面を役割演技で再現し、登場人物の葛藤などを理解する。 ・実際に問題場面を設定し、道徳的行為を体験し、その行為をすることの難しさなどを理解する。 道徳的価値の意味の考察など ・役割演技や道徳的行為を体験したり、それらの様子を見たりしたことをもとに、多面的・多角的な視点から問題場面や取り得る行動について考え、道徳的価値の意味や実現するために大切なことを考える。 ・同様の新たな場面を提示して、取りうる行動を再現し、道徳的価値や実現するために大切なことを体感することを通して実生活における問題の解決に見通しをもたせる。	
	終末	まとめ ・教師による説話。 ・本時を振り返り、本時で学習したことを今度どのように生かすことができるかを考える。 ・道徳的諸価値に関する根本的な問いに対し、自分なりの考えをまとめる。 ・感想を聞き合ったり、ワークシートへ記入したりして、学習で気付いたこと、学んだことを振り返る。			

※中央の「登場人物の心情理解のみの指導」の注記欄

	×	読み物教材の登場人物への自我関与が中心の学習	問題解決的な学習	道徳的行為に関する体験的な学習	×
指導方法の効果	登場人物の心情理解のみの指導	・子供たちが読み物教材の登場人物に託して自らの考えや気持ちを素直に語る中で、道徳的価値の理解を図る指導方法として効果的。	・出会った道徳的な問題に対処しようとする資質・能力を養う指導方法として有効。 ・他者と対話や協働しつつ問題解決する中で、新たな価値や考えを発見・創造する可能性。 ・問題の解決を求める探究の先に新たな「問い」が生まれるという問題解決的なプロセスに価値。	・心情と行為とをすり合わせることにより、無意識の行為を意識化することができ、様々な課題や問題を主体的に解決するために必要な資質・能力を養う指導方法として有効。 ・体験的な学習を通して、取り得る行為を考え選択させることで内面も強化していくことが可能。	主題やねらいの設定が不十分な単なる生活経験の話合い
		道徳的諸価値に関わる問題について多様な他者と考え、議論する中で、多面的・多角的な見方へと発展し、道徳的諸価値の理解を自分自身との関わりで深めることが可能。			
指導上の留意点		・教師に明確な主題設定がなく、指導観に基づく発問でなければ、「登場人物の心情理解のみの指導」になりかねない。	明確なテーマ設定のもと、 ・多面的・多角的な思考を促す「問い」が設定されているか。 ・上記「問い」の設定を可能とする教材が選択されているか。 ・議論し、探求するプロセスが重視されているか。 といった検討や準備がなければ、単なる「話合い」の時間になりかねない。	明確なテーマのもと ・心情と行為との齟齬や葛藤を意識化させ、多面的・多角的な思考を促す問題場面が設定されているか。 ・上記問題場面の設定を可能とする教材が選択されているか。 といった検討や準備がなければ、主題設定の不十分な生徒・生活指導になりかねない。	
評 価		・個人内評価を記述式で行う。 ※ 児童生徒のよい点を褒めたり、さらなる改善が望まれる点を指摘したりするなど、児童生徒の発達の段階に応じ励ましていく評価。 ・道徳科の学習において、その学習活動を踏まえ、観察や会話、作文やノートなどの記述、質問紙などを通して、例えば、 ○他者の考え方や議論に触れ、自律的に思考する中で、一面的な見方から多面的・多角的な見方へと発展しているか ○多面的・多角的な思考の中で、道徳的価値の理解を自分自身との関わりの中で深めているか といった点に注目する必要。 ・学習状況や道徳性に係る成長の様子を把握するための工夫が必要。 ・妥当性・信頼性の確保のため組織的な取組が必要。			

○教育において指導の効果を上げるためには、指導計画の下に、目標に基づいて教育実践を行い、指導のねらいや内容に照らして児童生徒の学習状況を把握するとともに、その結果を踏まえて、学校としての取組や教師自らの指導について改善を行うPDCAサイクルが重要であり、このことは道徳教育についても同様である。したがって、道徳科の評価においても、指導の効果を上げるため、学習状況や指導を通じて表れる児童生徒の道徳性に係る成長の様子を、指導のねらいや内容に即して把握する必要がある。

○一方で、答申では「道徳教育に関しては、指導要録に固有の記録欄が設定されていないこともあり、必ずしも十分な評価活動が行われておらず、このことが、道徳教育を軽視する一因となった」と指摘されており、さらに、このような実態の改善を図る観点から「道徳教育全体の充実を図るためには、これまでの反省に立ち、評価についても改善を図る必要がある」とされた。

○また、「道徳性の評価の基盤には、教師と児童生徒との人格的な触れ合いによる共感的な理解が存在することが重要である。その上で、児童生徒の成長を見守り、努力を認めたり、励ましたりすることによって、児童生徒が自らの成長を実感し、更に意欲的に取り組もうとするきっかけとなるような評価を目指すべき」との方向性も示された。

○これらを踏まえ、これまでの道徳の時間が道徳科として特別教科化されたことにより、より一層意識され実効性のある評価としていかなければならない。また、道徳科の評価は、個々の児童生徒の道徳性に係る成長を促すとともに、学校における指導の改善を図ることを目的としており、他者と比較するためのものではないことは論を俟たない。

(学習指導要領全体の改訂の議論における学習評価の在り方)

○「3」に示したように、学習指導要領全体の改訂についての中央教育審議会の審議においては、各教科等で育成する資質・能力を三つの柱で整理し、教育課程全体を構造化することが目指されている。

資料編　187

○各教科の学習評価についても、この資質・能力の三つの柱（「何を理解しているか、何ができるか（知識・技能）」、「理解していること・できることをどう使うか（思考力・判断力・表現力等）」、「どのように社会・世界と関わり、よりよい人生を送るか（学びに向かう力、人間性等）」）に基づき構造化された各教科の目標・指導内容を踏まえて行うこととされている。特に、資質・能力の三つの柱のうち、「学びに向かう力、人間性等」については、①「主体的に学習に取り組む態度」として観点別評価（学習状況を分析的に捉え評価する）を通じて見取ることができる部分と、②観点別評価や評定になじまず、こうした評価では示しきれないことから個人内評価（一人一人のよい点や可能性、進歩の状況について評価する）を通じて見取る部分があるとされている。道徳科の評価を検討するに当たり、このことに留意する必要がある。

（学校の教育活動全体を通じて行う道徳教育で養われる道徳性の評価）

○学校の教育活動全体を通じて行う道徳教育で養われる道徳性については、小・中学校学習指導要領総則の「児童（生徒）のよい点や進歩の状況などを積極的に評価するとともに、指導の過程や成果を評価し、指導の改善を行い学習意欲の向上に生かすようにすること」との規定を踏まえ、指導要録上「各教科、道徳、外国語活動、総合的な学習の時間、特別活動やその他学校教育全体にわたって認められる」児童生徒の具体的な行動に関する「行動の記録」の一つの要素として位置付けている。

○今後の具体的な在り方については、学習指導要領全体の改訂における教育課程の構造化の中で、整理・検討されることが求められる。

○その際、各教科や総合的な学習の時間に関する所見、特別活動に関する事実及び所見、行動に関する所見、児童生徒の特徴・特技、部活動、学校内外におけるボランティア活動など社会奉仕体験活動、表彰を受けた行動や活動、学力について標準化された検査の結果等指導上参考となる諸事項、児童生徒の成長の状況にかかわる総合的な所見などを記入する「総合所見及び指導上参考となる諸事項」については、「小学校、中学校、高等学校及び特別支援学校等における児童生徒の学習評価及び指導要録の改善等について（通知）」（平成22年5月11日）において、「児童生徒の優れている点や長所、進歩の状況などを取り上げることに留意する。ただし、児童生徒の努力を要する点などについて

も、その後の指導において特に配慮を要するものがあれば記入する」となっていることを踏まえ、整理・検討する必要がある。

（道徳科の評価の在り方）

○これまで、道徳の時間の評価に関しては前述したとおり指導要録上「行動の記録」の一つの要素とされてきたところであるが、今回の学習指導要領の改正により、道徳科における評価として「児童生徒の学習状況や道徳性に係る成長の様子」を把握することが明示されたことから、「1」で述べた道徳の時間の評価の課題等を踏まえた評価の在り方を検討する必要がある。

○小・中学校学習指導要領第3章の「児童（生徒）の学習状況や道徳性に係る成長の様子を継続的に把握し、指導に生かすよう努める必要がある。ただし、数値などによる評価は行わないものとする」との規定の趣旨や、資質・能力の三つの柱の観点から教育課程の構造化を図っている学習指導要領全体の改訂の動向を踏まえた場合、

① 道徳性の育成は、資質・能力の三つの柱の土台であり目標でもある「どのように社会・世界と関わり、よりよい人生を送るか」に深く関わること、

② したがって、道徳科で育むべき資質・能力は4ページのような構造で捉えられるが、資質・能力の三つの柱や道徳的判断力、心情、実践意欲と態度のそれぞれについて分節し、観点別評価（学習状況を分析的に捉える）を通じて見取ろうとすることは、児童生徒の人格そのものに働きかけ、道徳性を養うことを目的とする道徳科の評価としては、妥当ではないこと、

③ そのため、道徳科については、「道徳的諸価値についての理解を基に、自己を見つめ、物事を（広い視野から）多面的・多角的に考え、自己（人間として）の生き方についての考えを深める」という学習活動における児童生徒の具体的な取組状況を、一定のまとまりの中で、児童生徒が学習の見通しを立てたり学習したことを振り返ったりする活動を適切に設定しつつ、学習活動全体を通して見取ることが求められること、

④ その際、個々の内容項目ごとではなく、大くくりなまとまりを踏まえた評価とすること、

⑤ また、他の児童生徒との比較による評価ではなく、児童生徒がいかに成長したかを積極的に受け止めて認め、励ます個人内評価として記述式で行うこと、

⑥ その際、道徳教育の質的転換を図るという今回の

道徳の特別教科化の趣旨を踏まえれば、特に、学習活動において児童生徒がより多面的・多角的な見方へと発展しているか、道徳的価値の理解を自分自身との関わりの中で深めているかといった点を重視することが求められること、

に留意する必要がある。

○したがって、これらの学習活動における「児童（生徒）の学習状況や道徳性に係る成長の様子」を、観点別評価（分析的に捉える）ではなく個人内評価として丁寧に見取り、記述で表現することが適切であり、具体的には、個人内評価を記述で行うに当たっては、道徳科の学習において、その学習活動を踏まえ、観察や会話、作文やノートなどの記述、質問紙などを通して、例えば、

・他者の考え方や議論に触れ、自律的に思考する中で、一面的な見方から多面的・多角的な見方へと発展しているか

・多面的・多角的な思考の中で、道徳的価値の理解を自分自身との関わりの中で深めているか

といった点に注目することが求められる。

（個人内評価として見取り、記述により表現することの基本的な考え方）

○道徳科において、児童生徒の学習状況や道徳性に係る成長の様子をどのように見取り、記述するかということについては、学校の実態や児童生徒の実態に応じて、指導方法の工夫と併せて適切に考える必要がある。

○児童生徒が一面的な見方から多面的・多角的な見方へと発展させているかどうかという点については、例えば、道徳的な問題に対する判断の根拠やその時の心情を様々な視点から捉え考えようとしていることや、自分と違う意見や立場を理解しようとしていること、複数の道徳的価値の対立が生じる場面において取り得る行動を多面的・多角的に考えようとしていることを発言や感想文や質問紙の記述等から見取るという方法が考えられる。

○道徳的価値の理解を自分自身との関わりの中で深めているかどうかという点についても、例えば、読み物教材の登場人物を自分に置き換えて考え、自分なりに具体的にイメージして理解しようとしていることに着目したり、自らの生活や考えを見直していることがうかがえる部分に着目したりするという視点も考えられる。また、道徳的な問題に対して自己の取り得る行動を他者と議論する中で、道徳的価値の理解をさらに深めているかや、道徳的価値を実現することの難しさを自分

事として捉え、考えようとしているかという視点も考えられる。

○また、発言が多くない児童生徒や考えたことを文章に記述することが苦手な児童生徒が、教師の話や他の児童生徒の話に聞き入り考えを深めようとしている姿に着目するなど、発言や記述ではない形で表出する児童生徒の姿に着目するということも重要である。

○さらに、学期や年間を通じて、当初は感想文や質問紙に、感想をそのまま書いただけであった児童生徒が、回を追うごとに、主人公に共感したり、自分なりに考えを深めた内容を書くように変化が見られたり、既習の内容と関連づけて考えている場面に着目するなど、一単位時間の授業だけでなく、児童生徒が長い期間を経て、多面的・多角的な見方へと発展していたり、道徳的価値の理解が深まったりしていることを見取るという視点もある。

○ここに挙げた視点はいずれについても例示であり、指導する教師一人一人が、質の高い多様な指導方法へと指導の改善を行い学習意欲の向上に生かすようにするという道徳科の評価の趣旨を理解したうえで、学校の状況や児童生徒一人一人の状況を踏まえた評価を工夫することが求められる。

（評価のための具体的な工夫）

○これまでも学習指導要領解説においては、道徳教育、道徳の時間の評価について、その具体的な方法の記述がなされてきたところであり、例えば平成20年8月の学習指導要領解説では、「学校生活における教師と児童の心の触れ合いを通して、共感的に理解し評価する」ことを前提として、観察や会話による方法、作文やノートなどの記述による方法、質問紙などによる方法、面接による方法などの例示がなされている。

○道徳科における学習状況や道徳性に係る成長の様子を把握するため、児童生徒が学習活動を通じて多面的・多角的な見方を発展させていることや、道徳的価値の理解を深めていることを見取るためには、上記に加え、様々な工夫が必要である。

○本専門家会議においては、「別紙2」のとおり、児童生徒の学習の過程や成果などの記録を計画的にファイルに蓄積したものや児童生徒が道徳性を発達させていく過程での児童生徒自身のエピソードを累積したものを評価に活用すること、作文やレポート、スピーチやプレゼンテーションを行い、その過程を通じて児童生徒の学習状況や成長の様子を把握することなどの方法の提案があった。なお、こうした評価に当たっては、

資料編　**189**

記録物や実演自体を評価するのではなく、学習過程を通じていかに成長したかを見取るためのものであることに留意が必要である。

○また、児童生徒が行う自己評価や相互評価について、これら自体は児童生徒の学習活動であり、教師が行う評価活動ではないが、児童生徒が自身のよい点や可能性について気付くことを通じ、主体的に学ぶ意欲を高めることなど、学習の在り方を改善していくことに役立つものであり、これらを効果的に活用し学習活動を深めて行くことも重要である。

○さらに、本専門家会議では、年に数回、教師が交代で学年の全学級を回って道徳の授業を行うといった取組みも提起された。このことは、自分の専門教科など、得意分野に引きつけて道徳の授業を展開することができ、また、何度も同様の教材で授業を行うことにより指導力の向上につながるという指導面からの利点とともに、学級担任が自分のクラスの授業を参観することが可能となり、普段の授業とは違う角度から子供たちの新たな一面を発見することができるなど、児童生徒の学習状況や道徳性に係る成長の様子をより多面的・多角的に把握することができるといった評価の改善の観点からも有効であると考えられる。

（今後の方向性）

○道徳の特別教科化に当たっては、まず、道徳教育の質的転換の必要性や多様な質の高い指導方法、評価の意義やその重要性の共有が求められており、そのために、各学校における組織的・計画的な取組や、それに基づく具体的な評価方法の蓄積が急務である。

○その上で、これまで述べてきた評価の在り方及び評価方法を踏まえると、指導要録においては「別紙3」のとおり、道徳科については、指導要録上、一人一人の児童生徒の学習状況や道徳性に係る成長の様子について、特に顕著と認められる具体的な状況を記述する、といった改善を図ることが妥当であると考えられる。

○なお、入学者選抜は、実施者（都道府県教育委員会等）がその書式等を定める調査書と学力検査などにより行われており、調査書には指導要録の項目から「各教科の評定」や「出欠の記録」、「行動の記録」、「総合所見及び指導上参考となる諸事項」などが記載されていることが通例である。これらは、児童生徒の教科の学習状況に基づいて数値によって表す観点別学習評価や評定、児童生徒の日々の学校教育活動における行動に着目して行った評価であり、このような評価の性質上、入学者選抜において合否の判定に活用することが

考えられる。

○他方で、道徳科における学習状況や道徳性に係る成長の様子の把握は、

• 児童生徒の人格そのものに働きかけ、道徳性を養うという道徳科の目標に照らし、その児童生徒がいかに成長したかを積極的に受け止めて認め、励ます観点から行うものであり、個人内評価であるとの趣旨がより強く要請されること、

• 児童生徒自身が、入学者選抜や調査書などを気にすることなく、真正面から自分事として道徳的価値に多面的・多角的に向き合うことこそ道徳教育の質的転換の目的であること、

を踏まえると、「各教科の評定」や「出欠の記録」、「行動の記録」、「総合所見及び指導上参考となる諸事項」などとは基本的な性格が異なるものであり、調査書に記載せず、入学者選抜の合否判定に活用することのないようにする必要がある。

○なお、特別支援学校小学部、中学部の児童生徒の学習評価に対する基本的な考え方は、小学校や中学校の児童生徒に対する評価の考え方と基本的に変わりがない。したがって、特別支援学校（視覚障害、聴覚障害、肢体不自由、病弱）小学部、中学部及び特別支援学校（知的障害）小学部、中学部の指導要録については、「別紙3」のとおり、小学校、中学校の指導要録の改善と同様に改善を図ることが適当であると考えられる。

○なお、道徳科の指導方法や評価、指導要録の在り方については、その取組状況を踏まえ、不断の見直しを行うことが重要であり、現在、中央教育審議会において、学習指導要領全体の改訂のための議論が行われているところであることから、これらの議論も踏まえつつ、さらに検討が行われることを期待したい。

（以下略）

小学校学習指導要領　第1章　総則〈抄〉

（平成20年3月告示　平成27年3月一部改正）

第1　教育課程編成の一般方針

1　各学校においては、教育基本法及び学校教育法その他の法令並びにこの章以下に示すところに従い、児童の人間として調和のとれた育成を目指し、地域や学校の実態及び児童の心身の発達の段階や特性を十分考慮して、適切な教育課程を編成するものとし、これらに掲げる目標を達成するよう教育を行うものとする。

　学校の教育活動を進めるに当たっては、各学校において、児童に生きる力をはぐくむことを目指し、創意工夫を生かした特色ある教育活動を展開する中で、基礎的・基本的な知識及び技能を確実に習得させ、これらを活用して課題を解決するために必要な思考力、判断力、表現力その他の能力をはぐくむとともに、主体的に学習に取り組む態度を養い、個性を生かす教育の充実に努めなければならない。その際、児童の発達の段階を考慮して、児童の言語活動を充実するとともに、家庭との連携を図りながら、児童の学習習慣が確立するよう配慮しなければならない。

2　学校における道徳教育は、特別の教科である道徳（以下「道徳科」という。）を要として学校の教育活動全体を通じて行うものであり、道徳科はもとより、各教科、外国語活動、総合的な学習の時間及び特別活動のそれぞれの特質に応じて、児童の発達の段階を考慮して、適切な指導を行わなければならない。

　道徳教育は、教育基本法及び学校教育法に定められた教育の根本精神に基づき、自己の生き方を考え、主体的な判断の下に行動し、自立した人間として他者と共によりよく生きるための基盤となる道徳性を養うことを目標とする。

　道徳教育を進めるに当たっては、人間尊重の精神と生命に対する畏敬の念を家庭、学校、その他社会における具体的な生活の中に生かし、豊かな心をもち、伝統と文化を尊重し、それらを育んできた我が国と郷土を愛し、個性豊かな文化の創造を図るとともに、平和で民主的な国家及び社会の形成者として、公共の精神を尊び、社会及び国家の発展に努め、他国を尊重し、国際社会の平和と発展や環境の保全に貢献し未来を拓く主体性のある日本人の育成に資す

ることとなるよう特に留意しなければならない。

3　（略）

第2　内容等の取扱いに関する共通的事項（略）

第3　授業時数等の取扱い（略）

第4　指導計画の作成等に当たって配慮すべき事項

　（略）

3　道徳教育を進めるに当たっては、次の事項に配慮するものとする。

(1)　各学校においては、第1の2に示す道徳教育の目標を踏まえ、道徳教育の全体計画を作成し、校長の方針の下に、道徳教育の推進を主に担当する教師（以下「道徳教育推進教師」という。）を中心に、全教師が協力して道徳教育を展開すること。なお、道徳教育の全体計画の作成に当たっては、児童、学校及び地域の実態を考慮して、学校の道徳教育の重点目標を設定するとともに、道徳科の指導方針、第3章特別の教科道徳の第2に示す内容との関連を踏まえた各教科、外国語活動、総合的な学習の時間及び特別活動における指導の内容及び時期並びに家庭や地域社会との連携の方法を示すこと。

(2)　各学校においては、児童の発達の段階や特性等を踏まえ、指導内容の重点化を図ること。その際、各学年を通じて、自立心や自律性、生命を尊重する心や他者を思いやる心を育てることに留意すること。また、各学年段階においては、次の事項に留意すること。

　ア　第1学年及び第2学年においては、挨拶などの基本的な生活習慣を身に付けること、善悪を判断し、してはならないことをしないこと、社会生活上のきまりを守ること。

　イ　第3学年及び第4学年においては、善悪を判断し、正しいと判断したことを行うこと、身近な人々と協力し助け合うこと、集団や社会のきまりを守ること。

　ウ　第5学年及び第6学年においては、相手の考え方や立場を理解して支え合うこと、法やきまりの意義を理解して進んで守ること、集団生活の充実に努めること、伝統と文化を尊重し、それらを育んできた我が国と郷土を愛するとともに、他国を尊重すること。

(3)　学校や学級内の人間関係や環境を整えるとともに、集団宿泊活動やボランティア活動、自然体験活動、地域の行事への参加などの豊かな体験を充

実すること。また、道徳教育の指導内容が、児童の日常生活に生かされるようにすること。その際、いじめの防止や安全の確保等にも資することとなるよう留意すること。

(4) 学校の道徳教育の全体計画や道徳教育に関する諸活動などの情報を積極的に公表したり、道徳教育の充実のために家庭や地域の人々の積極的な参加や協力を得たりするなど、家庭や地域社会との共通理解を深め、相互の連携を図ること。

小学校学習指導要領　第3章　特別の教科 道徳〈抄〉

（平成20年3月告示　平成27年3月一部改正）

第1　目　標

第1章総則の第1の2に示す道徳教育の目標に基づき、よりよく生きるための基盤となる道徳性を養うため、道徳的諸価値についての理解を基に、自己を見つめ、物事を多面的・多角的に考え、自己の生き方についての考えを深める学習を通して、道徳的な判断力、心情、実践意欲と態度を育てる。

第2　内　容　（略）

第3　指導計画の作成と内容の取扱い

1　各学校においては、道徳教育の全体計画に基づき、各教科、外国語活動、総合的な学習の時間及び特別活動との関連を考慮しながら、道徳科の年間指導計画を作成するものとする。なお、作成に当たっては、第2に示す各学年段階の内容項目について、相当する各学年において全て取り上げることとする。その際、児童や学校の実態に応じ、2学年間を見通した重点的な指導や内容項目間の関連を密にした指導、一つの内容項目を複数の時間で扱う指導を取り入れるなどの工夫を行うものとする。

2　第2の内容の指導に当たっては、次の事項に配慮するものとする。

(1) 校長や教頭などの参加、他の教師との協力的な指導などについて工夫し、道徳教育推進教師を中心とした指導体制を充実すること。

(2) 道徳科が学校の教育活動全体を通じて行う道徳教育の要としての役割を果たすことができるよう、計画的・発展的な指導を行うこと。特に、各教科、外国語活動、総合的な学習の時間及び特別活動における道徳教育としては取り扱う機会が十分でない内容項目に関わる指導を補うことや、児童や学校の実態等を踏まえて指導をより一層深めること、

内容項目の相互の関連を捉え直したり発展させたりすることに留意すること。

(3) 児童が自ら道徳性を養う中で、自らを振り返って成長を実感したり、これからの課題や目標を見付けたりすることができるよう工夫すること。その際、道徳性を養うことの意義について、児童自らが考え、理解し、主体的に学習に取り組むことができるようにすること。

(4) 児童が多様な感じ方や考え方に接する中で、考えを深め、判断し、表現する力などを育むことができるよう、自分の考えを基に話し合ったり書いたりするなどの言語活動を充実すること。

(5) 児童の発達の段階や特性等を考慮し、指導のねらいに即して、問題解決的な学習、道徳的行為に関する体験的な学習等を適切に取り入れるなど、指導方法を工夫すること。その際、それらの活動を通じて学んだ内容の意義などについて考えることができるようにすること。また、特別活動等における多様な実践活動や体験活動も道徳科の授業に生かすようにすること。

(6) 児童の発達の段階や特性等を考慮し、第2に示す内容との関連を踏まえつつ、情報モラルに関する指導を充実すること。また、児童の発達の段階や特性等を考慮し、例えば、社会の持続可能な発展などの現代的な課題の取扱いにも留意し、身近な社会的課題を自分との関係において考え、それらの解決に寄与しようとする意欲や態度を育てるよう努めること。なお、多様な見方や考え方のできる事柄について、特定の見方や考え方に偏った指導を行うことのないようにすること。

(7) 道徳科の授業を公開したり、授業の実施や地域教材の開発や活用などに家庭や地域の人々、各分野の専門家等の積極的な参加や協力を得たりするなど、家庭や地域社会との共通理解を深め、相互の連携を図ること。

3　教材については、次の事項に留意するものとする。

(1) 児童の発達の段階や特性、地域の実情等を考慮し、多様な教材の活用に努めること。特に、生命の尊厳、自然、伝統と文化、先人の伝記、スポーツ、情報化への対応等の現代的な課題などを題材とし、児童が問題意識をもって多面的・多角的に考えたり、感動を覚えたりするような充実した教材の開発や活用を行うこと。

(2) 教材については、教育基本法や学校教育法その

他の法令に従い、次の観点に照らし適切と判断されるものであること。

　ア　児童の発達の段階に即し、ねらいを達成するのにふさわしいものであること。

　イ　人間尊重の精神にかなうものであって、悩みや葛藤等の心の揺れ、人間関係の理解等の課題も含め、児童が深く考えることができ、人間としてよりよく生きる喜びや勇気を与えられるものであること。

　ウ　多様な見方や考え方のできる事柄を取り扱う場合には、特定の見方や考え方に偏った取扱いがなされていないものであること。

4　児童の学習状況や道徳性に係る成長の様子を継続的に把握し、指導に生かすよう努める必要がある。ただし、数値などによる評価は行わないものとする。

中学校学習指導要領　第1章　総則〈抄〉

（平成20年3月告示　平成27年3月一部改正）

第1　教育課程編成の一般方針

1　各学校においては、教育基本法及び学校教育法その他の法令並びにこの章以下に示すところに従い、生徒の人間として調和のとれた育成を目指し、地域や学校の実態及び生徒の心身の発達の段階や特性等を十分考慮して、適切な教育課程を編成するものとし、これらに掲げる目標を達成するよう教育を行うものとする。

　学校の教育活動を進めるに当たっては、各学校において、生徒に生きる力をはぐくむことを目指し、創意工夫を生かした特色ある教育活動を展開する中で、基礎的・基本的な知識及び技能を確実に習得させ、これらを活用して課題を解決するために必要な思考力、判断力、表現力その他の能力をはぐくむとともに、主体的に学習に取り組む態度を養い、個性を生かす教育の充実に努めなければならない。その際、生徒の発達の段階を考慮して、生徒の言語活動を充実するとともに、家庭との連携を図りながら、生徒の学習習慣が確立するよう配慮しなければならない。

2　学校における道徳教育は、特別の教科である道徳（以下「道徳科」という。）を要として学校の教育活動全体を通じて行うものであり、道徳科はもとより、各教科、総合的な学習の時間及び特別活動のそれぞれの特質に応じて、生徒の発達の段階を考慮して、

適切な指導を行わなければならない。

　道徳教育は、教育基本法及び学校教育法に定められた教育の根本精神に基づき、人間としての生き方を考え、主体的な判断の下に行動し、自立した人間として他者と共によりよく生きるための基盤となる道徳性を養うことを目標とする。

　道徳教育を進めるに当たっては、人間尊重の精神と生命に対する畏敬の念を家庭、学校、その他社会における具体的な生活の中に生かし、豊かな心をもち、伝統と文化を尊重し、それらを育んできた我が国と郷土を愛し、個性豊かな文化の創造を図るとともに、平和で民主的な国家及び社会の形成者として、公共の精神を尊び、社会及び国家の発展に努め、他国を尊重し、国際社会の平和と発展や環境の保全に貢献し未来を拓く主体性のある日本人の育成に資することとなるよう特に留意しなければならない。

3　（略）

第2　（略）

第3　授業時数等の取扱い　（略）

第4　指導計画の作成等に当たって配慮すべき事項　（略）

3　道徳教育を進めるに当たっては、次の事項に配慮するものとする。

(1)　各学校においては、第1の2に示す道徳教育の目標を踏まえ、道徳教育の全体計画を作成し、校長の方針の下に、道徳教育の推進を主に担当する教師（以下「道徳教育推進教師」という。）を中心に、全教師が協力して道徳教育を展開すること。なお、道徳教育の全体計画の作成に当たっては、生徒、学校及び地域の実態を考慮して、学校の道徳教育の重点目標を設定するとともに、道徳科の指導方針、第3章特別の教科道徳の第2に示す内容との関連を踏まえた各教科、総合的な学習の時間及び特別活動における指導の内容及び時期並びに家庭や地域社会との連携の方法を示すこと。

(2)　各学校においては、生徒の発達の段階や特性等を踏まえ、指導内容の重点化を図ること。その際、小学校における道徳教育の指導内容を更に発展させ、自立心や自律性を高め、規律ある生活をすること、生命を尊重する心や自らの弱さを克服して気高く生きようとする心を育てること、法やきまりの意義に関する理解を深めること、自らの将来の生き方を考え主体的に社会の形成に参画する意欲と態度を養うこと、伝統と文化を尊重し、それらを育んできた我が国と郷土を愛するとともに、

資料編　**193**

他国を尊重すること、国際社会に生きる日本人としての自覚を身に付けることに留意すること。

(3) 学校や学級内の人間関係や環境を整えるとともに、職場体験活動やボランティア活動、自然体験活動、地域の行事への参加などの豊かな体験を充実すること。また、道徳教育の指導内容が、生徒の日常生活に生かされるようにすること。その際、いじめの防止や安全の確保等にも資することとなるよう留意すること。

(4) 学校の道徳教育の全体計画や道徳教育に関する諸活動などの情報を積極的に公表したり、道徳教育の充実のために家庭や地域の人々の積極的な参加や協力を得たりするなど、家庭や地域社会との共通理解を深め、相互の連携を図ること。

中学校学習指導要領　第3章　特別の教科 道徳〈抄〉

（平成20年3月告示　平成27年3月一部改正）

第1　目標

第1章総則の第1の2に示す道徳教育の目標に基づき、よりよく生きるための基盤となる道徳性を養うため、道徳的諸価値についての理解を基に、自己を見つめ、物事を広い視野から多面的・多角的に考え、人間としての生き方についての考えを深める学習を通して、道徳的な判断力、心情、実践意欲と態度を育てる。

第2　内容　（略）

第3　指導計画の作成と内容の取扱い

1　各学校においては、道徳教育の全体計画に基づき、各教科、総合的な学習の時間及び特別活動との関連を考慮しながら、道徳科の年間指導計画を作成するものとする。なお、作成に当たっては、第2に示す内容項目について、各学年において全て取り上げることとする。その際、生徒や学校の実態に応じ、3学年間を見通した重点的な指導や内容項目間の関連を密にした指導、一つの内容項目を複数の時間で扱う指導を取り入れるなどの工夫を行うものとする。

2　第2の内容の指導に当たっては、次の事項に配慮するものとする。

(1) 学級担任の教師が行うことを原則とするが、校長や教頭などの参加、他の教師との協力的な指導などについて工夫し、道徳教育推進教師を中心とした指導体制を充実すること。

(2) 道徳科が学校の教育活動全体を通じて行う道徳教育の要としての役割を果たすことができるよう、計画的・発展的な指導を行うこと。特に、各教科、総合的な学習の時間及び特別活動における道徳教育としては取り扱う機会が十分でない内容項目に関わる指導を補うことや、生徒や学校の実態等を踏まえて指導をより一層深めること、内容項目の相互の関連を捉え直したり発展させたりすることに留意すること。

(3) 生徒が自ら道徳性を養う中で、自らを振り返って成長を実感したり、これからの課題や目標を見付けたりすることができるよう工夫すること。その際、道徳性を養うことの意義について、生徒自らが考え、理解し、主体的に学習に取り組むことができるようにすること。また、発達の段階を考慮し、人間としての弱さを認めながら、それを乗り越えてよりよく生きようとすることのよさについて、教師が生徒と共に考える姿勢を大切にすること。

(4) 生徒が多様な感じ方や考え方に接する中で、考えを深め、判断し、表現する力などを育むことができるよう、自分の考えを基に討論したり書いたりするなどの言語活動を充実すること。その際、様々な価値観について多面的・多角的な視点から振り返って考える機会を設けるとともに、生徒が多様な見方や考え方に接しながら、更に新しい見方や考え方を生み出していくことができるよう留意すること。

(5) 生徒の発達の段階や特性等を考慮し、指導のねらいに即して、問題解決的な学習、道徳的行為に関する体験的な学習等を適切に取り入れるなど、指導方法を工夫すること。その際、それらの活動を通じて学んだ内容の意義などについて考えることができるようにすること。また、特別活動等における多様な実践活動や体験活動も道徳科の授業に生かすようにすること。

(6) 生徒の発達の段階や特性等を考慮し、第2に示す内容との関連を踏まえつつ、情報モラルに関する指導を充実すること。また、例えば、科学技術の発展と生命倫理との関係や社会の持続可能な発展などの現代的な課題の取扱いにも留意し、身近な社会的課題を自分との関係において考え、その解決に向けて取り組もうとする意欲や態度を育てるよう努めること。なお、多様な見方や考え方のできる事柄について、特定の見方や考え方に偏った指導を行うことのないようにすること。

(7) 道徳科の授業を公開したり、授業の実施や地域教材の開発や活用などに家庭や地域の人々、各分野の専門家等の積極的な参加や協力を得たりするなど、家庭や地域社会との共通理解を深め、相互の連携を図ること。

3 教材については、次の事項に留意するものとする。

(1) 生徒の発達の段階や特性、地域の実情等を考慮し、多様な教材の活用に努めること。特に、生命の尊厳、社会参画、自然、伝統と文化、先人の伝記、スポーツ、情報化への対応等の現代的な課題などを題材とし、生徒が問題意識をもって多面的・多角的に考えたり、感動を覚えたりするような充実した教材の開発や活用を行うこと。

(2) 教材については、教育基本法や学校教育法その他の法令に従い、次の観点に照らし適切と判断されるものであること。

ア 生徒の発達の段階に即し、ねらいを達成するのにふさわしいものであること。

イ 人間尊重の精神にかなうものであって、悩みや葛藤等の心の揺れ、人間関係の理解等の課題も含め、生徒が深く考えることができ、人間としてよりよく生きる喜びや勇気を与えられるものであること。

ウ 多様な見方や考え方のできる事柄を取り扱う場合には、特定の見方や考え方に偏った取扱いがなされていないものであること。

4 生徒の学習状況や道徳性に係る成長の様子を継続的に把握し、指導に生かすよう努める必要がある。ただし、数値などによる評価は行わないものとする。

小中学校の内容項目一覧

（『小学校学習指導要領解説　特別の教科　道徳』平成27年7月）

	小学校第1学年及び第2学年（19）	小学校第3学年及び第4学年（20）
A　主として自分自身に関すること		
善悪の判断、自律、自由と責任	(1) よいことと悪いこととの区別をし、よいと思うことを進んで行うこと。	(1) 正しいと判断したことは、自信をもって行うこと。
正直、誠実	(2) うそをついたりごまかしをしたりしないで、素直に伸び伸びと生活すること。	(2) 過ちは素直に改め、正直に明るい心で生活すること。
節度、節制	(3) 健康や安全に気を付け、物や金銭を大切にし、身の回りを整え、わがままをしないで、規則正しい生活をすること。	(3) 自分でできることは自分でやり、安全に気を付け、よく考えて行動し、節度のある生活をすること。
個性の伸長	(4) 自分の特徴に気付くこと。	(4) 自分の特徴に気付き、長所を伸ばすこと。
希望と勇気、努力と強い意志	(5) 自分のやるべき勉強や仕事をしっかり行うこと。	(5) 自分でやろうと決めた目標に向かって、強い意志をもち、粘り強くやり抜くこと。
真理の探究		
B　主として人との関わりに関すること		
親切、思いやり	(6) 身近にいる人に温かい心で接し、親切にすること。	(6) 相手のことを思いやり、進んで親切にすること。
感謝	(7) 家族など日頃世話になっている人々に感謝すること。	(7) 家族など生活を支えてくれている人々や現在の生活を築いてくれた高齢者に、尊敬と感謝の気持ちをもって接すること。
礼儀	(8) 気持ちのよい挨拶、言葉遣い、動作などに心掛けて、明るく接すること。	(8) 礼儀の大切さを知り、誰に対しても真心をもって接すること。
友情、信頼	(9) 友達と仲よくし、助け合うこと。	(9) 友達と互いに理解し、信頼し、助け合うこと。
相互理解、寛容		(10) 自分の考えや意見を相手に伝えるとともに、相手のことを理解し、自分と異なる意見も大切にすること。
C　主として集団や社会との関わりに関すること		
規則の尊重	(10) 約束やきまりを守り、みんなが使う物を大切にすること。	(11) 約束や社会のきまりの意義を理解し、それらを守ること。
公正、公平、社会正義	(11) 自分の好き嫌いにとらわれないで接すること。	(12) 誰に対しても分け隔てをせず、公正、公平な態度で接すること。
勤労、公共の精神	(12) 働くことのよさを知り、みんなのために働くこと。	(13) 働くことの大切さを知り、進んでみんなのために働くこと。
家族愛、家庭生活の充実	(13) 父母、祖父母を敬愛し、進んで家の手伝いなどをして、家族の役に立つこと。	(14) 父母、祖父母を敬愛し、家族みんなで協力し合って楽しい家庭をつくること。
よりよい学校生活、集団生活の充実	(14) 先生を敬愛し、学校の人々に親しんで、学級や学校の生活を楽しくすること。	(15) 先生や学校の人々を敬愛し、みんなで協力し合って楽しい学級や学校をつくること。
伝統と文化の尊重、国や郷土を愛する態度	(15) 我が国や郷土の文化と生活に親しみ、愛着をもつこと。	(16) 我が国や郷土の伝統と文化を大切にし、国や郷土を愛する心をもつこと。
国際理解、国際親善	(16) 他国の人々や文化に親しむこと。	(17) 他国の人々や文化に親しみ、関心をもつこと。
D　主として生命や自然、崇高なものとの関わりに関すること		
生命の尊さ	(17) 生きることのすばらしさを知り、生命を大切にすること。	(18) 生命の尊さを知り、生命あるものを大切にすること。
自然愛護	(18) 身近な自然に親しみ、動植物に優しい心で接すること。	(19) 自然のすばらしさや不思議さを感じ取り、自然や動植物を大切にすること。
感動、畏敬の念	(19) 美しいものに触れ、すがすがしい心をもつこと。	(20) 美しいものや気高いものに感動する心をもつこと。
よりよく生きる喜び		

小学校第5学年及び第6学年 (22)	中学校 (22)	
A　主として自分自身に関すること		
(1) 自由を大切にし、自律的に判断し、責任のある行動をすること。	(1) 自律の精神を重んじ、自主的に考え、判断し、誠実に実行してその結果に責任をもつこと。	自主、自律、自由と責任
(2) 誠実に、明るい心で生活すること。		
(3) 安全に気を付けることや、生活習慣の大切さについて理解し、自分の生活を見直し、節度を守り節制に心掛けること。	(2) 望ましい生活習慣を身に付け、心身の健康の増進を図り、節度を守り節制に心掛け、安全で調和のある生活をすること。	節度、節制
(4) 自分の特徴を知って、短所を改め長所を伸ばすこと。	(3) 自己を見つめ、自己の向上を図るとともに、個性を伸ばして充実した生き方を追求すること。	向上心、個性の伸長
(5) より高い目標を立て、希望と勇気をもち、困難があってもくじけずに努力して物事をやり抜くこと。	(4) より高い目標を設定し、その達成を目指し、希望と勇気をもち、困難や失敗を乗り越えて着実にやり遂げること。	希望と勇気、克己と強い意志
(6) 真理を大切にし、物事を探究しようとする心をもつこと。	(5) 真実を大切にし、真理を探究して新しいものを生み出そうと努めること。	真理の探究、創造
B　主として人との関わりに関すること		
(7) 誰に対しても思いやりの心をもち、相手の立場に立って親切にすること。	(6) 思いやりの心をもって人と接するとともに、家族などの支えや多くの人々の善意により日々の生活や現在の自分があることに感謝し、進んでそれに応え、人間愛の精神を深めること。	思いやり、感謝
(8) 日々の生活が家族や過去からの多くの人々の支え合いや助け合いで成り立っていることに感謝し、それに応えること。		
(9) 時と場をわきまえて、礼儀正しく真心をもって接すること。	(7) 礼儀の意義を理解し、時と場に応じた適切な言動をとること。	礼儀
(10) 友達と互いに信頼し、学び合って友情を深め、異性についても理解しながら、人間関係を築いていくこと。	(8) 友情の尊さを理解して心から信頼できる友達をもち、互いに励まし合い、高め合うとともに、異性についての理解を深め、悩みや葛藤も経験しながら人間関係を深めていくこと。	友情、信頼
(11) 自分の考えや意見を相手に伝えるとともに、謙虚な心をもち、広い心で自分と異なる意見や立場を尊重すること。	(9) 自分の考えや意見を相手に伝えるとともに、それぞれの個性や立場を尊重し、いろいろなものの見方や考え方があることを理解し、寛容の心をもって謙虚に他に学び、自らを高めていくこと。	相互理解、寛容
C　主として集団や社会との関わりに関すること		
(12) 法やきまりの意義を理解した上で進んでそれらを守り、自他の権利を大切にし、義務を果たすこと。	(10) 法やきまりの意義を理解し、それらを進んで守るとともに、そのよりよい在り方について考え、自他の権利を大切にし、義務を果たして、規律ある安定した社会の実現に努めること。	遵法精神、公徳心
(13) 誰に対しても差別をすることや偏見をもつことなく、公正、公平な態度で接し、正義の実現に努めること。	(11) 正義と公正さを重んじ、誰に対しても公平に接し、差別や偏見のない社会の実現に努めること。	公正、公平、社会正義
(14) 働くことや社会に奉仕することの充実感を味わうとともに、その意義を理解し、公共のために役に立つことをすること。	(12) 社会参画の意識と社会連帯の自覚を高め、公共の精神をもってよりよい社会の実現に努めること。	社会参画、公共の精神
	(13) 勤労の尊さや意義を理解し、将来の生き方について考えを深め、勤労を通じて社会に貢献すること。	勤労
(15) 父母、祖父母を敬愛し、家族の幸せを求めて、進んで役に立つことをすること。	(14) 父母、祖父母を敬愛し、家族の一員としての自覚をもって充実した家庭生活を築くこと。	家族愛、家族生活の充実
(16) 先生や学校の人々を敬愛し、みんなで協力し合ってよりよい学級や学校をつくるとともに、様々な集団の中での自分の役割を自覚して集団生活の充実に努めること。	(15) 教師や学校の人々を敬愛し、学級や学校の一員としての自覚をもち、協力し合ってよりよい校風をつくるとともに、様々な集団の意義や集団の中での自分の役割と責任を自覚して集団生活の充実に努めること。	よりよい学校生活、集団生活の充実
(17) 我が国や郷土の伝統と文化を大切にし、先人の努力を知り、国や郷土を愛する心をもつこと。	(16) 郷土の伝統と文化を大切にし、社会に尽くした先人や高齢者に尊敬の念を深め、地域社会の一員としての自覚をもって郷土を愛し、進んで郷土の発展に努めること。	郷土の伝統と文化の尊重、郷土を愛する態度
	(17) 優れた伝統の継承と新しい文化の創造に貢献するとともに、日本人としての自覚をもって国を愛し、国家及び社会の形成者として、その発展に努めること。	我が国の伝統と文化の尊重、国を愛する態度
(18) 他国の人々や文化について理解し、日本人としての自覚をもって国際親善に努めること。	(18) 世界の中の日本人としての自覚をもち、他国を尊重し、国際的視野に立って、世界の平和と人類の発展に寄与すること。	国際理解、国際貢献
D　主として生命や自然、崇高なものとの関わりに関すること		
(19) 生命が多くの生命のつながりの中にあるかけがえのないものであることを理解し、生命を尊重すること。	(19) 生命の尊さについて、その連続性や有限性なども含めて理解し、かけがえのない生命を尊重すること。	生命の尊さ
(20) 自然の偉大さを知り、自然環境を大切にすること。	(20) 自然の崇高さを知り、自然環境を大切にすることの意義を理解し、進んで自然の愛護に努めること。	自然愛護
(21) 美しいものや気高いものに感動する心や人間の力を超えたものに対する畏敬の念をもつこと。	(21) 美しいものや気高いものに感動する心をもち、人間の力を超えたものに対する畏敬の念を深めること。	感動、畏敬の念
(22) よりよく生きようとする人間の強さや気高さを理解し、人間として生きる喜びを感じること。	(22) 人間には自らの弱さや醜さを克服する強さや気高く生きようとする心があることを理解し、人間として生きることに喜びを見いだすこと。	よりよく生きる喜び

資料編　197

編者・執筆者一覧

【編　者】

西野真由美	国立教育政策研究所
鈴木　明雄	東京都北区立飛鳥中学校
貝塚　茂樹	武蔵野大学

【執筆者】 （執筆順）

貝塚　茂樹	上掲
鈴木　明雄	上掲
中村　淳子	東京都杉並区立杉並和泉学園小学部（新泉和泉小学校）
木原　一彰	鳥取県鳥取市立世紀小学校
星　美由紀	福島県郡山市立郡山第五中学校
木下　陽子	東京都荒川区立原中学校
星　直樹	早稲田実業学校初等部
砂金みどり	宮城県仙台市立八本松小学校
髙橋　隆子	宮城県仙台市立桂小学校
高橋　佳子	宮城県仙台市立八本松小学校
荻野　由則	福島県郡山市立小原田中学校
若林　尚子	埼玉県川口市立榛松中学校
太田　誠一	東京都武蔵村山市立第八小学校
木下　美紀	福岡県福津市立上西郷小学校
沢口　裕	埼玉県北本市立北本中学校
西野真由美	上掲

「考え、議論する道徳」の指導法と評価

2017年3月30日　第1刷発行

編　著　者	西 野 真 由 美 鈴 木 明 雄 貝 塚 茂 樹
発 行 者	山﨑 富士雄
発 行 所	教 育 出 版 株 式 会 社

〒101-0051 東京都千代田区神田神保町2-10
電話 03-3238-6965　振替 00190-1-107340

©M. Nishino / A. Suzuki / S. Kaizuka 2017
Printed in Japan
落丁・乱丁はお取替いたします。

組版　ピーアンドエー
印刷　神谷印刷
製本　上島製本

ISBN978-4-316-80447-7　C3037